연구보고 22-기본07

북한청소년 정책 분석 연구

저 자 김경준, 모상현, 전영선, 차승주

연 구 진 연구책임자_김경준(한국청소년정책연구원 선임연구위원)
공동연구원_모상현(한국청소년정책연구원 선임연구위원)
전영선(건국대학교 교수)
차승주(서울교육대학교 강사)
연구보조원_변주영(한국청소년정책연구원 연구원)

한국청소년정책연구원
National Youth Policy Institute

Publisher

보고서를 펴내며

남과 북이 오랜 세월동안 분단되어 서로 다른 정치이념과 체제 속에서 지내왔으며, 북한의 폐쇄된 환경과 제한된 정보로 인해서 북한청소년과 정책에 대한 정확한 이해를 하는 것은 매우 어려운 상황입니다.

하지만 한반도에서의 평화와 통일을 대비하여 미래 사회의 주인공이 될 북한청소년을 정확하게 이해하고, 이를 바탕으로 상호 교류와 협력을 위한 기반을 마련하는 일은 매우 중요하다고 할 수 있습니다.

그동안 북한청소년 관련 연구는 북한을 이탈하여 남한사회에 거주하고 있는 청소년들을 대상으로 남한사회 적응과 관련한 연구가 중심을 이루어 왔으며, 북한청소년 정책을 직접적으로 다루는 연구는 드물었습니다.

북한청소년 정책은 최고지도자, 정치체제, 이데올로기, 노선·정책 등 위로부터의 통치 관점뿐만 아니라 북한청소년의 일상생활 영역에서 함께 살펴보는 것이 실질적인 정책의 효과를 파악하고 향후 변화를 예측하는 데 중요하다고 생각하였습니다.

이에 본 연구진은 북한청소년 정책의 변화 과정과 일상생활 영역에서의 정책의 실현과 변화 과정을 분석함으로써 남북청소년의 교류·협력 방안을 마련하고자 하는 연구를 수행하였습니다.

북한청소년 관련 정보에 대한 접근의 한계로 외부 전문가를 공동연구진으로 참여시켰으며, 탈북학자들이나 국내 전문가들의 자문을 받아서 조사지나 보고서의 내용을 보완하였습니다.

본 보고서의 작성을 위하여 원내에서 공동연구진으로 참여하신 모상현 박사님, 외부에서 공동연구진으로 참여하신 건국대학교 전영선 교수님, 서울교육대학교 차승주 교수님께 감사드립니다. 또한 자료 수집을 비롯하여 보고서 편집, 수정 등을 해주신 변주영 선생님께 감사드립니다. 이 밖에도 본 보고서의 완성을 위해서 여러 가지로 도움을 주신 모든 분들께 감사드립니다.

2022년 12월
연구진을 대표하여
김경준 선임연구위원

연구요약

■ 연구목적

● 본 연구에서는 북한청소년 정책의 변화를 최고지도자, 정치체제, 이데올로기, 노선·정책 등 위로부터의 통치 관점뿐만 아니라 북한청소년의 일상생활 영역에서 함께 살펴봄으로써 정책의 일방적이고 종속적인 관계를 벗어나서 북한청소년과의 상호작용적인 관계를 밝혀서 사회적 상황에 따른 북한청소년정책의 변화를 파악하고자 하였음.

● 구체적으로는 김정은 집권 이후 최근까지의 북한 당국의 청소년 관련 정책을 조사하고 분류하여 주요한 내용을 분석하고, 북한이탈 주민과 북한 출신 학자들의 시각을 통해서 이러한 정책들이 북한청소년의 일상생활의 영역에서 어떻게 실현되고 변화되고 있는지를 분석하였음. 또한 이러한 조사 결과를 토대로 남·북한청소년 정책의 차이를 비교·분석하고, 남북청소년 동질성 회복과 통일시대를 대비한 남·북한 청소년의 교류·협력을 위한 방안을 제시하고자 하였음.

■ 주요 연구방법

● 본 연구에서는 북한청소년정책 현황을 북한 당국에서 제시한 정책·제도와 더불어 정책 대상이 되는 북한청소년과 북한 출신 전문가의 시각에서 다각적으로 파악하기 위하여 문헌·자료조사, 설문조사, 면접조사, 초점집단인터뷰(FGI) 등을 주요 연구방법으로 사용하였음.

● 문헌·자료조사 : 김정은 집권 이후의 청소년정책 사업을 추출하고, 영역별로 분류하였으며, 북한의 교육, 청소년조직, 문화·예술 정책·제도와 김정은 집권 이후의 최근의 북한청소년 정책·제도 현황을 분석하였음.

● 설문조사 : 김정은 집권 시기인 2012년 전과 후에 각각 청소년기를 경험한 북한이탈 주민 138명을 눈덩이방식으로 표집(snowball sampling)하고 이들을 대상으로 김정은 집권 전후의 북한청소년정책을 교육 및 진로, 동아리 및 조직생활, 일탈행

동, 경제활동, 여가놀이활동, 복지제도에 대한 인식, 한류 및 사상교육, 북한청소년사업 인지 및 참여 정도 등을 파악하고자 하였음.

- 면접조사 : 2021년 8월 5일~8월 16일 사이에 실태조사에서 파악하기 어려운 내용을 보다 심층적으로 파악하기 위하여 김정일·김정은 집권 시기에 청소년기를 경험한 10명의 북한이탈주민 대상으로 1:1 개별 면접방식으로 1시간~1시간 30분 동안 면접조사를 실시하였음.
- 초점집단인터뷰(FGI) : 북한청소년정책과 남북청소년 교류·협력 방안에 대한 북한 출신 전문가들의 인식을 조사하기 위하여 2022년 8월 18일(목)과 8월 19일(금) 이틀에 걸쳐서 북한 출신 학자 총 9명을 대상으로 각 5명과 4명으로 나누어서 2차례에 걸쳐서 각각 2시간 내외로 주어진 주제에 대해 인터뷰를 진행하였음.
- 이밖에 북한 이탈 주민 관련 단체 및 기관 등에서 사업을 운영했거나 직·간접적으로 연구 참여 경험이 있는 전문가, 연구기관이나 대학에서 북한 관련 연구수행 경험이 있는 학자, 북한 관련 업무를 담당하고 있는 유관 부처 공무원 등을 중심으로 연구방향의 설정과 조사내용 등에 관한 자문을 실시하였으며, 설문조사, 면접조사, 초점집단인터뷰(FGI) 등을 통하여 마련된 남북청소년 교류·협력방안에 대한 워크숍 및 정책실무자협의회를 실시하였음.

■ 주요 연구결과

1) 설문조사 결과

- 교육 및 진로, 동아리 및 조직생활, 일탈행동, 경제활동, 여가놀이, 복지제도, 한류 및 사상교육, 북한청소년사업의 영역으로 나누어서 조사·분석하였음.
- 교육 및 진로 : 북한은 우리 중고등학교에 해당하는 고급중학교까지 의무교육으로 실시하고 있어 대부분 고급중학교까지 마치며, 결석비율은 교급이 올라감에 따라 뚜렷이 감소하는 경향을 보임. 학교 수업 전반에 관한 만족도(5점 만점/ 2.98점)보다는 친구 관계 전반에 대한 만족도(5점 만점/3.42점) 높게 나타남. 교원들이 학생을 차별적으로 대우하고 있다는 인식이 강했으며, 다양한 명목으로 돈 또는 물건을 학교에 낸 경험은 자주 있었고 이러한 경제 동원 활동은 가계살림과 학업에 부정적 영향을 미치고 있음.

- 사교육(개인과의 교육) 수혜 경험은 경제 수준 상 집단에게서 상당히 높았고 그 외 집단에서는 '경제적인 어려움 때문에'에 받지 못했다는 응답률이 가장 높게 나타남.
- 북한에서 진로나 직업 선택에 가장 큰 영향을 미치는 요인은 '부모의 출신성분(토대)'와 '집안의 경제력' 순이었으며, 자신이 속한 사회경제적 지위와 일치하는 경향이 보였음. 성공한 인생은 '돈을 많이 버는 것', 청소년기 인기 있는 직업군은 '당일꾼(정치간부 등)'이란 응답이 가장 높게 나타났으며, 집권 시기별로 선호의 차이가 관찰됨.
- 소조활동 및 조직생활 : 우리나라 동아리에 해당되는 소조 활동은 주로 학교에서 진행되었으며 역량과 재능개발에 별로 도움이 되지 않았다고 응답한 비율이 높게 관찰됨. 소년단 가입 시기는 '태양절(4.15)'이 가장 높았으며, 소년단 활동과 청년동맹 활동에 적극적으로 참여하였다는 긍정 응답률은 부정 응답률 보다 각각 8% 및 6% 높게 관찰됨. 청년동맹 활동의 경우 김정일 집권기보다 김정은 집권기에 적극적으로 참여했다는 응답이 30% 이상 높은 비율로 나타남. 소년단 활동 및 청년동맹 활동 장래의 진학 및 진로에 도움이 되었다는 응답률은 각각 10% 정도 수준으로 나타남. 소년단 및 청년동맹 활동 시 자아비판(호상비판)으로 정서적 어려움을 겪었다는 비율은 48.6%로 나타났으며, 자아비판(호상비판)은 자신이 성장하는 데 도움이 되었다는 응답비율은 7.2% 나타남.
- 일탈행동 : 패거리(학교폭력)에 의한 피해경험 16%, 목격경험 26%로 나타났으며 피해 및 목격 경험 모두에서 여자보다 남자에서 높게 나타났으며, 패거리 활동 이유는 '무엇인가를 보여주려는 과시욕 때문에'라는 응답이 가장 높음. 흡연 경험 비율은 16.7%, 흡연시기는 '고급중학교' 47.8%로 가장 높게 나타났으며, 초급중학교 때 시작한 비율이 남자 53.8%, 여자 10%, 고급중학교 때는 남자 38.5%, 여자 60%로 관찰됨.
- 복지제도 : 복지혜택 영역 중 '새 교복 무상지급'과 치료항목 중 '진찰 및 치료 제공'이 가장 높게 나타났으며, 복지혜택의 만족도는 전반적으로 높은 부정 응답률을 보이고 있는데, '교복 무상지급'이 가장 높지만 30% 이하이고, '병원시설 및 장비 혜택'도 가장 높았지만 11.1%로 나타남.
- 여가놀이 : 대부분 친구들과 좋은 관계를 맺고 있음을 알 수 있음. 가장 즐겨한 놀이는 '고무줄넘기 및 공기놀이 등'이 가장 높게 나타남. TV를 시청 응답률은 40%로 미만으로 나타났으며, 컴퓨터 사용비율은 6% 미만 집에 손전화 휴대비율은

18.1%로 나타남. 전반적으로 경제적 수준 집단과의 차이가 뚜렷하게 관찰됨. 주로 시청한 TV 프로그램은 '만화(아동영화)', '드라마(연속극)와 영화'순으로 나타났으며, 만화의 경우 김정일 집권기에 드라마의 경우 김정은 집권기에 상당히 높게 관찰됨 컴퓨터 및 휴대전화 사용한 용도는 '게임, 놀이, 음악 및 영화(오락 등)'이 가장 높게 나타남.

- 경제활동 : 학교 안에서 물품을 사고 판 경험은 34.1%로 이며 '필요한 물품 구입'이 가장 큰 이유로 나타남, 대부분의 청소년을 장마당을 이용한 경험이 있었으며, 장마당을 이용한 이유는 '필요한 물품 구입'이 가장 높게 나타남.
- 한류 및 사상교육 : 남한 드라마나 방송을 시청 경험, 남한 패션이나 스타일 모방 및 남한 노래나 춤을 모방한 경험한 비율은 비교적 높았으며, 압록강 접경지역인 양강도와 경제 수준이 상인 집단에서 매우 높게 관찰됨. 한국 드라마(방송) 시청으로 인해 학교 내에서 처벌 받는 것을 목격한 경험이 있다는 응답은 40.6%로 나타났으며, 양강도(54.2%)와 경제적 수준이 상인 집단에서 높은 비율로 관찰됨. 사상교육이 북한 체제에 대한 충성심을 기르는 데 도움이 되었다는 응답은 절반 가까운 비율로 나타났으며 성별, 경제수준별, 집권 시기별 차이가 관찰됨.
- 북한 청소년 활동(사업) : 북한 청소년 활동(사업) 중 '파철, 파지 등 재활용품 수집'은 거의 모두 알고 있었으며, 나머지 행사도 90% 이상 인지하고 있었고, 청소년 시기에 경험한 활동(사업) 중 '봄, 가을철 청소년 적십자 나무심기행사'라는 응답이 가장 높았으며, '학생동원사업(농촌봉사 또는 노력동원)', '파철 파지 등 재활용품 수집', 국가명절 및 기념일 행사, '소년절 행사' 순으로 나타났으며, 거의 90%가 넘는 비율로 관찰됨.

2) 면접조사 결과

- 북한에서 청소년기를 보낸 청년층 북한 이탈주민을 대상으로 북한에서의 일상적인 삶의 영역인 가정, 학교 및 조직생활 등에서 그들이 체험한 다양한 삶의 모습을 심층면접을 통해 살펴보았음.
- 교육 및 진로 : 교육영역에서 수업 내용과 수준은 지역 별로 교사들의 수준 차이가 컸는데, 교원 수급이 원활하지 않아 단기과정 또는 통신과정을 통해 양성된 교사가

배치되고 있었음. 사교육이 진로선택 도움이 되는지 다소 의문을 갖고 있었으며, 진로 및 직업의 선택에 있어서 학력 수준이 영향을 미칠 수는 있으나 출신 성분이나 경제력, 인맥 등이 진로 및 직업의 선택 시 더 중요한 영향을 미칠 수 있다고 하였음. 가장 인기 있는 직업으로 당 일꾼(군 간부)을 꼽고 있는데, 북한에서 성공한 인생으로 고위 간부, 의사, 무역일꾼 등을 들었음. 집권 시기별로 김정일 시대에는 군인이, 김정은 시대에는 과학자가 청소년에게 제시되는 이상적인 준거집단으로 강조되었으며, 무엇보다 대부분 경제적 부를 이루거나 토대가 좋은 부모를 만나는 것이 성공의 전제조건으로 중요한 기준이 되고 있었음.

● 소조활동 : 북한에서 의무로 참여해야 하는 것은 아니지만 대부분 참여 경험이 있었으며 학교마다 소조를 운영하는 교과목, 수준 및 운영 방식에 큰 차이가 있었음. 또한 소조활동도 어느 정도 경제적인 부담이 있었기에 경제적 수준이 높은 가정에서 참여할 수 있는 기회가 많았으며, 빈곤층의 경우 상대적으로 참여기회가 적었으며, 소조활동 참여 이유 중의 하나가 노력 동원이나 작업을 피하기 위한 수단이 되고 있었음. 소년단 및 청년동맹 활동에 대해서 부정적 영향 혹은 싫은 기억을 하고 있는 경우가 많았는데, 생활총화 중에서도 특히 자아비판(호상비판)을 주된 이유로 들고 있었음.

● 일탈행동 : 패거리는 친한 친구 중심으로 끼리끼리 모여서 어울리는 것이라고 이해하고 있으며, 패거리 여럿이서 한 명의 학생을 집단적으로 괴롭히는 학교폭력 가해사례 같은 경우는 거의 없었음. 패에 의한 싸움이 자본주의 문화로 인식되었기 때문에 폭력 등 문제를 일으켰을 경우 전반적으로 처벌이 강하다는 경향이 있었음. 흡연에 대해서는 사회적으로 매우 부정적으로 인식했으며 처벌도 매우 엄격하였으나 학교에서의 금연 교육은 전무하였음.

● 학교 내 각종 경제 동원활동 : 가계와 학업에 큰 부담을 주고 있으며, 집안의 경제력에 따른 큰 편차가 있었음. 경제 형편이 어려운 학생들은 학교에서 요구하는 물품을 내지 못해 지속적으로 지적받고 생활총화 때 비판을 받는데 이러한 스트레스는 학교를 안 나가게 되는 요인으로 작용한 경우가 많았음. 경제 형편이 좋은 학생들은 농촌 동원 나갈 때 쌀, 기름 등을 지원해주고 자녀를 농촌 동원에 안 보내는 경우도 있었음. 학교 내에서 친구들끼리 물물 교환은 서로 필요한 물건을 바꾸는 경우가 가장 일반적인 형태였지만 집안 형편이 어려워서 물건을 가져와 파는 경우도 일부

있었음. 장마당을 이용하는 경우는 유사했는데 부모 대신 경제활동을 해야만 하거나 다른 하나는 재미나 간식 등을 사먹기 위해 장마당에 가는 경우가 있었음.

● 여가놀이 : 컴퓨터 교육을 받은 경험이 있었지만 컴퓨터가 거의 다 폐기 수준이라 실습을 하지 못했거나 종이로 된 자판으로 연습하는 수준으로 실제로 도움이 된 경우는 없었음. 최근 시 단위에 설치된 미래원에서 돈을 내고 컴퓨터를 이용할 수 있었지만 그 혜택은 미비했음. 2006년~2007년경 평양에 생겼던 PC방은 자본주의 문화로 간주되어 없어졌음. 북한 청소년들 사이에 컴퓨터 게임이 상당히 일상화되어 있었으며, 잘 사는 학생들은 거의 집에 노트북을 가지고 있었음. 청소년기에 손전화를 소유했던 응답자는 없었고 대부분 고급중학교 졸업 후(성인기)에 손전화를 소유했으며, 손전화 역시 대개 게임을 하기 위해 이용한 것으로 나타남.

● 복지제도 : 교복은 새것을 받기도 했지만 교복의 질이 매우 나쁘거나 디자인이 예쁘지 않아 새로 구입하여 입은 학생들도 많았음. 집안 형편이 어려운 학생들은 그냥 입기도 하고, 언니들 것을 물려받아 입는 학생들도 많았음. 교과서는 무상이 아니라 국정가격으로 구입했거나 중고로 물려받은 경우도 많았음. 학용품은 다 본인 부담이어서 가정 경제 수준에 따라 사용하는 학용품의 질이 달랐다는 내용이 많았음. 구역별로 진료소가 있어서 진료를 받거나 약을 처방받는 등의 기본적인 의료 서비스는 큰 문제가 없었지만, 약이나 주사 등의 의약품은 대부분 개인이 비용을 지불하여 구입해야 했음. 지역별로 무상의료의 수준과 의료 서비스에 대한 만족도가 상이함을 유추할 수 있으며, 사회주의 체제의 무상 복지 혜택이 나름 작동하고 있지만 부족한 물자난과 당 차원에서 충분한 지원이 이루어지지 않아 복지 및 의료 상황이 다소 심각한 상황에 있었고 가정 경제적 수준에 따른 차이가 있었음.

● 한류와 사상교육 : 한국 드라마나 음악을 엄격하게 통제하기는 하지만 청소년기 자본주의에 대한 호기심이 굉장히 많아서 몰래 보거나 듣고 있으며 드라마나 영화의 경우 보다가 걸리면 엄하게 처벌받는다는 것을 알았고, 수용소에 끌려갈 수 있지만 뒷배나 돈이 있는 사람들은 괜찮다고 하였음. 주로 집에서 가족들과 보거나 친한 친구들과 함께 또는 친구들 사이에 서로 CD를 빌려서 보는 경우가 대부분이었음. 김정일 시대에는 단속이 심하지 않았는데 김정은 시대 이후 관련법이 만들어지고 통제가 심해졌고. 이러한 한류경험이 대부분 탈북을 결심하는데 상당히 많은 영향을 주었음. 사상교육은 그 영향이 지배적이며 학교생활에서 조직생활 중 집중적으로

이루어지며 북한 체제 유지에 많은 영향을 미쳤음. 물론 사상교육의 효과는 사람마다 다르지만 가끔 반감이 들 때도 있는데, 다만 표현하지 못했음.

● 청소년기 참여한 사업 또는 활동 : 식수절 행사와 2월 16일 즈음에 진행된 배움의 천리길 참여경험, 비록 힘들고 배고프긴 했지만 친구들과 친해질 수도 있어서 좋았던 농촌지원 활동, 학교 경비를 서면서 친구들과 밤새 놀았던 경험, 체육행사나 4·15 예술공연에 참여했던 경험, 답사의 경험 등을 좋았던 기억으로 남는다고 답한 반면, 농촌으로 동원 나가는 것, 붉은 청년 근위대 훈련 등이 싫었다는 응답도 있었음.

● 청소년기에 계층 간 차별 : 대부분 선생님들이 학생들을 차별적으로 대하는 경우가 많았다고 했으며, 차별의 중 원인은 주로 경제적인 이유였음. 학부모가 선생님을 잘 챙기거나 파철이나 토끼 가죽 등을 잘 내는 학생들을 많이 예뻐해 주었음. 똑같이 과제를 안 해왔는데도 교사에게 뇌물을 많이 주는 학생들은 봐주는 반면, 다른 학생들은 체벌하고 기합을 주는 식으로 편애하기도 했음. 학교에서 임원 선발 시 교사 입장에서 부모가 어떤 위치에서 어느 정도 경제적으로 지원해 주느냐가 중요한 요인이며, 성적보다는 경제적인 이유가 크게 영향을 미쳤으며 차별의 가장 큰 원인이었음.

3) 초점집단인터뷰(FGI) 결과

● 북한청소년정책의 목표는 시대적 상황을 반영하여 지·덕·체를 갖춘 공산주의 혁명 인재 양성에서부터 자주성과 창조성을 가진 공산주의 혁명 인재 양성, 김일성·김정일 주체형의 인재 양성, 사회주의 애국 청년 양성으로 바뀌어 왔지만, 크게 봐서는 체제유지를 위한 인력 양성이라는 점에서 큰 차이가 없음.

● 김일성, 김정일, 김정은 시기의 정책에 대한 차이는 투자, 학생들의 학교비용 부담, 교육에서의 강조점, 놀이방식 등에서 살펴볼 수 있음.

- 투자와 학교교육 비용 부담의 측면에서는 김일성 시기에 가장 많은 투자를 했으며, 실질적인 무상교육으로 인한 학생들의 비용 부담이 가장 적었던 시기이고, 김정일 시기는 보여주기식의 투자와 교복, 교과서 등의 유료화로 인한 학생 부담이 증가한 시기, 김정은 시기는 청소년들의 지지를 이끌어내기 위한 투자의 성격을 가지며 학생들의 비용 부담이 가장 커진 시기임.
- 교육에서의 강조점에 대해서는 김일성 시대는 사회주의 이념에 기반한 평등 교육

을 강조한 시기이고, 김정일 시대는 예술 중심의 교육을 강조한 시기, 그리고 김정은 시대는 과학기술 중심의 교육을 강조한 시기임.

- 청소년 놀이방식에서는 예전 정권에서는 미제 타도, 미국 놈 때리기 등 군사 중심의 놀이가 주를 이룬 시기이고, 최근에는 어느 정도 상식적으로 이해할 수 있는 놀이방식으로 변화하고 있음.

● 최근 김정은 시기의 북한청소년정책의 특징은 청년 중시 정책, 이슈 중심의 정책, 한류 단속의 정책, 과학기술 및 엘리트 중심의 교육정책을 지향하고 있는 것으로 파악됨.

- 첫째, 청년 중시 정책은 현재의 청소년들이 우상화 대상이 되고 있는 김일성, 김정일을 직접 보고 자란 세대가 아니기 때문에 청년을 중시하는 정책을 시행하지 않으면 체제 유지의 어려움을 느끼기 때문에 불가피함.
- 둘째, 정책의 초점이 일반 청소년보다는 엘리트 중심의 일부 청소년에게 있고, 예산도 부족하기 때문에 실제로 청소년을 위한 정책이라기보다는 국제적으로 관심과 이슈를 끌기 위한 보여주기 식 정책을 시행하고 있음.
- 셋째, 수시 검열 강화, 제재 법률 제정 등 최근 한류를 단속하기 위한 정책이 강화되고 있으나 북한 주민들 사이에서는 한류가 일상화 되어 있으며, 대응방식도 개발되어 점점 더 한류 확산을 막기 어려운 상황이 되고 있음.
- 넷째, 북한청소년 교육은 과학기술교육, 엘리트 중심의 교육, 모델 교육이라 할 수 있으며, 일반 청소년보다는 수재 양성에 목표를 두고 서열화를 추진해 오고 있어서 일반 청소년의 경우에는 자존감이 떨어지고, 대학진학 기회도 점점 어려워지고 있음.

● 남북청소년의 교류협력 방안 : 체육·문화교류, 남북 지역 간 청소년 교류, 대학간 IT 교류, 경연대회 등 교육교류, 민속놀이 교류, 청소년시설 및 지도자 교류 등을 제안하였음.

■ 정책제언

● 남·북한 청소년 정책 비교와 북한청소년 정책 변화 전망 등을 토대로 남·북청소년 교류·협력을 위한 과제를 청소년 통일교육 관련 과제, 남·북청소년 교류 관련 과제, 통일시대 대비 기반 구축을 위한 과제로 나누어 제시하였음.

남·북한 통일교육 관련 정책과제	남·북한청소년 교류 관련 정책과제	통일시대대비 기반 구축을 위한 정책과제
1. 북한에 대한 객관적인 인식 강화 2. 남북청소년 교류를 위한 눈높이 통일 교육의 구현 3. 체험활동 중심의 통일교육 확대 4. 통일시대 남북청소년 인재 양성을 위한 리더십교육 5. 북한이탈청소년과 함께하는 사회통합 캠프 추진	1. 초청 및 파견 등 남북 동질성 회복을 위한 청소년 교류 2. 한민족 문화유산 보호 및 역사문화 탐방활동 개발·지원 3. 전통 민속놀이 발굴 및 행사 개최 4. 청소년 소조활동 지원을 통한 교류사업 개발·추진 5. 환경보호활동을 테마로 한 남북청소년 교류 6. 동북아 청소년포럼 개최 및 남북청소년 공동 참여 7. 남북청소년 사이버교류 및 IT 경진대회 추진 8. 유네스코 등 국제기구와 연계한 남북청소년 교류 추진	1. 남·북청소년 교류협력 정책에 관한 기본계획 수립 2. 북한청소년 정책에 대한 지속적인 모니터링 실시 3. 남북청소년 교류·협력 관련 민간기관 간 네트워크 구축 4. 통일시대 청소년활동 정책 수행을 위한 청소년시설 수요 파악 및 청소년지도자 교류 5. 남북청소년 교류·협력 및 정책 개발 기구의 설치·운영

- 청소년 통일교육 관련 정책과제 : 통일교육에 대한 효과를 높이기 위하여 객관적인 정보의 제공과 간접적 체험 위주의 교육 과제를 발굴하였음. 북한에 대한 객관적인 인식 강화, 남·북 청소년 교류를 위한 눈높이 통일 교육의 구현, 체험활동 중심의 통일교육 확대, 통일시대 남북청소년 인재 양성을 위한 리더십교육, 북한이탈청소년과 함께 하는 사회통합 캠프 추진이 이에 해당함.
- 남·북청소년 교류 관련 과제 : 남·북 공동의 역사와 문화, 자연자원과 환경 등을 보존하고 발전시켜 나가는 데 청소년들이 참여하게 함으로써 향후 청소년들이 한반도의 인재로 성장할 수 있는 기반을 마련하는 데 초점을 두고 개발하였음. 초청 및 파견 등 남북 동질성 회복을 위한 청소년 교류, 한민족 문화유산 보호 및 역사문화 탐방활동 개발·지원, 전통 민속놀이 발굴 및 행사 개최, 청소년 소조활동 지원을 통한 교류사업 개발·추진, 환경보호활동을 테마로 한 남·북청소년 교류, 동북아 청소년포럼 개최 및 남북청소년 공동 참여, 남북청소년 사이버교류 및 IT 경진대회 추진, 유네스코 등 국제기구와 연계한 남북청소년 교류 추진의 과제가 이에 해당함.
- 통일시대 대비 기반 구축을 위한 과제 : 남북청소년 교류·협력 정책은 동질성 회복과 통일 한국의 발전을 위한 인재 양성을 목표로 지속적으로 추진되어야 하며, 이를

위해 중장기적인 비전과 목표를 가지고 시설과 지도자, 추진체계 등을 위한 과제를 개발하였음. 남·북청소년 교류협력 정책에 관한 기본계획 수립, 북한청소년정책에 대한 지속적인 모니터링 실시, 남북청소년 교류·협력 관련 민간기관 간 네트워크 구축, 통일시대 청소년활동정책 수행을 위한 청소년시설 수요 파악 및 청소년지도자 교류, 남·북청소년 교류협력 및 정책 개발 기구의 설치·운영이 이에 해당함.

차 례

북한청소년 정책 분석 연구

연구보고 22-기본07

표 목차

그림 목차

제1장 서 론

1 서 론[1)]

1. 연구의 필요성 및 목적

시기나 이념, 사회체제 등에 따라서 청소년을 바라보는 시각이나 역할에는 다소 차이가 있을 수 있다. 하지만 최근의 청소년을 바라보는 시각에 대한 세계적인 추세는 청소년을 미래 사회를 이끌어 갈 주역이자 오늘의 삶을 살아가는 중요한 구성원으로 인식하고 있다. 그에 따라서 청소년들을 위험한 환경으로부터의 보호하고 권리를 존중하며 역량을 개발하고 발휘할 수 있도록 지원할 필요성이 요청되고 있다. 이를 위해서 각 국가에서는 청소년을 사회의 중요한 인적자원으로 성장하도록 개발하는 것과 함께 청소년들이 행복한 삶을 살아갈 수 있도록 인권과 복지 등을 위한 다양한 정책을 개발·시행해오고 있다.

남과 북은 오랜 세월동안 분단되어 서로 다른 정치이념과 체제 속에 있었기 때문에 북한의 청소년 정책 환경을 파악하고 남한의 정책 환경과 동일한 기준으로 비교하는 것에는 어려움이 있다. 특히, 북한과 같이 폐쇄된 환경의 제한된 정보 속에서 정책을 비교·분석하는 것은 결코 쉬운 일이 아니다. 그럼에도 불구하고 북한청소년에 대한 보다 정확한 이해를 위해서는 북한청소년의 의식과 일상생활 전반에 커다란 영향을 미치고 있는 중요한 환경인 정책에 대한 분석이 반드시 필요하다. 남과 북의 정책담당자들이 청소년과 관련해서 주로 관심을 가지고 있는 분야와 정책 방향 등을 살펴봄으로써 현재의 청소년의 삶뿐만 아니라 미래 사회에서의 모습도 어느 정도 예측할 수 있을 것이다. 또한 한반도에서의 평화와 통일을 대비하여 미래 사회의 주인공이 될 청소년을 보다 정확하게 이해하고, 이를 바탕으로 상호 교류와 협력을 위한 기반을 마련한다는 차원에서 정책 분석은 반드시 필요하다.

1) 이 장은 김경준(한국청소년정책연구원 선임연구위원)이 작성하였음.

우리나라의 청소년기본법 연령에 해당하는 청소년은 북한에서 소년과 청년을 포함하는데, 역대 정권의 주요한 정책 대상이 되어 왔다. 특히, 김정은 집권 이후에는 젊은 지도자로서의 이미지 부각과 체제 유지 수단으로서 청소년을 더욱 활용하는 측면을 보이고 있다. 김정은 정권의 청소년에 대한 관심은 소년단 행사나 청년절 행사를 대대적으로 기념하고 청년동맹의 위상 강화와 오랫동안 개최되지 않았던 청년 관련 대회를 이어서 개최하며, 청년을 중시하거나 인재를 양성을 강조하는 정책 등에서 엿볼 수 있다(강민정, 2016; 배영애, 2018). 하지만 정책이 실제로 청소년들의 일상적 삶에 어떠한 효과가 있었는지에 대해서는 알려진 바가 적다. 일부 연구에서 김정은 시기의 인재 양성 정책이 극소수 영재에게만 혜택이 돌아가고 일반 청소년에게는 효과가 없었다는 분석(안지영, 2021: 284)도 있지만, 김정은 시기의 청소년정책에 대한 전반적인 평가로 보기에는 부족한 점이 많다. 또한 그동안의 연구가 경제난 시기인 1990년대나 2000년 전후에 초점이 있었고, 김정은 집권 이후 최근까지의 정책 변화 과정에 대한 연구는 부족한 측면이 있어서 보다 더 관심을 가질 필요가 있다.

그동안 북한청소년정책에 대한 접근에 있어서 주로 최고지도자나 노동당 및 정부의 정책 노선 등에 집중하였고 실제로 청소년들이 생활하는 공간에서 어떻게 시행되고 수용되어 왔는지에 대한 분석이 부족했다. 북한청소년 정책에 대한 실체적인 이해를 위해서는 북한 당국에서 공식적으로 발표하는 정책 이외에 정책의 대상인 북한청소년의 실생활에서의 수용 정도를 함께 분석하여 종합적으로 파악하는 것이 필요하다. 최근 북한연구에서도 자료의 개방 확대와 다양한 방법론과 분석기법이 도입되어 양적 확대와 질적 심화의 결과를 가져왔고(고유환, 2015; 통일부 통일교육원, 2021), 북한을 이해함에 있어서도 북한 당국의 공식적인 담론과 함께 주민 일상의 모습을 상호 교차해서 보는 것을 더욱 의미 있는 방법으로 받아들여 북한 주민을 대상으로 한 일상생활 연구를 진행해 왔다(고유환, 2019; 박순성, 고유환, 홍민, 2008; 신원동, 2016; 신원동, 2020). 일상생활 연구는 사회체제나 이데올로기에 의해서 영향을 받는 하나의 측면만을 살피기보다는 일상생활 속에서의 다양한 변화를 포함함으로써 사회적 변수와 행위자 차원의 상호작용과 역동성을 확인하는 측면이 있다(조정아, 서재진, 임순희, 김보근, 박영자, 2008: 4).

본 연구에서는 북한청소년 정책의 변화를 최고지도자, 정치체제, 이데올로기, 노선·정책 등 위로부터의 통치 관점뿐만 아니라 북한청소년의 일상생활 영역에서 함께 살펴봄으로써 정책의 일방적이고 종속적인 관계를 벗어나서 북한청소년과의 상호작용적인 관계를 밝혀서 사회적 상황에 따른 북한청소년정책의 변화를 파악하고자 하였다. 이를 위해 김정은 집권 이후 최근까지 북한 당국의 청소년 관련 정책을 조사하고 분류하여 주요한 내용을 분석하고, 북한이탈 주민과 북한 출신 학자들을 통하여 이러한 정책들이 북한청소년의 일상생활의 영역에서 어떻게 실현되고 변화되고 있는지를 분석하였다. 나아가 남·북한청소년 정책의 차이를 비교·분석하고 이를 토대로 남·북한 청소년의 교류·협력을 위한 방안을 제시하였다.

2. 연구내용

1) 북한청소년 연구 동향과 주요 정책사업 분석

북한청소년 연구 동향 분석을 통하여 연구의 방향과 내용을 설정하고자 하였다. 특히, 우리나라 청소년과 대비하여 북한청소년정책의 대상이 되는 북한청소년의 범위에 대한 검토를 시작으로 김일성, 김정일, 김정은 등 북한의 각 정권기의 청소년의 특성과 정책적 관심이 무엇인지 살펴보았다. 또한 새 세대 북한청소년에 대한 논의를 통해서 정책 환경 변화에 따른 북한청소년의 특성과 변화, 그리고 향후 전망 등을 살펴보고자 하였다. 이와 함께 그동안 북한에서 청소년정책은 실제로 어떠한 것들이 있어 왔는지를 살펴보기 위하여 북한신문기사 등을 통하여 김정은 집권 이후의 청소년 관련 사업을 검색하고 교육사업, 정치사상교양사업, 정치·경제·사회활동참여사업, 청소년시설 및 문화·예술·체육사업, 청소년 관련 법·제도의 영역으로 분류하였다.

2) 북한청소년 정책·제도 현황 고찰

북한청소년 정책의 내용을 보다 구체적으로 분석하기 위하여 북한청소년정책을 교육, 학교 외 조직생활, 문화예술 등으로 구분하여 각각의 정책과 제도를 살펴보았으며, 김정은 시기 이후 북한청소년 정책·제도 분석을 통하여 최근의 북한청소년 정책 동향을 살펴보았다. 먼저 교육정책·제도는 북한의 교육과정과 학교생활을, 교육 이외의 과정은 북한청소년의 소년단, 청년동맹 등의 조직생활을, 그리고 문화예술 정책·제도는 문화예술 교육정책과 문화예술교육기관을 분석하고, 그 밖에 소년단원들에게 부여된 시대별 주요 지위와 역할, 그리고 김정은 시대의 북한 교육에 대해서 살펴보았다. 최근의 북한 청소년정책 동향은 청년동맹 조직의 활성화, 청소년교양을 위한 법 체제 정비 등을 통하여 김정은 시기의 청소년정책의 변화를 살펴보았으며, 김정은 시기의 청소년정책 변화의 원인과 2019년 하노이 회담 결렬 이후의 당 정책 변화와 청소년정책 동향과 청소년정책의 특징들을 살펴보았다.

3) 북한청소년 정책에 대한 설문조사 결과 분석

북한청소년의 일상생활에 대한 이해와 북한청소년정책의 가정, 학교, 지역사회 등 일상생활의 영역에서의 수용 여부 등을 파악하고자 청소년기를 경험한 북한이탈주민의 청소년정책에 대한 인식과 참여 경험, 성과 등을 조사·분석하였다. 즉, 학교 수업, 사상교육, 여가생활, 조직생활, 경제활동, 청소년행사 등에서의 청소년들의 참여 실태뿐만 아니라 각각의 활동에 대한 만족도나 효과, 반응 등을 살펴봄으로써 북한청소년정책이 정책 대상이 되는 청소년들에게 얼마나 잘 전달되고 효과가 있는 지를 파악하고자 하였다.

4) 북한청소년정책에 대한 질적 분석

설문조사를 통하여 파악하기 어려운 북한청소년의 생활실태와 정책에 대한 인식을 질적 조사를 통하여 보완하고자 하였다. 북한이탈주민을 대상으로 김정일 및 김정은 집권기의 가정, 학교 및 지역사회 등 북한 청소년들의 일상 영역에서의 경험과 요구를 개별 인터뷰를 수행하여 보다 심층적으로 조사·분석하고자 하였다. 또한 북한청소년 및 북한청소년정책의 실태와 동질성 회복을 위한 남북청소년 교류·협력 방안 등에 대한 북한 출신 전문가들의 현실적인 제안을 들어보기 위하여 북한출신 학자를 대상으로 초점집단인터뷰(FGI)를 통하여 질적 분석을 실시하였다.

5) 남북·청소년 교류 협력 및 통일 시대 대비 정책과제 발굴

북한청소년정책 실태와 양적·질적 분석을 토대로 북한청소년정책과 우리나라 청소년정책을 정책목표, 정책대상, 정책내용, 정책 작동방식, 청소년의 긍정적·부정적 반응을 기준으로 비교하였으며, 남·북 청소년 교류협력을 위한 정책과제를 통일교육 관련 정책과제, 교류협력 정책과제, 통일시대 기반 구축을 위한 정책과제의 세 가지로 구분하여 제시하였다.

3. 연구방법

1) 문헌·자료조사

북한청소년 관련 정책노선과 정책기구, 정책 내용 등을 파악하기 위하여 선행 연구·문헌과 주요 정책 및 회의 분석 자료, 신문기사 등을 조사·분석하고자 하였다. 특히, 최근 북한청소년 정책 사업을 분석하기 위하여 로동신문 등 북한 신문기사와 국내 신문기사를 분석하였다. 이를 통하여 김정은 집권 이후의 북한청소년 정책 사업 추출하고, 영역별로 분류하였다. 또한 선행연구와 북한신문 등의 자료를 통하여 김정은 집권 이후 북한청소년 정책·제도의 현황을 분석하였다.

2) 전문가 자문회의

연구 추진 방향 설정, 북한청소년정책 관련 자료 수집과 분석, 면접조사 대상의 선정 및 면접조사 방법, 정책과제의 발굴 방법 등 연구 전반에 대하여 북한 연구 전문가를 대상으로 자문회의를 실시하였다. 북한 이탈 주민 관련 단체 및 기관 등에서 사업을 운영했거나 직·간접적으로 연구 참여 경험이 있는 전문가, 연구기관이나 대학에서 북한 관련 연구수행 경험이 있는 학자, 북한 관련 업무를 담당하고 있는 유관 부처 공무원 등을 중심으로 자문회의를 진행하였다. 특히, 북한 관련 학자의 경우에는 탈북자 중에서 현재 대학에 재학 중인 학자를 포함하여 경험에 기반하여 실태를 파악하고자 하였다. 자문회의는 연구 방향을 설정하고 북한청소년 정책 및 연구 동향을 파악하고, 면접 및 실태조사 대상의 선정, 조사방법, 조사내용 구성과 조사지의 타당성 등에 대한 검토, 그리고 북한청소년 정책 분석을 통한 정책방향과 정책과제를 발굴에 초점을 맞추어 진행하였다.

표 Ⅰ-1. 전문가 자문회의 내용 및 자문진

횟수	자문영역(내용)	자문진
1차	연구 추진 방향 설정	• 북한 관련 학자 (북한 출신 학자 포함) • 북한 관련 현장 전문가 • 정부 부처 및 유관기관 전문가
2차	북한청소년 정책 및 연구 동향 파악	
3차	설문 및 면접조사 대상 선정 및 조사방법 검토	
4차	면접 및 설문조사 도구 개발(조사내용 타당성 검토 등)	
5차	정책방향 및 정책과제 발굴	

3) 설문조사

증거에 기반한 북한 청소년 현황 파악을 위해서는 직접 북한 청소년을 대상으로 실태조사를 수행하여 자료를 수집하는 것이 필요하다. 하지만 현실적으로 북한 청소년을 대상으로 하는 직접적인 조사 수행은 거의 불가능하기 때문에 북한을 이탈하여 남한에 입국한 주민들을 대상으로 할 수밖에 없다. 2022년 9월까지 남한에 입국한 북한이탈주민은 33,857명으로 조사되었다.[2] 북한이탈주민은 1990년대 중반, 북한의 식량사정 악화를 계기로 꾸준히 증가하였으나 2012년 이후부터는 감소추세를 보이고 있다.[3] 최근에는 북한의 대남 강경 노선으로의 회귀와 코로나 등의 일련의 사태로 인해 청소년 연령의 북한 주민의 남한 입국은 거의 없는 실정이다. 이에 북한에서 청소년기(소학교 혹은 초급·고급 중학교, 대학교 시기)를 경험한 북한 이탈 주민을 대상으로 표본을 선정하고 회고적(Retrospective survey)방식으로 실태조사를 실시하였다. 특히, 김정은 집권 시기인 2012년 전과 후에 각각 청소년기를 경험한 북한 이탈 주민 138명을 조사함으로써 김정은 집권 전후의 북한청소년정책의 변화를 파악하고자 하였다. 조사대상의 표집은 유의표집이며 눈덩이 표집방식(snowball sampling)으로 조사대상을 선정하였다. 유관기관의 협조를 얻어서 조사대상을 선정한 후 자체 연락망을 통해서 조사하는 방식으로 진행하였다.

조사내용은 선행연구와 북한청소년정책사업에 대한 조사결과를 바탕으로 북한청소년들의 교육 및 진로, 동아리 및 조직생활, 일탈행동, 경제활동, 여가놀이, 복지제도에 대한 인식, 한류 및 사상교육, 북한청소년사업에 대한 인지 및 참여 정도 등을 구성하였다.

표 Ⅰ-2. 주요 조사영역 및 문항구성

조사영역		조사문항
교육 및 진로	학력수준	학교교육 여부, 최종학력, 집권 시기 별 학업기간, 학교 출석 성실도
	학교수업	수업 재미정도, 숙제에 대한 성실도, 수업 이해도
	교원(교사)	교사 지식수준, 교사에 대한 본받을 점, 교사의 차별 없는 태도, 교사 체벌정도
	성교육	성교육 수업정도
	사교육 (개인과외교육)	교과 영역별 사교육 여부, 사교육 불수용 이유, 사교육 강사 유형, 사교육 도움정도
	진로직업 의식	진로 직업선택 요인, 성공한 인생 인식, 인기 직업군

2) 통일부. 주요사업통계. https://www.unikorea.go.kr/unikorea/business/statistics/에서 2022. 11. 24. 인출
3) 통계청. e-나라지표. 북한이탈주민입국현황. https://www.index.go.kr/potal/main/EachDtlPageDetail.do?idx_cd=1694에서 2022. 2. 16. 인출

조사영역		조사문항
동아리 및 조직생활	소조활동	소조활동 경험빈도, 소조활동 장소, 소조활동 수준, 본인 도움정도, 소조활동 만족도
	소년단 및 청년동맹	소년단 가입 시기, 소년단 및 청년동맹 활동 참여도, 진로 도움정도, 상호비판의 부정적 및 긍정적 효과 정도
일탈행동	패거리 (학교폭력)	패거리 피해경험 정도, 패거리 목격정도, 패거리 가해학생 처벌정도, 패거리 활동 이유
	흡연	흡연여부, 흡연시기
경제활동	학교 내 경제동원활동	경제동원활동 수행경험, 경제동원 활동 부정적 영향_가계살림과 학업
	학교 내 물품거래	학교 내 물품거래 유무, 학교 내 물품 거래 이유
	장마당	장마당 이용정도, 장마당 이용 목적
여가놀이	친구관계	친구로부터의 도움정도, 친구와의 어울림 정도, 본인을 좋아하는 친구정도
	놀이	즐겨했던 놀이
	TV시청	TV 시청정도, 주로 시청한 TV 프로그램 유형 6가지
	컴퓨터	컴퓨터 사용정도, 컴퓨터를 주로 사용한 영역 4가지
	손전화(핸드폰)	손전화 소유여부, 손전화를 주로 사용한 영역 4가지
복지제도에 대한 인식	무상교육	무상교육 여부/무상으로 지급된 교과서, 교복 및 학용품 만족도 수준
	무상치료	무상차료 여부/병원시설, 치료 및 의약품 만족도 수준
한류 및 사상교육	남한 드라마	남한 드라마 시청경험 정도
	남한 패션	남한 패선 모방 정도
	남한방송 처벌	남한 방송 시청 시 처벌 유무 인지
	사상교육	사상교육 성과 여부
북한청소년 사업	북한 청소년 관련 사업 인지 및 경험 여부	파·철파지 등 재활용품 수집, 봄·가을철 청소년적십자 나무심기행사, 토끼 품평회 및 토론회, 청년공원, 소년단 야영소, 학생청소년회관, 전국청소년 학생체육경기대회, 소년절행사, 청소년 답사행군, 학생동원사업, 국가명절 및 기념일 행사 등 11개 영역에서의 북한 청소년 관련 사업 인지 및 경험 여부
배경변인		성별, 태어난 때, 탈북시기, 북한에서 거주한 지역, 거주지 특성, 남한 입국 시기, 탈북 전 경제수준, 북한에서의 부모님 직업, 부모님 당원여부

4) 면접조사

실태조사에서 파악하기 어려운 내용을 보다 심층적으로 파악하기 위하여 2021년 8월 5일~8월 16일 사이에 김정일과 김정은 집권 시기에 청소년기를 경험한 북한이탈주민 대상으로 면접조사를 실시하였다. 면접영역은 교육 및 진로, 소조활동 및 조직생활, 일탈행동, 경제활동, 여가놀이, 복지제도 인식, 한류 및 사상교육 그리고 북한 청소년 사업과 계층 간 차별에 대한 경험 등으로 구성하였다. 한국청소년정책연구원 연구진의 배석 및 주도하에 개별 면접 방식으로 진행되었다. 북한 이탈 주민 대상 지원 기관 및 조사업체의 협조 받아 눈덩이 표집방식(snowball sampling)으로 대상자를 섭외하였으며, 면접 실시에 앞서 본 연구의 추진배경, 목적 및 기대효과를 충분히 설명하였으며 조사 참여 동의를 구한 다음, 연구 참여 동의서 및 개인정보수집 및 이용에 관한 동의서 등에 서명날인을 받았다. 면접조사 대상자 전체인원은 10명으로 구성되었으며, 서울의 회의 전용공간에서 1:1 개별 면접방식으로 총 10회, 회당 1시간~1시간 30분 정도 소요되었다. 면접 과정 중 추가적인 요청이나 설명이 필요한 경우 진행자가 중간에 질문의 내용을 부연하는 방식으로 면접 대상자의 이해를 도왔다. 매회 실시된 개별 면접 내용은 녹취되었으며, 전사 자료를 바탕으로 주요면접 영역과 면접 내용에 대한 분석이 이루어졌다. 본 면접조사의 실시에 앞서 기관생명윤리위원회 승인(승인번호: 202206-HR-고유-013)을 2022년 6월 21일 취득하였다.

5) 포커스그룹인터뷰(FGI)

북한청소년정책과 남북청소년 교류·협력 방안에 대한 북한 출신 전문가들의 인식을 조사하기 위하여 북한 출신 학자를 대상으로 포커스그룹인터뷰(FGI)를 실시하였다. 인터뷰는 2022년 8월 18일(목)과 8월 19일(금) 이틀에 걸쳐서 총 9명을 대상으로 하였으며, 5명과 4명으로 나누어서 2차례에 걸쳐서 각각 2시간 내외로 주어진 주제에 대해서 연구자가 사회를 보고 상호 의견을 교환하는 방식으로 진행하였다. 인터뷰(FGI) 참여자는 대학교수, 연구원, 대북 관련 언론인, 비영리단체 기관장 등 북한 출신 전문가로 구성하였으며, 탈북이전에는 지도원, 공무원, 대학교수 등이었다. 인터뷰 대상인 북한 출신 학자는 일차적으로 북한 관련 대학교와 연구기관의 추천을 받았으며, 본 연구진이 개별 연락하여 인터뷰에 동의를 한 대상자를 최종 선정하는 절차를 거쳤다. 인터뷰 조사내용은 북한청소년정책의 변화와 최근 김정은 집권 이후의 정책내용, 그리고 북한청소년정책 변화에 따른 남북청소년 교류 및 협력 전망과 과제 등을 포함하였다. 면접 내용은 동의하에 녹취되었으며, 전사 자료를 바탕으로 주요면접 영역과 면접 내용에 대한 분석이 이루어졌다. 본 면접 조사의 실시에 앞서 기관생명윤리위원회 승인(승인번호: 202206-HR-고유-013)을 2022년 6월 21일 취득하였다.

6) 전문가 콜로키움 및 워크숍

최근의 북한 연구 동향을 파악하고 북한 연구에서 사용되고 있는 연구방법이 북한청소년 연구에도 적용될 수 있는지 그 적용 가능성을 탐색하기 위하여 북한 관련 전문가를 초빙하여 콜로키움을 개최하였다. 또한 본 연구에서 실시한 문헌연구, 양적 및 질적 연구결과를 바탕으로 남·북청소년 교류·협력 및 통일시대를 대비하기 위한 정책과제 발굴 워크숍을 개최하였다.

4. 연구추진체계

본 연구는 북한청소년정책 분석을 통한 남북청소년 교류협력 및 통일시대 정책 발굴이라는 연구의 목적을 위해서 원내 연구진뿐만 아니라 북한 전문가인 외부 공동연구원, 그리고 전문가자문진, 전문가 FGI 그룹 등과 함께 다음과 같이 4단계에 걸쳐서 추진하고자 하였다. 1단계에서는 문헌고찰, 전문가 콜로키움, 남·북한 기사분석 등을 통하여 북한청소년 연구동향을 분석하였으며, 2단계에서는 교육, 조직생활, 문화·예술활동 등 주요 영역의 북한청소년 정책·제도와, 김정은 집권 이후 최근까지의 북한청소년 정책·제도를 분석하여 북한청소년 정책의 최근 동향을 고찰하였다. 3단계에서는 북한청소년정책이 실제 실생활에서 어떻게 구현되고 있는지를 다각적으로 살펴보기 위하여 설문조사와 면접조사, 포커스그룹인터뷰(FGI)를 실시하였다. 4단계에서는 그동안의 조사결과를 바탕으로 전문가 자문, 전문가워크숍, 정책실무협의회 등을 통해서 남북청소년 교류협력 및 통일시대 정책과제를 발굴하고자 하였다.

추진절차	연구내용	연구방법
1단계	북한청소년 연구 동향 분석	• 문헌고찰 • 전문가 콜로키움 • 남·북한 기사 분석
2단계	북한청소년 정책·제도와 정책내용 분석	• 문헌분석
3단계	북한청소년 정책 실태 분석	• 설문조사 • 면접조사 • FGI조사
4단계	남북 청소년 교류협력 및 통일 시대 정책과제 발굴	• 전문가자문 • 전문가워크숍 • 정책실무협의회

그림 Ⅰ-1. 연구추진체계

제2장 북한청소년 연구동향과 주요 정책사업

2 북한청소년 연구동향과 주요 정책사업[4)]

1. 북한청소년 정책 대상

일반적으로 청소년은 소년과 청년의 중간 시기를 말하나, 우리나라 법률에서는 목적에 따라 청소년의 연령에 차이가 있을 뿐만 아니라 소년 또는 청년과 연령이 중첩되는 모습을 보이기도 한다. 대표적인 청소년 법률이라 할 수 있는 청소년기본법에서는 “청소년 참여 보장과 능동적 삶의 실현, 청소년의 성장 여건과 환경의 개선, 민주·복지·통일 조국에 대비하는 청소년의 자질 향상”(제2조)을 이념으로 하고 있는데, 9세에서 24세의 연령(제3조)[5)]을 대상으로 하고 있다. 하지만 “유해매체물, 약물 등의 유통과 유해업소 출입 등의 규제, 청소년을 유해한 환경으로부터 보호·구제”(제1조)를 목적으로 하는 청소년보호법에서는 만 19세 미만(제2조)[6)]을 대상으로 하고 있고, “반사회성이 있는 소년의 환경 조정과 품행 교정을 위한 보호처분 등의 필요한 조치와 형사처분에 대한 특별조치를 통하여 소년의 건전한 성장을 돕는”(제1조) 소년법에서는 소년을 19세 미만(제2조)[7)]을 대상으로 하고 있다. 또한 “정치·경제·사회·문화 등 모든 분야에 대한 참여 촉진과 교육, 고용, 직업훈련 등의 기회 제공, 성장할 수 있는 사회적·경제적 환경 마련 등의 정책 추진”(제2조)을 목적으로 하고 있는 청년기본법에서는 19세 이상 34세 이하인 자(제3조)[8)]를 대상으로 하고 있으며, “청년 미취업자에 대한 국내·외 직업능력 개발훈련”(제1조)[9)]을 목적으로 하는

4) 이장은 김경준(한국청소년정책연구원 선임연구위원)이 작성하였음.
5) 국회법률정보시스템. 청소년기본법. http://likms.assembly.go.kr/law/lawsLawtInqyDetl1010.do에서 2022. 1. 21 인출
6) 국회법률성보시스템. 청소년보호법. http://likms.assembly.go.kr/law/lawsLawtInqyDetl1010.do에서 2022. 1. 21 인출
7) 국회법률정보시스템. 소년법. http://likms.assembly.go.kr/law/lawsLawtInqyDetl1010.do에서 2022. 1. 21 인출
8) 국회법률정보시스템. 청년기본법. http://likms.assembly.go.kr/law/lawsLawtInqyDetl1010.do에서 2022. 1. 21 인출
9) 국회법률정보시스템. 청년고용촉진특별법. http://likms.assembly.go.kr/law/lawsLawtInqyDetl1010.do에서 2022. 1. 21 인출

청년고용촉진특별법에서는 15세 이상 29세 이하를 대상(청년고용촉진특별법 시행령 제2조)[10]으로 하고 있다.

북한의 경우에 공식적으로 청소년이라는 용어보다는 학생, 소년과 청년이라는 용어를 많이 사용하고 있으며 청소년 연령에 대한 정확한 법 규정을 찾아보기 힘들다. 다만, 조선민주주의인민공화국 사회주의로동법 제14조에 노동하는 나이를 16살부터로 명시하고 있으며, 노동하는 나이에 이르지 못한 소년들의 노동을 금지하는 규정[11]이 있어서 소년을 16세 미만으로 보고 있다고 판단된다.

북한의 언론매체에서는 아동, 소년, 어린이를 혼용하고 있고, 청소년을 주로 학생으로 지칭하며(안지영, 2015: 195), 청소년학생, 학생소년, 청년대학생 등으로 청소년, 소년, 청년을 학생, 대학생과 함께 사용하고 있다. 학생의 경우에는 우리나라의 초등학교에 해당하는 소학교(만 6세~만 10세)에서부터 중학교에 해당하는 초급중학교(만 11세~만 13세)와 고등학교에 해당하는 고급중학교(만 14세~만 16세)) 학생, 그리고 고등교육기관인 단과대학(만 17세~만 20세)과 종합대학(만 17세~만 22세) 학생까지를 포함할 수 있다.[12][13] 학생의 경우에는 의무교육기간에 해당하는 연령대를 주로 언급하고 있어서 청소년학생, 소년학생은 고급중학생까지가 해당되고, 청년대학생은 청년 중에서 대학생인 경우를 언급하는 것으로 판단된다.

또한, 북한 주민들은 전 생애에 걸쳐서 조직생활을 하고 있는데, 청소년 연령대는 소년단과 청년연맹에서 활동하고 있는 사람들이 이에 해당한다. 즉, 소학교 2학년인 만 7세에서 초급중학교 3학년이 되는 만 13세까지 소년단에 가입하여 활동하게 되고, 고급중학교 1학년인 만 14세에서부터 만 30세까지는 김일성-김정일주의청년동맹(이하 '청년동맹')에 가입되어 생활하게 된다(통일부 통일교육원, 2021: 210).

이 연구에서는 북한청소년과 관련한 다양한 정책 내용을 포함하기 위하여 청소년의

10) 국회법률정보시스템. 청년고용촉진특별법 시행령. http://likms.assembly.go.kr/law/lawsLawtInqyDetl1010.do에서 2022. 1. 21 인출
11) 법무부. 통일법제데이터베이스. 조선민주주의인민공화국 사회주의로동법. http://www.unilaw.go.kr/bbs/selectBoardArticle.do#에서 2022. 1. 21 인출
12) KOSIS. 북한통계. 교육체계. https://kosis.kr/bukhan/statisticsList/statisticsListIndex.do?menuId=M_01_01_01&vwcd=MT_BUKHAN&rootId=101_001&treeId=101_001/101_001_003#SelectStatsBoxDiv에서 2022. 1. 21 인출
13) 2020년 현재, 소학교 학생수는 1,620천 명, 초급중학교 학생수는 984천 명, 고급중학교 학생수는 1,017천 명, 대학교 학생수는 494명으로 나타나고 있다(KOSIS. 북한통계. 학생. https://kosis.kr/bukhan/statisticsList/statisticsListIndex.do?menuId=M_01_01_01&vwcd=MT_BUKHAN&rootId=101_001&treeId=101_001/101_001_003#SelectStatsBoxDiv에서 2022. 1. 21 인출)

범위를 보다 포괄적으로 정의하였다. 즉, 북한청소년은 소학교, 초급중학교, 고급중학교, 대학교 재학생과 동일한 연령대의 사람을 말하며, 공식 조직의 경우에는 소년단과 청년연맹에 소속되어 있는 사람까지를 포함하는 것으로 정의하였다.

2. 역대 정권의 북한청소년정책

1) 김일성 시기의 북한청소년정책

북한청소년의 역할과 특성은 북한 정권에 따라서 변화되어 왔다고 할 수 있다. 북한 최초의 정권인 김일성 체제의 통치이념은 주체사상인데, 북한의 정치, 경제, 사회문화와 주민자치 및 일상생활에 이르기까지 전 영역에서 영향을 미쳤으며, 청소년정책에도 영향을 미쳤다(통일부 통일교육원, 2021: 33). 김일성시기의 청소년은 '혁명위업의 계승자'(김일성, 1984: 203), '주체혁명위업의 계승자'(김일성, 1990: 302), '견결한 혁명가'(김일성, 1983: 145), '사회주의 건설자'(김일성, 1981: 191), '기술혁명 수행의 선봉대'(김일성, 1984: 207), '사회주의 건설의 선봉대, 돌격대'(김일성, 1990: 306) 등으로 언급되었는데, 청소년들을 김일성 주체사상을 이어받아 미완의 혁명을 완성시키기 위한 사람들로 보았다. 보다 구체적인 역할은 1958년 3월 19일 전국청년사회주의건설자대회에서 한 연설에서 살펴볼 수 있다. 청소년들의 역할을 '당의 가장 믿음직한 일군, 참다운 사회주의 건설자로서, 새로운 기술을 배우고 선진기술을 보급하는 선봉대, 사회주의적 애국주의 사상으로 무장하여 민족적 허무주의를 배격하고 사회주의 건설을 위해 투쟁, 근로자들의 의식을 사회주의적으로 개조하고 도시와 농촌에서 문화혁명을 밀고나가기 위한 선봉대'의 네 가지 임무를 가지고 있다고 하였다(김일성, 1981: 191~199). 김일성 시기에는 사회주의 체제의 성립, 전쟁과 전후 복구, 사회주의 건설을 위해서 청년들의 사상무장과 당성을 강조하였으며, 청년을 조직과 동원의 대상으로 인식한 것으로 보았다(배영애, 2018: 112).

또한 김일성 시기의 청소년들의 특성을 살펴보면, '사회주의적 품성을 가진 새 형의 인간'(김일성, 1981: 192), '지덕체, 즉, 정치, 과학기술, 문학예술 등의 풍부한 지식과 공산주의적 도덕, 건강한 체력을 갖춘 인간'(김일성, 1984: 208)으로서 '혁명하기 좋아하고 투쟁하기 좋아하는'(김일성, 1990: 304), '일하기 좋아하며 정치적 조직생활에 충실하고 언제나 검박하게 생활하며 하나는 전체를 위하여, 전체는 하나를 위하여 서로 돕고 이끄는 것' 등(김일성, 1984: 203)을 이상적인 모습으로 상정하여 청소년들을 자본주의적 요소에 대항하여 철저히 사회주의 혁명을 완성하기 위해 필요한 품성을 갖추도록 요구하고 있다.

2) 김정일 시기의 북한청소년정책

김정일 체제에서는 1980년대 말 이후 소련 및 동유럽 사회주의권 붕괴와 냉전종식에 따른 위기의식 속에서 주체사상을 우리식 사회주의라는 이름으로 재해석하였으며, 주체사상에 뿌리를 둔 선군사상을 통치이념으로 공식화 하였다(통일부 통일교육원, 2021: 32~33). 청년들의 임무도 '인민대중 중심의 우리식 사회주의를 튼튼히 고수하고 더욱 빛내여나가는 것'(김정일, 2012: 296)으로 보았다. 대외관계의 약화와 경제의 위기로 청년들의 당과 국가에 대한 조직화된 의존관계가 약화되어 위기대응전략으로서 청소년정책을 강조하였다. 김정일 정권은 청년동맹에서 의존하던 경향에서 벗어나서 기간산업에 청년이란 명칭을 넣어 호명하게 한다거나 청년절을 제정하여 청년 위주의 행사가 가능한 기념일을 만들어줌으로써 청년들을 유인하는 청년정책을 주로 추진하였다(강민정, 2016: 13~14; 배영애, 2018: 113~114). 청년들이 당을 위해 무보수 노동을 제공하는 것에 대한 보상으로 청년중시사상을 실천 행위와 결합하여 김정일 시대 철도역과 거리, 기념비적 창조물 사업에 '청년'이란 용어를 삽입하여 호명하도록 하여 노동력을 제공한 청년들을 기념하여 치켜세웠으며, 청년절 기념행사에서 사회 전 부문에서 청년들이 적극 복무하고 있다는 것을 대대적으로 선전하기도 하였다(강민정, 2016: 13). 또한 김정일은 1991년 8월 26일 전국의 청년들과 사로청일군들에게 보낸 서한에서 청년절에 대해서 '김일성이 이룩한 조선공산주의청년운동의 빛나는 전통을 계승하여 우리나라 청년운동을 더욱 발전시키고 조국과 민족앞에 쌓아올린 청년들의 불멸의 업적과 위훈을 길이 빛내며 새 세대 청년들을 혁명의 믿음직한 계승자로 더욱 튼튼히 준비시키는 데서 중요한 의의를 가진다'(김정일, 2012: 292~293)고 하여 청소년들을 김일성의 주체사상으로 무장하여 혁명을 계승할 사람으로 보았다. 특히, 혁명의 계승자로서의 사명을 다하기 위해서는 풍부한 문화적 소양과 함께 높은 창조적 능력이 필요하며, 이를 위해서는 과학기술지식을 갖기 위한 과학적발명운동과 대중적 기술혁신운동을 해야 한다고 하여(김정일, 1998: 427~428) 김정일 시기에는 과학기술에 대한 관심이 높은 것으로 보였다.

3) 김정은 시기의 북한청소년정책

김정은 시기의 통치이념은 '김일성-김정일주의'로 주체사상에 뿌리를 둔 이념이며, 김일성 이후의 사상적·혁명적 연속성을 확보하기 위한 것이라고 보고 있다(통일부 통일교육원, 2021: 41~42). 김정은 시기에는 인민중시, 군사중시, 청년중시를 3대 전략으로 세워서 청년중시에 의한 정치로 청년강국을 형성하고자 하였다(김창희, 2018: 182). 김정은 시기의 청년정책은 통치이념과 일치하게 김일성과 김정일의 계승하되 보다 확대·발전시키는 데 특징이 있다.(강민정, 2016: 14). 김정은 집권 이후 첫 번째 가시적인 교육개혁인 12년제 의무교육 실시는 교육과 아동에 관심이 컸던 김일성 이미지를 모방하면서 김일성, 김정일의 계승자로서의 의무교육제 확대의 전통을 계승하는 것으로 평가되고 있다(조정아, 이교덕, 강호제, 정채관, 2015: 19~20). 청년절을 대대적으로 기념한다거나 '청년강국'의 기치를 내세워 '청년신화'를 운운하는 등 청년정책을 보다 적극적으로 전개해나가고 있다(강민정, 2016: 14). 또한 김정은 체제에서는 청년보다는 어린 세대인 '아동', '청소년'을 내세우는 것으로 시작하여 젊은 지도자가 쉽게 다가갈 수 있는 세대를 공략하였다. 김정은은 '애민정치'로 '후대사랑'과 '미래사랑'을 제시하였으며, 김정은 체제 들어서 첫 번째 대규모 행사로 조선소년단 창립 66돌 경축행사가 치러졌다(안지영, 2021: 255~256). 2012년 6월 6일 조선소년단 창립일에 전국에서 선발된 2만명의 모범 소년단원들이 참가한 조선소년단 전국연합단체대회에서 김정은이 참가하여 공개연설을 한 것은 1966년에 김일성이 소년단 창립 20돌 기념행사에 참가한 이후의 두 번째 참여로 정치적 기반 구축을 위한 것으로 평가된다(현인애, 2018: 105~108). 또한 2022년 3월 6일 조선중앙통신은 조선소년단 제9차 대회를 6월 초순 평양에서 개최하기로 하여 코로나 19의 장기화로 국경 봉쇄가 길어지고 대북제재의 영향으로 내부결속의 필요성에서 어린 청소년들의 조직인 소년조직을 강화하는 움직임을 보이고 있는 것으로 나타나고 있다.[14]

김정은 체제의 청년정책은 김정일 시기와 같이 위기상황에서 등장한 것이 아니라 당과 혁명의 전략적 노선을 내세우면서 하나의 지침이 되었고 청년이 국가의 중심이 되는 청년강국을 제시하고 있다. 청년들이 혁명의 계승자로서 사회에서 주도적인 역할을 최대한으로 높여 체제유지와 국가발전의 근원으로 여기고 있다(배영애, 2018: 114). '청년강국', '청년돌격대'라는 용어가 2015년 백두산영웅청년발전소건설장 현지지도 보도에서 처음

14) 아시아투데이(2022. 3. 6일자). https://www.asiatoday.co.kr/view.php?key=20220306010002943에서 2022. 3. 18 인출

등장하여 2015~2016년 두해에 걸쳐서 강조되었으나 그 이후 감소하여 김정은 집권 초기에는 젊은 지도자의 등장을 알리기 위해 '새로움'이라는 차원에서 '청년'이라는 용어와 결부시켰다가 이후 권력이 안정화되면서 통치의 노련함을 보이려 용어 사용을 줄인 것으로 보고 있다(홍민, 강채연, 박소혜, 권주현, 2021: 44, 76)는 분석도 있다. 하지만 2018년 4월 20일 당중앙위원회 제7기 제3차 전원회의에서 '경제·핵 병진노선'의 완료 및 향후 경제건설에 총력을 기울일 것으로 선언하였으며(통일부 통일교육원, 2021: 23), 2018년 5월 16일 김일성-김정일주의 청년동맹 제9기 제7차 회의에서 경제건설에 총력을 집중하고, 이를 위해 청년동맹조직들의 책임과 역할을 강조한 것(김창희, 2018: 196)과 2021년 4월에 개최된 제10차 김일성·김정일주의청년동맹대회에서 명칭을 사회주의애국청년동맹으로 변경하고(뉴시스, 2021. 3. 30일자), 사회주의 사상으로 무장한 청년, 집단주의와 애국심으로 무장한 청년의 사회주의 건설에서의 역할을 강조하는 등 다양한 청년대회를 지속적으로 개최하는 것은 최근까지도 국가청년중시노선을 더욱 강화하고 있는 것으로 볼 수 있다(송현진, 2021: 244).

김정은 시기의 아동·청소년의 모습을 북한영화와 TV를 통해서 살펴보면, 그동안 '혁명의 옹호자, 건설자, 보위자'에서 '탐구자'라는 희망의 아이콘으로 변화되었다, 예술, 과학, 체육 분야에서 뛰어난 능력을 가진 영재들의 '꿈', '환상'을 통해 새로운 미래를 희망적으로 그리고 있다. 다만, 사회에서 극소수에 불과한 영재를 부각시키는 반면, 대다수 평범한, 신분 및 직업세습 등 체제 모순에 저항하거나 비판적인 아동·청소년에 대해서는 관심을 보이지 않는 측면이 있다(안지영, 2021: 283~284).

3. 새 세대의 북한청소년에 대한 논의

우리 사회에서 북한청소년과 관련된 논의는 새 세대와 이전 세대를 구분하는 특징을 비교함으로써 전개되어 온 측면이 있다. 즉, 특정한 시기에 성장기를 보낸 북한청소년들이 사회·역사적 과정 속에서 어떠한 공통의 세대경험과 공통의 특질을 형성하였는지를 분석함으로써(조정아, 조영주, 조은희, 최은영, 홍민, 2013: 3~4) 그 시대의 북한청소년 세대에 대한 이해를 높이고자 하였다.

북한에서 세대는 생존제도와 관련한 주요한 역사적 경험과 격변기의 주요사건을 기준으로 구분하고 있다. 생존제도와 관련한 세대 구분은 청·장년기에 배급제도를 경험한 배급세대, 청년기에 배급제를 경험하고 장년기에 식량난을 경험한 과도기세대, 청소년기부터 식량난을 경험한 식량난세대, 청소년기부터 시장발달을 경험한 시장세대로 구분한다(박영자, 2012: 193). 또한 격변기의 주요 사건을 기점으로 하는 구분은 빨치산 세대인 혁명 1세대, 1950~1960년대 6.25 전쟁과 전후 복구의 경험을 공유한 2세대, 1970년~1980년대 3대 혁명소조운동과 3대 혁명 붉은 기 쟁취 운동을 주도한 3세대, 1990년대 고난의 행군을 경험한 4세대로 나눈다(김성경, 2015; 정창현, 2007; 조정아 외, 2013). 각 시기마다 청소년들은 '북한 사회의 위기상황을 돌파해야 하는 주요한 행위 집단으로 의미화'(김성경, 2015: 10) 되고 있는데, 보통 새 세대는 4세대 이후의 세대(조정아 외, 2013: 4) 또는 시장세대를 지칭한다고 볼 수 있다.

사회주의권의 붕괴, 김일성의 사망, 연속된 자연재해로 인한 식량난과 경제난의 가속화 등으로 인한 북한사회의 정치적, 경제적 위기 시기인 1990년대를 전후로 해서 청소년 세대의 특성이 크게 변화된 것으로 보고 있다(배영애, 2018: 109; 조정아 외, 2013: 3; 신효숙, 2009: 17). 1980~1990년 이후에 태어난 북한의 새로운 세대 혹은 청소년 세대는 이전 세대와 달리 북한사회에서 강조해온 사회주의적 품성에서 벗어나 물질이나 개인적 이익을 추구하는 등 비사회주의적 특성이 나타나고 있음을 여러 연구에서 밝히고 있다.

조정아 외 연구(2013: 325~327)에서는 북한의 청소년들의 세대경험과 생애사 속에 나타난 세대 특성을 실용주의적, 비정치적, 개방적인 세대로 요약하고 있다. 즉, 새로운 세대는 어린 시절부터 겪은 절대적 빈곤과 상대적 빈곤의 경험, 학교와 또래집단, 사회 속에서 일상적으로 접하는 부의 위력에 대한 자각으로부터 물질과 부, 권력에 대한 욕망을 내재하고 여러 방식으로 표출하고 표현한다. 그리고 국가의 중대사나 정치적 사건, 당의 이데올로기적 구호는 더 이상 관심사가 아니고 학교와 사회에서 부과되는 정치적 의례들을 수행하지만 자기 또래들끼리 공유하는 다양한 의미를 부여하면서 그것을 재해석하고 원래의 정치적 의미를 전복시키며 자신들만의 것으로 재전유한다. 또한 이들은 2000년대 이후 북·중 접경지역을 통한 외부문화의 유입, 국내 시장 활성화로 상품 및 문화매체의 전국적인 유통망 구축 등 문화적 변동의 세례를 받고 자라난 세대로 한국과 외국의 영상매체 등 문화적 매개를 통해 외부 세계에 대해 인지하고 또래들과 공유하며, 새로운 세계에 대한 호기심, 동경, 환상 등을 가진다.

배영애의 연구(2018: 118~119)에서는 청년세대를 기성세대와 비교하여 특성을 기술

하였다. 즉, 북한의 청년세대는 1980~1990년대에 태어난 20~30대로 배급제가 붕괴되면서 국가의 혜택을 거의 경험하지 못한 채 고난의 행군, 장마당과 시장화, 3세대 세습체제와 같은 사회적 생애경험을 했던 집단이며, 이념보다는 경제활동에 관심이 많고, 배금주의와 개인주의적 성향을 가지고 있으며, 외국과 남한 문화를 동경하기도 하며 컴퓨터와 휴대폰 등 디지털 기기에도 익숙한 특성 등이 있다.

신효숙의 연구(2009: 34~35)에서도 북한청소년들은 체제와 이념에 앞서 개인의 삶을 중시하면서 잘 먹고 잘 사는 것을 최고의 가치로 간주하고, 개인주의, 배금주의, 실용주의적 가치와 사고를 하고 있다고 하였다. 또한 외부 문화와의 접촉의 증가와 장마당을 통한 개인주의적 경제관념의 증가 및 지나친 통제가 국가에 대한 맹목적 충성심의 약화, 반사회주의적 심리 또는 일탈행동으로 나타나고 있는 것으로 보고 있다.

이인정의 연구(2010: 241~251)에서는 로동신문, 청년전위, 조선녀성의 일차자료 분석을 통하여 북한청소년의 특성을 정치적, 경제적, 사회적, 문화적 측면으로 나누어 살펴보았다. 즉, 1990년대 이후의 북한청소년의 특성은 정치적 측면에서는 학교, 직장, 군대 등의 조직생활에서의 충실성이 약화되고 조직이탈이 높아지는 정치·사상적 이완과 무규율 성향을 보이고, 경제적 측면에서는 진로에 있어서 정치부문보다는 외화벌이가 용이한 부문을 선호하고, 자신의 이익에만 관심을 가지는 등의 물질주의적 경향을 보이고, 사회적 측면에서는 개인주의 경향과 일탈 성향을 보이며, 문화적 측면에서는 비사회주의적 특성을 보이는 것으로 나타났다.

이상의 새로운 세대의 특성은 향후 북한 사회의 변화에 따라서 영향을 받는 동시에 북한 사회에도 영향을 미치며, 남·북한 통일 과정에서 사회통합에도 일정하게 작용할 것으로 예상되고 있다(조정아 외, 2013: 332). 북한에서의 새로운 세대의 특성들이 급격한 사회 변화기에 발생하는 과도기적이고 일시적인 현상인지 지속적인 하나의 커다란 흐름이 될 것인지를 살펴보는 것은 북한사회의 미래를 예측하는 데 도움이 될 것이다. 새로운 세대 현상들의 방향성은 북한청소년들과 북한 당국과의 상호작용에 의해서 결정될 것으로 예상된다. 즉, 새로운 세대들은 어려서부터 시장경제의 원리를 배우게 되고 조직생활보다는 자유의지에 의해서 스스로 욕구실현을 추구하고자 하지만, 북한 당국에서는 청소년들에 대한 통제를 더욱 강화하여 자유의지가 확산되는 현상을 원천적으로 차단하려는 조치를 시행함으로써(차성근, 2020: 66) 수용 또는 거부 등의 과정을 거칠 것으로 예상된다. 하지만 이러한 과정은 생애경험에서 차이를 지닌 소위 청소년 세대단위별로 차이를 보일 것으로 예상된다. 청소년들은 성장기에 물질적 궁핍이나 가족해체의 경험을 했는지의 여부 등에 따라서 국가의 권위와 조직규율을 부정하거나 인정하는 등 서로 다른 특성을 보이는 것(조정아 외, 2013: 291~292)으로 나타나고 있어서 북한 당국의 청소년정책에 대해서도 이들 세대단위별로 다른 태도를 보일 것으로 예상된다. 또한 각 청소년 세대단위의 북한사회에서의 영향력 또한 중요한 변수가 될 수 있다. 어떠한 청소년 세대단위의 요구가 북한 당국에 의해서 받아들여져서 정책의 변화를 이끌어낼 수 있는지의 여부가 중요한 관건이 될 수 있다.

4. 김정은 시기의 북한청소년 관련 정책사업

김정은이 집권한 2012년 이후에 북한청소년 관련 정책은 어떠한 것이 있었는지 살펴보기 위하여 로동신문, 민주조선, 문학신문 등 북한신문 기사와 국내 신문기사를 검색해서 정책사업을 추출하였으며, 이를 영역별로 분류하였다. 또한 북한청소년 관련 법률을 조사하여 법·제도 영역에 포함하였다.

조사결과, 김정은 집권 이후의 북한청소년정책 사업은 크게 교육사업, 정치사상교양사업, 정치·경제·사회활동참여사업, 청소년시설 및 문화·예술·체육사업, 청소년 관련 법·제도의 5개의 영역으로 분류할 수 있었다.

교육사업 영역에서는 김정은이 집권한 2012년에 전반적 12년제 의무교육에 대한 법령을 발표하는 등 교육 전반의 혁명적 전환을 꾀하는 사업을 추진해 왔다. 노후 교육시설의 보수, 기자재 확보 및 시범학교의 건설 등 기본적으로 교육할 수 있는 환경 마련을 위한 사업을 꾸준히 추진하고 있으며, 직업기술대학의 교육조건과 환경개선, 기술고급중학교 설치 확대 등 인재 양성을 위한 직업기술교육을 강화하고 있다. 또한 2012년 전국교육과학연구토론회 개최, 2019년 전국교육과학전시회 개최 등 김정은 집권시기에 과학교육 발전을 위한 새로운 사업을 추진하였으며, 전민 과학기술 인재화를 위해서 원격교육대학교, 원격교육학부 등에 원격교육체계를 도입하고 기업소, 공장 등에 전공 및 전공기초과목의 현장실습 거점을 확보하는 사업을 추진해 오고 있다.

정치사상교양사업 영역과 관련하여 김정은 정권은 사회주의 건설에서의 역할 강조와 사상 단속을 위해 각종 청년 및 소년 대회와 충성모임, 각종 답사행군, 전국청년미풍선구자대회, 청소년동맹일꾼연구토론회 등의 사업을 전개해 왔다. 특히, 김정은 집권 이후에 청년연맹대회, 청년연맹 초급일꾼대회, 조선소년단대회 등 청소년들의 사상교육을 위한 대회가 많이 열렸으며, 김일성과 김정일의 혁명정신과 업적을 계승하기 위한 전국청소년 충성의 축전, 청년전위 맹세모임, 전국청소년 결의모임, 배움의 천리길 답사행군, 혁명전적지 답사행군 등을 많이 진행하였다.

정치·경제·사회활동참여사업 영역과 관련하여 김정은 정권은 경제 강국 건설을 위해서 청년들이 선도적인 역할을 하기 위한 청년돌격대운동, 농촌청년작업반, 청년분조운동, 선군청소년해불상쟁취운동 등 각종 운동을 전개하고 있으며, 북한의 극심한 경제난을 타개하기 위하여 파철·파지 등 재활용품 수집활동이나 전국학생청소년들의 토끼품평회 및 경험토론회 등의 사업을 하고 있다. 이밖에 방학기간에 발전소, 탄광, 협동농장, 주요 건설장 등에서의 당 정책 해설 선전사업, 청년기동선동대 활동 등을 전개하고 있다.

청소년시설 및 문화·예술·체육사업 영역과 관련하여 김정은 정권은 소년단야영소, 학생소년궁전, 학생청소년회관 등 학교 밖에서 지·덕·체를 함양하기 위한 과외교양기지 개선사업과 북한의 주요 일을 기념하고 경축하기 위한 문화예술작품 전시 및 시상대회와 경축무도회, 청소년예술축전 등의 문화공연을 시행하고 있다. 또한 체육 강국 건설을 목표로 체육관 보수, 종목별 훈련장, 훈련기자재 등 물적 기반을 확보하는 사업과 청소년학생이 참여하는 각종 체육경기대회를 개최하고 있다.

북한 청소년 관련 법·제도 영역과 관련하여 김정은 정권은 북한청소년의 일상생활에 영향을 주는 관련 법률과 국제협약, 제도 등을 포함하였다. 법률에는 주로 청소년을 대상으로 하는 조선민주주의인민공화국 교육법, 조선민주주의인민공화국 보통교육법, 조선민주주의인민공화국 아동권리보장법, 청년교양보장법이 있고, 청소년과 관련된 내용이 일부 포함되어 있는 조선민주주의인민공화국 사회주의헌법, 조선민주주의인민공화국 가족법, 조선민주주의인민공화국 인민보건법, 조선민주주의인민공화국 사회주의로동법, 반동사상문화배격법이 있다. 특히, 김정은 정권은 집권 이후에 본격적으로 추진해 오고 있는 교육의 혁신적 변화를 위해서 조선민주주의인민공화국 사회주의 헌법에서 전반적 12년제 의무교육을 명문화하였으며, 조선민주주의인민공화국 교육법에서 전반적 무료의무교육제에 따른 교육기관과 교육일군, 교육내용과 방법(정치사상교육, 과학기술교육, 체육, 예능교육 등), 교육조건 보장(학교건설과 보수, 교육기자재의 생산 공급 등) 등을 규정하고 있다. 또한, 조선민주주의인민공화국 보통교육법에서는 보통교육과 전반적 12년제 의무교육 실시에 대하여 보다 구체화하고, 보통교육부문의 물질 기술적 토대를 강화하도록 규정하고 있다. 최근에는 북한 내 외부 문화의 유입에 따른 청소년들 사이의 자본주의 사상의 침투를 막기 위한 반동사상문화배격법과 청년교양보장법 등이 제정되고 있다. 이밖에 김정은 정권은 젊은 세대들을 격려하고 지지를 이끌어내기 위하여 2013년에 소년절을 제정하였으며, 2021년에는 김일성 주석이 1927년에 조선공산주의청년연맹을 결성한 것을 기념하여 1991년에 만든 청년절을 맞이하여 대대적인 경축행사를 개최하는 등 행사를 확대해 오고 있다.

표 II-1. 북한청소년 정책 영역 및 정책내용

정책영역	주요 정책	주요 내용
교육사업	전반적 12년제 의무교육(무상교육)	1972년부터 시행한 11년제 의무교육제도(유치원 1년, 소학교 4년, 중학교 6년)를 2012년에 12년제 의무교육제도(유치원 1년, 5년제 소학교, 초급중학교, 3년제 고급중학교)로 개편하고 2016년에 전면 시행함으로써 교육사업 전반의 혁명적 전환을 통하여 사회주의문명국 건설에 기여하고자 하는 제도를 시행하였음.[15]
	교육환경 개선사업	새 세기 교육혁명을 위하여 교육조건과 개선을 위한 사업이 추진되고 있음. 시, 군 등 지역별 특성에 맞는 본보기학교 건설, 학생소년궁전, 학생소년회관, 체육대학, 도태권도학원, 도 축구학교, 청소년체육학교의 건설과 보수, 교실과 실험실습실,[16] 교육 현대화와 정보화를 위한 교육기자재보장사업 등을 추진하고 있음.[17] 2019년 현재 본보기학교는 170여개, 재건공사 중인 학교는 200여개가 있음.[18]
	기술교육강화사업	경제강국 건설에 필요한 인재 양성을 위해 직업기술교육을 강화하고 있음. 직업기술대학의 교육위원회와의 밀접한 연계, 교육조건과 환경개선,[19] 해당 지역의 경제지리적 특성과 학생들의 개성에 따르는 교육을 위해 각 시도에서 정보기술분야 등 다양한 분야의 기술고급중학교 설치를 확대하고 있음.[20]
	과학교육강화사업	지식경제시대에 사회주의 강국건설을 위해 과학교육 발전을 꾀하고 있음.[21] 2012년에 전국교육과학연구토론회를 처음으로 진행하였고,[22] 2019년에는 제1차 전국교육과학전시회를 진행하였으며,[23] 학생소년궁전, 학생소년회관 지도교원들의 경험발표회와 교육과학성과전시회, 소조원들의 창안품 및 솜씨 전람회 등을 진행하였음.[24]

15) 로동신문(2013. 1. 9일자). 나라의 교육을 하루빨리 선진적인 문명강국의 높이에 올려세우자
16) 로동신문(2018. 12. 29일자). 교육조건과 환경 개선
17) 로동신문(2019. 12. 26일자). 보다 훌륭한 교육조건과 환경을
18) 로동신문(2019. 6. 16일자). 후대들에게 훌륭한 교육조건과 환경을
19) 민주조선(2018. 9. 1일자). 직업기술교육의 강화에 큰 힘을

정책영역	주요 정책	주요 내용
교육사업	원격교육체계 구축사업	전민 과학기술 인재화 구상을 실현하기 위한 중요한 수단으로 원격교육대학, 원격교육학부 등 원격교육체계를 도입[25]함으로써 모든 일군들과 근로자들, 과학자, 기술자 등이 시간과 장소에 제한받지 않고 공부할 수 있도록 하고 있음.[26] 화상식별에 의한 원격교육체계프로그람, 판형콤퓨터에 학습지원체계프로그람 등이 개발되어 20여개의 기술부문 원격교육대학(학부)들에 도입되었으며 기업소, 공장 등 20여개 단위에 금속공학과목 등의 전공 및 전공기초과목의 현장실습거점이 마련되었음.[27]
정치사상 교양사업	각종 청년동맹대회	청년들의 사회주의 건설에서의 중요한 역할과 사상 단속을 위해 사회주의애국청년동맹대회, 사회주의애국청년동맹 초급일꾼대회 등을 개최하고 있음. 청년동맹대회는 2021년 4월 29일에 김일성·김정일주의 청년동맹 제10차 대회가 열렸으며,[28] 초급일꾼대회는 2008년 10월 이후 6년만인 2014년에 제4차 대회가 열린 바 있음.[29]
	조선소년단 대회	김정은 체제 출범 후 2013년과 2017년 두 차례에 걸쳐서 열렸으며, 2022년 6월에 3번째로 열릴 예정으로 김 위원장에 대한 충성, 애국과 헌신을 강조하면서 어린이, 청소년 대상의 사상 교육을 실시할 전망임.[30]
	청소년 충성 모임	김정일과 김정은의 혁명 업적과 위대성을 계승하고 김정은을 옹위하기 위한 전국청소년들의 충성의 축전, 청년전위 맹세모임, 전국청소년학생 맹세모임, 전국청소년 결의모임 등의 행사를 진행하고 있음.[31][32]
	청소년 답사행군	김일성과 김정일의 청소년시절을 적극 배워서 혁명의 정신을 이어나가기 위한 활동으로 배움의 천리길답사행군, 혁명전적지답사행군 등을 진행하고 있음.[33]

20) 로동신문(2018. 8. 30일자). 기술고급중학교들이 늘어가고 있다
21) 로동신문(2018. 12. 7일자). 과학교육발전의 전성기를 펼쳐가시는 위대한 령도
22) 로동신문(2012. 5. 15일자). 제1차 전국교육과학연구토론회 진행
23) 민주조선(2019. 12. 20일자). 나라의 교육발전을 추동한 뜻깊은 계기
24) 로동신문(2019. 9. 18일자). 학생소년궁전, 학생소년회관 지도교원들의 경험발표회와 교육과학성과전시회, 소조원들의 창안품 및 솜씨전람회 진행
25) 민주조선(2019. 10. 4일자). 전민과학기술인재화와 원격교육체계
26) 민주조선(2015. 9. 29일자). 이동통신망에 의한 원격교육체계 확립
27) 로동신문(2019. 9. 3일자). 교육체계가 완비되고 있다(원격교육수준을 보다 높은 단계에로)
28) 연합뉴스(2021. 4. 29일자). 북한, 청년동맹대회 개최... '반사회주의' 척결 촉구. https://www.yna.co.kr/view/AKR20210429027551504?input=1179m에서 2022. 3. 29 인출
29) 연합뉴스(2014. 9. 20일자). 북한 김정은 집권 첫 '청년동맹 초급일꾼대회' 개막. https://news.v.daum.net/v/20140920111606122?f=o에서 2022. 3. 29 인출
30) 뉴시스(2022. 3. 6일자). 북, 어린이청소년도 단속...6월 조선소년단 대회 소집. https://newsis.com/view/?id=NISX20220306_0001783010&cID=10301&pID=10300에서 2022. 3. 29 인출
31) 로동신문(2016. 2. 6일자). 전국청소년학생들의 맹세모임 진행

정책영역	주요 정책	주요 내용
정치사상 교양사업	전국청년미풍선구자대회	1993년 12월에 김일성의 "공산주의 교양을 강화할 데 대하여" 발표 35주를 기념해 열렸으며, 민심동요 방지와 김정일에 대한 충성심을 제고해 체제결속을 도모하는 것으로 목적으로 하였음.[34] 제 1차 대회 이후 18년만인 2015년 5월 13~14일에 제2차 대회를 개최하여 청년 교육과 청년정신 강화를 강조하였으며,[35] 2021년 11월에는 청년미풍열성자회의를 강원도, 함경남도, 양강도, 남포시, 개성시에서 진행하여 청년들을 단속하면서 노동력을 총 집결하고자 하고자 하였음.[36]
	청년동맹일꾼 연구토론회	김정은의 사상사업인 김정일애국주의교양, 신념교양, 계급교양, 도덕교양 등 4대 교양을 강화하여 자본주의 사상문화가 젊은 층에 확산되는 것을 막기 위한 사업[37]
	청소년 웅변 및 이야기 모임	김정일, 김정은의 업적을 칭송하고 조선로동당 창건을 경축하기 위한 전국청소년학생 웅변모임,[38] 청년학생 덕성어머니모임[39] 진행
정치·경제·사회활동 참여사업	청년돌격대운동	군대에 가지 않은 20~30대 청년들이 군대 대신에 입대하는 인민군 체제로 편제된 준군사집단으로 주로 국가 건설현장에 동원되는 돌격대 인원은 40~50만 명으로 추정되며, 2017년에는 려명거리 건설을 공기 내에 마치기 위해 노동당 입당이라는 파격적인 조건을 내세워 돌격대원을 모집한 바 있음.[40]
	선군청년홰불상쟁취운동	김정일이 선군시대에 맞게 청년들을 사회주의 경제강국건설에로 더욱 힘차게 불러일으키기 위하여 선군홰불상을 시작할 것을 지시한 것으로 청년동맹 각 조직들이 자기 단위의 특성에 맞게 결의목표를 세우고 그것을 관철하도록 하고 있음.[41]
	농촌청년작업반, 청년분조운동	김일성 주석이 1977년 8월 평안남도 안주시의 신안주여자고등학교 졸업생들이 농촌으로 집단 진출한 일을 높이 평가하면서 시작하였으며, 사회주의 농촌건설 구상 실현을 위한 핵심 활동으로 김정은시기에도 경제강국 건설과 인민생활 향상을 위한 대중운동으로 더욱 강화하는 것으로 나타나고 있음.[42]

32) 로동신문(2016. 2. 13일자). 제20차 전국청소년들의 충성의 축전 개막
33) 로동신문(2013. 3. 20일자). 전국학생소년들의 배움의 천리길답사행군대 만경대 도착모임 진행
34) 연합뉴스(1997. 2. 25일자). 북한, '공산주의 미풍 청년선구자대회' 개막, https://news.v.daum.net/v/19970225171200904?f=o에서 2022. 3. 28 인출
35) 아시아투데이(2015. 5. 27일자). '전국청년 미풍 선구자대회' 청년들엑 감사문. https://www.asiatoday.co.kr/view.php?key=20150527010015165에서 2022. 3. 28 인출
36) 뉴스 1(2021. 11. 13일자). 북한, '청년미풍열성자회의'·탄원 열풍 보도…'청년 결집'강화 https://www.news1.kr/articles/?4492028에서 2022. 3. 28 인출
37) 연합뉴스(2014. 7. 31일자). 북, 청소년에 교양 강조…'이색풍조' 차단 노력. https://www.yna.co.kr/view/AKR20140731162200014?input=1179m에서 2022. 3. 29 인출
38) 로동신문(2019. 10. 8일자). 청소년학생들의 웅변모임
39) 로동신문(2013. 10. 9일자). 청년학생들의 덕성이야기모임 어머니의 목소리 진행

정책영역	주요 정책	주요 내용
정치·경제·사회활동 참여사업	파철·파지 등 재활용품 수집	북한의 극심한 경제적 어려움을 타개하기 위해 재활용품 수집과제를 부여하고 수집하지 못한 학생들에게는 현금을 요구하며,[43] 김정은 집권 이후에는 정보화 기기 구매비용 명목으로 방학과제 항목이 추가되었다고 함.[44]
	전국학생소년들의 토끼품평회 및 경험토론회	실천을 통하여 폭넓은 지식을 습득하고 나라살림살이에 보탬을 주는 좋은 일을 더 많이 찾아하도록 애국의 마음을 키워주는 활동[45]으로 최근 식량난이 계속되면서 육류 공급 등의 목적의 하나로 번식력이 높은 토끼를 대량 사육하고 있음.[46]
	방학기간 사회정치활동	전국 대학에서 수만 명의 대학생들이 발전소, 탄광, 협동농장, 주요 건설장 등에 나가 당 정책 해설 선전사업, 학생 청년 기동선동대 활동 등 전개하고 있음.[47]
	봄·가을철 청소년적십자 나무심기행사	봄철국토관리총동원기간에 조선민주주의인민공화국 적십자회 일군들, 청소년적십자회원들, 자원봉사자들, 관계부문 일군들 등이 참가하여 나무심기활동 진행하고 있음.[48]
청소년시설 및 문화·예술·체육사업	과외교양기지 개선 사업	지·덕·체를 겸비한 사회주의 건설의 믿음직한 후비대로 키우기 위해서 소년단야영소, 학생소년궁전, 학생청소년회관들을 새 세기의 요구에 맞게 개선하는 사업[49]을 추진하고 있음.
	문학예술작품 전시 및 시상 대회	조선소년단창립, 광명성절 등 기념하여 학생소년들을 대상으로 전국소년과학환상문예작품 및 모형전시회 개최,[50] 학생소년우리교실문학상 수여[51] 등
	주요 기념일 청소년 문화공연	주요 일을 기념하는 경축 문화행사로 청년학생 경축무도회(건군절, 선군절, 광복절, 청년절, 태양절 등),[52] 전국학생청소년예술축전(조선소년단창립 경축),[53] 학생소년들의 시와 노래무대(김정일 창작 기념)[54][55] 등이 있음.

40) UPI뉴스(2022. 1. 3일자). 김정은 한마디에 '북한판 브나로드 운동' 펼치나. http://www.upinews.kr/newsView/upi202201030064에서 2022. 3. 23 인출
41) 김종수(2013). 북한 김정은 시대 청년동맹 연구. 통일정책연구, 22(2). 71.
42) 통일뉴스(2018. 3. 13일자). 북, '농촌청년분조 열성자회의' 개최... "청년분조원 역할 높이자" 강조. http://www.tongilnews.com/news/articleView.html?idxno=124070에서 2022. 3. 21 인출
43) 자유아시아방송(2021. 4. 23). 북, 주민들에 재활용품 수거 강제 할당. https://www.rfa.org/korean/in_focus/ne-lm-04232021084416.html에서 2022. 3. 28 인출
44) 임을출(2017). 생계 위해 장마당에 내몰리는 북한학생들, 월간 북한 4월호, 74~79.
45) 로동신문(2016. 10. 28일자). 전국학생청소년들의 토끼품평회 및 경험토론회 진행
46) 서울평양뉴스(2019. 6. 4일자). 북 청소년학생 토끼기르기 열풍...최근 몇 년동안 3천마리 사육. http://www.spnews.co.kr/news/articleView.html?idxno=19833에서 2022. 3. 21 인출
47) 로동신문(2020. 1. 12일자). 방학기간 사회정치활동 활발히 진행
48) 민주조선(2016. 3. 25일자). 봄철청소년적십자나무심기행사 진행
49) 로동신문(2019. 9. 19일자). 청소년과외교양사업에서 전환을 가져올 열의 드높이
50) 로동신문(2019. 6. 8일자). 전국소년과학환상문예작품 및 모형전시회-2019 진행
51) 로동신문(2018. 2. 15일자). 학생소년들에게 우리 교실문학상 수요

정책영역	주요 정책	주요 내용
청소년시설 및 문화·예술·체육사업	청소년체육학교개선사업	체육강국 건설 구상으로 재능있는 체육선수후비들을 전망성있게 키워낼 수 있는 튼튼한 물질·기술적 토대를 마련하기 위한 사업으로 체육관 보수, 종목별 훈련장, 훈련기자재 등이 있음.[56]
	각종 전국청소년학생체육대회	체육 강국 건설을 목표로 청소년학생이 참여하는 전국청소년체육학교 체육경기대회, 전국청소년학생체육경기대회 등을 개최하고 있음.[57][58][59]
청소년 관련 법·제도	조선민주주의인민공화국 사회주의헌법	주체적인 국가건설사상과 국가건설업적을 법화한 것으로 1972년 12월 27일 최고인민회의 제5기 제1차회의에서 채택되어 9차례 수정 보충되었으며, 김정은 집권 이후에는 5차례나 수정 보충되었음. 제31조 로동 나이 및 연소자 로동 금지, 제45조 전반적 12년제의무교육, 제47조 무료 교육 및 장학금 지급, 제66조 17세 이상 선거할 권리와 선거받을 권리 등을 규정하고 있음.[60]
	조선민주주의인민공화국 가족법	사회주의적 결혼, 가족제도를 공고 발전시켜 온 사회를 화목하고 단합된 사회주의 대가정이 되게 하는 것을 목적으로 1990년 10월 24일 최고인민회의 상설회의 결정 제5호로 채택되었음. 제6조 어린이와 어머니의 보호원칙, 제23조 자녀양육비, 제27조 자녀교양의무, 제35조 조부모와 손자녀의 관계, 제36조 형제자매관계, 제37조 미성인, 로동능력이 없는자의 부양, 제38조 부양대상자 등을 규정하고 있음.[61]
	조선민주주의인민공화국 교육법	사회주의교육을 발전시키고 자주적인 사상의식과 창조적인 능력을 가진 인재를 양성하기 위한 목적으로 1999년 7월 14일 최고인민회의 상임위원회 정령 제847호로 채택되었으며, 2005년 12월 13일, 2007년 12월 11일, 2013년 9월 12일, 2015년 12월 23일 4차례에 걸쳐 수정 보충되었음. 교육법의 사명 및 원칙, 전반적 무료의무교육제, 교육기관과 교육일군 등을 규정하고 있음.[62]

52) 민주조선(2019. 8. 29일자). 청년절경축 청년학생들의 무도회 진행
53) 로동신문(2015. 6. 7일자). 조선소년단창립 69돐을 각지 소년단원들 뜻깊게 경축
54) 로동신문(2015. 7. 17일자). 학생소년들의 시와 노래무대 〈대동강의 해맞이〉 진행
55) 로동신문(2017. 8. 2일자). 학생소년들의 시와 노래무대 〈조국은 원수님의 품〉 진행
56) 로동신문(2015. 5. 30일자). 청소년체육학교개선사업에서 무엇을 중시했는가
57) 연합뉴스(2013. 5. 23일자). 북 매체, 스포츠 보도 강화 '눈길'. https://www.yna.co.kr/view/AKR20130522076000014?input=1179m에서 2022. 3. 29 인출
58) 로동신문(2019. 1. 23일자). 제45차 정일봉상 전국청소년학생 체육경기대회 개막
59) 민주조선(2016. 6. 12일자). 제53차 전국청소년체육학교 체육경기대회 폐막
60) 법무부. 통일법제데이터베이스. http://www.unilaw.go.kr/bbs/selectBoardArticle.do#에서 2022. 3. 3일 인출
61) 법무부. 통일법제데이터베이스. http://www.unilaw.go.kr/bbs/selectBoardArticle.do#에서 2022. 3. 3일 인출
62) 법무부. 통일법제데이터베이스. http://www.unilaw.go.kr/bbs/selectBoardArticle.do#에서 2022. 3. 3일 인출

정책영역	주요 정책	주요 내용
청소년 관련 법·제도	조선민주주의인민공화국 보통교육법	무상의무교육의 실시와 보통교유기관의 설립 및 운영, 보통교육일군의 양성, 교육교양사업의 조직에서 제도와 질서를 엄격히 세워 보통교육사업을 개선하고 새 세대들을 지덕체를 갖춘 나라의 역군으로 키워내기 위한 목적으로 2011년 1월 19일 최고인민위원회 상임위원회정령 제1355호로 채택되었으며, 2013년 9월 12일, 2015년 12월 23일 두 차례 걸쳐 수정 보충되었음. 전반적12년제 의무교육 실시, 교육교양방법, 수재교육 등을 규정하고 있음.[63]
	조선민주주의인민공화국 아동권리보장법	아동권리제도를 더욱 공고 발전시켜 사회생활, 교육, 보건, 가정, 사법분야를 비롯한 모든 분야에서 아동의 권리와 이익을 최대로 보장하기 위한 법으로 2010년 12월 22일 최고인민회의 상임위원회 정령 제1307로로 채택되었으며 2014년 3월 5일에 수정 보충되었음. 이 법에서는 아동을 16살까지로 규정하고 있음.[64]
	조선민주주의인민공화국 인민보건법	자연과 사회의 주인이며 세상에서 가장 귀중한 존재인 사람의 생명을 보호하고 건강을 증진시켜 그들이 사회주의 위업 수행에 적극 이바지하기 위한 목적으로 1980년 4월 3일 최고인민회의 법령 제5호로 채택되엇으며 199년 3월 4일, 2001년 2월 1일, 2008년 8월 19일, 2012년 4월 3일 4차례에 걸쳐서 수정 보충되었음. 무상치료제, 체육의 대중화, 생활화 등을 규정하고 있음.[65]
	조선민주주의인민공화국 사회주의로동법	항일혁명투쟁시기에 제시된 혁명적인 노동강령을 구현하며 민주주의혁명과 사회주의혁명을 실현하기 위한 투쟁을 통해서 이룩한 전취물로서 1978년 4월 18일 최고인민회의 법령 제2호로 채택되었으며, 198년 2월 20일, 1999년 6월 16일, 2015년 6월 30일 3차에 걸쳐 수정되었음. 이 법에서 노동하는 나이는 16살부터이며, 제15조 연소자 노동금지, 제16조 근로자 노동시간 등, 제77조 로동재해 등의 원인으로 근로자 사망 시 어린이 양육 등을 규정하고 있음.[66]
	반동사상문화배격법	2020년 12월에 북한 당국이 한류 등 모든 외부문화, 종교, 자본주의적 생활방식 등 북한당국의 규범에 맞지 않는 행동, 사실상 김정은의 권력 유지에 방해가 되는 요소를 뿌리 뽑기 위해 제정한 법으로 외국 라디오 청취 처벌, 한류 등 외부문화나 종교에 관한 처벌, 무허가 자국 콘텐츠에 관한 처벌, 연좌제, 자본주의 경제활동 처벌 등이 규정되어 있음.[67]

63) 법무부. 통일법제데이터베이스. http://www.unilaw.go.kr/bbs/selectBoardArticle.do#에서 2022. 3. 3일 인출
64) 법무부. 통일법제데이터베이스. http://www.unilaw.go.kr/bbs/selectBoardArticle.do#에서 2022. 3. 3일 인출
65) 법무부. 통일법제데이터베이스. http://www.unilaw.go.kr/bbs/selectBoardArticle.do#에서 2022. 3. 3일 인출
66) 법무부. 통일법제데이터베이스. http://www.unilaw.go.kr/bbs/selectBoardArticle.do#에서 2022. 3. 3일 인출
67) 나무위키(2022. 2. 6). 반동사상문화배격법. https://namu.wiki/w/%EB%B0%98%EB%8F%99%EC%82%AC%EC%83%81%EB%AC%B8%ED%99%94%EB%B0%B0%EA%B2%A9%EB%B2%95에서 2022. 4. 1 인출

정책영역	주요 정책	주요 내용
청소년 관련 법·제도	청년교양보장법	2021년 9월에 청년들의 반사회주의·비사회주의 현상을 철저히 단속하고 이를 위한 가정교육까지 의무화하는 법으로 총 5장 45개 조문으로 이루어졌으며, 청년들의 사회주의 생활양식 확립을 위한 원칙을 제시하고 있음.[68]
	유엔아동권리협약	아동의 정의, 일반원칙, 시민적 권리와 자유, 가정환경 및 대안 보호, 기초 보건 및 복지, 교육, 여가 및 문화적 활동, 특별보호 조치 등[69]
	청년절	김일성 주석이 1927년 8월 28일 조선공산주의청년연맹을 결성한 것을 기념한 날로 2021년에는 30주년을 맞아 1만 여명의 청년이 참가하여 대대적인 경축행사를 개최하였음.[70]
	소년절	1946년 6월 6일 조선소년단 창립일을 기념하는 날로 김정은이 자기시대를 같이할 젊은 세대를 육성하고 격려하고자 2013년부터 명절로 지정하였음.[71]
	김일성소년영예상과 김정일소년영예상	김일성 탄생 60돐을 앞둔 1972년 3월에 조선소년단에서 모범적인 활동을 한 소년에 수여하는 김일성소년영예상을 제정하였으며, 2012년 2월 3일 조선민주주의인민공화국 상임위원회에서 김정일 국방위원장의 70주년 생일을 맞아 모범적인 소년단원에게 수여하는 김정일소년영예상 제정하여 1만 여명의 수상자를 배출하고 있음.[72)73]

68) 브릿지경제(2022. 2. 5일자). 북, 'MZ세대 반사회주의' 사상 단속 법제화…'청년교양보장법' 채택. https://www.viva100.com/main/view.php?key=20220205010000774에서 2022. 4. 1 인출

69) 통일부 자료실, 북한아동권리협약 5차 국가보고서 관련 자료. https://unikorea.go.kr/unikorea/business/NKHRCenter/archive/?boardId=bbs_0000000000000011&mode=view&searchCondition=all&searchKeyword=아동권리협약&cntId=53927&category=&pageIdx=1에서 2022. 4. 1 인출

70) 중앙일보(2021. 9.5일자). '북한 청년절' 맞아 평양에 몰려간 청년 1만 여명의 한 주. https://www.joongang.co.kr/article/25004453에서 2022. 3. 21 인출

71) 연합뉴스(2012. 12. 27일자). "북, 소년절·어머니날 명절로 지정", https://news.v.daum.net/v/20121227070306352?f=o에서 2022. 3. 28 인출

72) 로동신문(2019. 6. 6일자). 김일성소년영예상, 김정일소년영예상이 제정된 때로부터 1만여명의 수상자 배출

73) 연합뉴스(2012. 2. 4일자). 北, 김정일 생일 맞아 '김정일훈장' 제정. https://www.yna.co.kr/view/AKR20120204061000014에서 2022. 3. 21 인출

제3장 북한청소년 정책 및 제도현황 고찰

1. 교육·조직생활·문화예술 관련 정책 및 제도
2. 최근의 북한청소년 정책동향 : 김정은 시기 이후 북한청소년 정책 및 제도 현황 고찰

3 북한청소년 정책 및 제도현황 고찰74)

1. 교육·조직생활·문화예술 관련 정책 및 제도

1) 교육과정으로서의 북한 청소년 정책 및 제도와 내용

(1) 북한의 교육과정

「사회주의 교육에 관한 테제」에 따르면 북한의 교육내용은 크게 정치사상교양, 과학기술교육, 체육교육의 세 영역으로 구분된다. 북한의 교육 관련 법령 중에서 교육내용에 대하여 명시하고 있는 조항을 살펴보면 아래와 같다.

표 Ⅲ-1. 북한의 교육내용

관련 법령	주요 내용
「사회주의 교육에 관한 테제」	• 정치사상교육 : 공산주의사상 및 고상한 도덕품성 배양 • 과학기술교육 : 인류가 달성한 선진 과학과 기술의 성과를 익히고 활용능력 배양 (일반지식교육 + 전문지식교육) • 체육교육 : 키 크게 하고, 몸을 조화롭게 발달 / 체육 기초지식과 한 가지 이상의 체육기술 소유
조선민주주의 인민공화국 교육법(2015)	제29조(정치사상교육, 과학기술교육, 체육, 예능교육) : 교육기관은 학생에게 건전한 사상과 도덕, 깊은 지식을 주고 그들이 튼튼한 체력과 풍만한 정서를 지닐 수 있게 정치사상교육을 앞세우면서 과학기술교육을 깊이 있게 하고 체육, 예능교육을 결합시켜야 한다.
조선민주주의 인민공화국 보통교육법 (2015)	제40조(정치사상교육, 일반지식교육, 체육, 예능교육) : 보통교육기관은 학생들이 건전한 사상과 도덕, 다방면적이며 깊은 지식, 튼튼한 체력과 풍만한 정서를 지닐 수 있게 정치사상교육을 앞세우면서 국어문학, 력사, 지리 같은 일반과목에 대한 교육과 수학, 물리, 화학, 생물, 콤퓨터를 비롯한 기초과학기술과목에 대한 교육, 외국어, 예능, 체육과목에 대한 교육을 옳게 결합시켜야 한다.

* 출처: 김형찬(1990). "사회주의 교육에 관한 테제", 「북한의 교육」. 서울: 을유문화사. pp. 481-513.
법무부. 통일법제데이터베이스. http://www.unilaw.go.kr/bbs/selectBoardArticle.do#에서 2022. 3. 3일 인출

74) 이장의 1절은 차승주(서울교육대학교 강사), 2절은 전영선(건국대 교수) 이 작성하였음.

북한 학생들은 교과목뿐 아니라 학교에서 이루어지는 모든 활동을 통해 북한 당국이 강조하는 집단주의 가치관을 내면화하고, 당과 수령을 향한 충실성 등 정치사상교양을 실시한다(통일부 통일교육원, 2021: 251). 최근 북한의 정치사상교양은 '5대 교양'의 형태로 이루어지고 있는데, 여기에는 '위대성교양', '김정일애국주의교양', '신념교양', '반제계급교양', '도덕교양'이 포함된다.

교육내용 편성의 방향에 대하여 「새 세기 교육혁명을 일으켜 우리나라를 교육의 나라 인재강국으로 빛내이자」는 "정치사상교육을 앞세우면서 과학기술교육을 결정적으로 강화"해야 한다고 제시하고 있다(교육신문사, 2014: 4-8). 또한 교육내용을 "실용화, 종합화, 현대화"하고 교육내용 구성에서 "실천과 실험실습, 기능훈련의 비중"을 높일 것을 강조하고 있다. 또한 세계교육의 추세에 맞게 교육을 강화하려는 움직임을 보이고 있다.

한편, 북한의 소학교 교육과정은 〈표 Ⅲ-2〉와 같이 지도자들의 어린 시절, 국어, 수학, 자연, 영어, 정보기술 등 총 13개 과목을 교육하도록 편성되어 있다. 하지만 소학교 교육과정에 '경애하는 김정은 원수님 어린 시절' 과목이 신설됨으로써 전체적으로는 정치사상 교과 시간이 소폭 늘어났다(통일부 통일교육원, 2021: 241).

표 Ⅲ-2. 북한의 소학교 교육과정

교과명	학년별 주당 수업시간				
	1학년	2학년	3학년	4학년	5학년
위대한 수령 김일성 대원수님 어린 시절	1	1	1	1	1
위대한 령도자 김정일 원수님 어린 시절	1	1	1	1	1
항일의 녀성영웅 김정숙 어머님 어린 시절	1				
경애하는 김정은 원수님 어린 시절	1	1	1	1	1
사회주의 도덕	1	1	1	1	1
수학	4	5	5	5	5
국어	7	7	7	7	7
자연	1주	1주	2	2	2
음악무용	2	2	2	2	2

교과명	학년별 주당 수업시간				
	1학년	2학년	3학년	4학년	5학년
체육	2	2	2	2	2
도화공작	2	2	2	2	2
영어				2	2
정보기술(컴퓨터)				1주	1주

* 출처: 통일부 통일교육원(2021). 「2021 북한 이해」. 서울: 통일부 통일교육원. p. 242.

북한의 중등 교육과정은 2012년 학제 개편에 따라 낮은 단계와 높은 단계로 구분하여 초급중학교 3년과 고급중학교 3년으로 분리 운영되고 있다. 2013년에 발표된 '전반적 12년제 의무교육 강령'에 따라 중등학교의 교육과정은 '기초과학, 컴퓨터 기술, 외국어교육'과 실험실습 교육을 강조하는 방향으로 개편되었다. 개정 이전에는 중학교 6년 동안 23개 과목을 교육하였으나 현재 초급중학교와 고급중학교의 교과목은 각각 16개와 22개로 분리·증대되었다. 〈표 Ⅲ-3〉을 통해 알 수 있듯이, 초급중학교 단계에서는 정치사상교과와 수학, 과학, 영어의 비중이 높으며, 대부분의 기초과목 비중이 높은 편이다. 또한 '김정은 혁명 활동' 과목이 신설됐고, '자연과학'과 '음악무용' 등의 통합 교과목이 도입되었다(통일부 통일교육원, 2021: 243-244). 「새 세기 교육혁명을 일으켜 우리나라를 교육의 나라 인재강국으로 빛내이자」에서는 중등교육을 "해당 지역의 경제 지리적 특성과 학생들의 개성에 따르는 교육을 여러 가지 형태로 실속 있게" 해야 함을 강조하고 있다(교육신문사, 2014: 4-8).

표 Ⅲ-3. 북한의 초급중학교 교육과정

교과명	학년별 주당 수업시간		
	1학년	2학년	3학년
위대한 수령 김일성 대원수님 혁명활동	2	2	
위대한 령도자 김정일 대원수님 혁명활동		2	2
항일의 녀성영웅 김정숙 어머님 혁명활동	1		
경애하는 김정은 원수님 혁명활동	1	1	1
사회주의 도덕	1	1	1
국어	5	5	5

교과명	학년별 주당 수업시간		
	1학년	2학년	3학년
영어	4	4	4
조선력사	1	1	2
조선지리	1	1	1
수학	6	5	6
자연과학	5	5	5
정보기술	2주	2주	2주
기초기술	1	1	1
체육	2(1주)	2(1주)	2(1주)
음악무용	1	1	1
미술	1	1	1

* 출처: 통일부 통일교육원(2021). 「2021 북한 이해」. 서울: 통일부 통일교육원. p. 244.

고급중학교의 교육과정은 정규 수업시간 이외에 과외학습과 청년동맹 생활, 과외 체육 등으로 편성되어 있다. 현재 북한 고급중학교의 교육과정을 살펴보면 〈표 Ⅲ-4〉와 같다.

표 Ⅲ-4. 북한의 고급중학교 교육과정

교과명	학년별 주당 수업시간		
	1학년	2학년	3학년
위대한 수령 김일성 대원수님 혁명력사	3	2	
위대한 령도자 김정일 대원수님 혁명력사		2	4
항일의 녀성영웅 김정숙 어머님 혁명력사		1/2	
경애하는 김정은 원수님 혁명력사	1	1	1
당 정책	1주	1주	1주
사회주의 도덕과 법	1	1	1
심리와 론리			1주
국어문학	3	2	3
한문	1	1	1
영어	3	3	3
력사	1	1	2

교과명	학년별 주당 수업시간		
	1학년	2학년	3학년
지리	1	1	1
수학	5	5/4	4
물리	5	4	3
화학	3	4	2
생물	3	3	2
정보기술	2	1	1
기초기술	2주	3주	3주
공업(농업)기초			4
군사 활동 초보		1주	1주
체육	1	1	1
예술	1	1	1

* 출처: 통일부 통일교육원(2021). 「2021 북한 이해」. 서울: 통일부 통일교육원. p. 246.

북한은 의무적 군사훈련에 대한 국제사회의 지속적인 우려에도 불구하고 여전히 고급중학교 과정에서 '군사활동초보' 라는 군사과목을 유지하고 있는데, 이 과목은 대부분의 졸업생들이 장기적인 군 생활을 하는 데 대한 준비 과목의 역할을 한다. 북한의 교육강령에는 교과 수업 이외에도 견학 1주, '붉은청년근위대' 훈련 1주, 나무심기 3주, 생산노동 9주 등의 활동도 포함되어 있다(통일부 통일교육원, 2021: 245-247).

한편, 고등교육의 교육내용은 「고등교육법」 제40조를 통해 "고등교육기관은 정치사상교육을 앞세우며 전문분야의 과학기술기초교육을 충분히 주는 기초 위에서 현대적인 과학기술교육을 폭넓고 깊이 있게 하여 학생들의 자주적인 사상의식과 과학기술지식수준을 결정적으로 높이고 사고능력, 연구능력, 창조적 능력을 발전시킬 수 있도록 교육내용을 구성하여야 한다"고 그 방향을 제시하고 있다.[75]

최근 북한은 '강성국가 건설의 믿음직한 역군'과 '전민 과학기술인재화'를 교육의 목표로 강조하고 있다. 이는 2014년 8월 발표된 김정은의 교육 분야 첫 노작인 「새 세기 교육혁명을 일으켜 우리나라를 교육의 나라 인재강국으로 빛내이자」를 통해 제시되었다. 이 담화문에서 밝히고 있는 "새 세기 교육혁명의 목표"는 "우리의 모든 청소년학생들을

75) 법무부. 통일법제데이터베이스. http://www.unilaw.go.kr/bbs/selectBoardArticle.do#에서 2022. 3. 3 인출

강성국가 건설의 믿음직한 역군으로 키우며 전민 과학기술인재화를 실현하여 우리나라를 21세기 사회주의 교육강국으로 되게 하는 것"이다. 또한 "자라나는 새 세대들을 주체사상으로 튼튼히 무장하고 풍부한 지식과 높은 창조적 능력, 고상한 도덕풍모와 건장한 체력을 지닌 다방면적으로 발전된 인재들로 키워야" 한다고 교육의 목표와 방향을 규정하고 있다(교육신문사, 2014: 4-8).

(2) 북한 청소년의 학교생활

북한 소학교의 수업시간은 하루 평균 5시간이며, 과목당 45분 수업에 10분 휴식으로 진행된다. 수업은 보통 8시에 시작하고, 3교시와 4교시 사이에 15분간 '업간체조'를 한다. 5교시 후에는 점심시간(12시35분~2시)이고, 보통 6교시 후에 수업을 마친다. 일부 학생들은 방과 후 2~3시간 정도 교원의 지도 아래 수학, 외국어, 예체능 등의 소조 활동에 참여하기도 한다(통일부 통일교육원, 2010: 189-190).

고급중학교에서는 3년간 교과 시수 이외에 465시간의 과외학습, 372시간의 청년동맹생활, 243시간의 과외체육을 이수해야 한다(통일부 통일교육원, 2021: 253).

소조의 종류는 교과, 음악, 미술, 체육 등 매우 다양하다. 소조활동을 비롯한 다양한 과외활동은 학교 이외에도 학생소년궁전, 학생소년회관, 도서관, 소년단 야영소 등 '과외교양기지'들을 거점으로 이루어진다(통일부 통일교육원, 2022: 265).

한편, 북한 교육의 특징 중 하나는 이론과 실천의 결합을 강조한다는 것으로, 북한에서 사회의무 노동은 1959년부터 정규교육의 일환으로 실시되어 왔다. 「사회주의 헌법」 제44조는 "국가는 인민교육사업과 민족간부양성사업을 다른 모든 사업에 앞세우며 일반교육과 기술교육, 교육과 생산로동을 밀접히 결합시킨다"고 규정하고 있다.[76] 「교육법」 제4조를 통해서도 "교육과 실천을 결합시키는 것은 쓸모있는 지식과 실천능력을 겸비한 인재를 키우기 위한 필수적요구"로 강조하고 있다.[77] 이에 따라 북한의 학생들은 모내기, 김매기 등 다양한 생산 노동에 의무적으로 참여해야 하며, 상급 학교로 올라갈수록 동원 기간이 길어지고 동원되는 부문도 다양해진다. 북한은 특히 '나무심기' 사업을 국가적 사업으로 강조하면서 나무심기 활동을 교육강령 내에 명시하고 있다(통일부 통일교육원, 2021: 255). 이렇게 교육의 일환이란 명목 하에 농촌작업, 건설작업 등 각종 작업에 학생들을

76) 법무부. 통일법제데이터베이스. http://www.unilaw.go.kr/bbs/selectBoardArticle.do#에서 2022. 3. 3 인출
77) 법무부. 통일법제데이터베이스. http://www.unilaw.go.kr/bbs/selectBoardArticle.do#에서 2022. 3. 3 인출

수시로 동원하여 부족한 노동력을 보충하는 것은 교육적 의미를 넘어서는 것이며, 이와 관련하여 2017년 유엔아동권리위원회는 북한 당국이 아동들의 학습, 휴식 및 여가권, 신체적·정신적 안녕을 저해하는 노동을 강요받지 않도록 보장할 것을 권고했다(오경섭, 홍석훈, 홍제환, 정은미, 이지순, 2021: 303).

2) 교육 외 과정으로서의 북한청소년 정책 및 제도와 내용

(1) 북한 청소년의 조직생활

조직생활은 「사회주의 교육에 관한 테제」에서 '사상단련의 용광로이며 혁명적교양의 학교'로 정의하고 있는 교육방법이기도 하다. 「사회주의 교육에 관한 테제」는 조직생활을 통해서만이 "학생들을 정치사상적으로 단련하고 혁명적으로 교양"할 수 있다고 강조한다. 이때 '조선소년단'(이하 소년단)[78]과 '사회주의애국청년동맹'(이하 청년동맹)[79]은 "학생들의 정치적생명을 보호하는 정치적보호자이며 그들의 친근한 교양자"이기도 하다. 북한의 청소년들은 소년단과 청년동맹을 통하여 제도적으로 본격적인 조직생활을 하게 되는데, 김일성은 특히 학생 시기 조직생활의 중요성에 대해 다음과 같이 말하고 있다(김형찬, 1990: 481-513).

"학생들을 열렬한 혁명가로, 참된 공산주의자로 키우기 위하여서는 그들이 공부를 잘하는것과 함께 어려서부터 자기 조직을 사랑하며 조직생활에 충실히 참가하는데 버릇되게 교양하여야합니다. 그러자면 학생들속에서 사로청조직생활과 소년단조직생활을 강화하여 그들이 늘 조직적으로, 집단적으로, 생활하게 하며 자기 조직에 의거하여 모든 문제를 풀어나가도록 하여야합니다."(교육과학연구회, 1972: 190).

---

78) 붉은색 머플러로 상징되는 북한의 소년 조직인 '조선소년단'은 1946년 6월 6일 창설되었다. 독자적인 기구 없이 '사회주의애국청년동맹' 내에 속해 있으며 소학교 2학년(만 7세)부터 초급중학교 3학년(만 13세)까지의 소년 소녀들로 구성된다.

79) 북한에서 청년동맹의 명칭은 정치적 상황과 지도부의 필요에 의해 변화를 겪었다. 1946년 창립 당시 청년동맹의 공식 명칭은 '북조선민주청년동맹(민청)'이었다. 이는 1964년에 '조선사회주의로동청년동맹(사로청)'으로 변경된다. 이후 1996년부터 '김일성사회주의청년동맹(김사청)'으로 명명하다가, 2016년 8월부터 '김일성-김정일주의청년동맹'으로 명칭을 변경하였다. 현재의 명칭인 '사회주의애국청년동맹'은 2021년 4월 청년동맹 제10차 대회에서 개칭되었다.

학생들은 소년단과 청년동맹에 참가함으로써 조직성을 기르고 혁명적으로 단련되어지도록 기대된다. 따라서, 청소년 학생들은 소년단이나 청년동맹을 통한 조직생활에 참가하는 것을 영예이자 의무로 생각하면서 성실하게 조직생활을 해야 한다고 「사회주의 교육에 관한 테제」는 강조하고 있다(김형찬, 1990: 481-513).

북한 주민의 공식 조직생활은 소학교 2학년(만 7세) 때 소년단 입단으로부터 시작되며, 김정일 생일(2월 16일)과 김일성 생일(4월 15일), 소년단 창건 기념일(6월 6일) 등 연 3회에 걸쳐 입단식을 진행한다. 소년단원의 징표는 빨간 넥타이와 소년단 휘장이다. 소년단과 청년동맹은 연령에 따라 의무적으로 가입하는 조직으로, 소년단 생활은 초급중학교 3학년(만 13세)까지 이어지고, 고급중학교(만 14세)에 이르면 청년동맹에 가입하게 된다(통일부 통일교육원, 2021: 210-212).

북한은 청소년 시절을 혁명적 세계관이 형성되는 일생에서 매우 중요한 시기라고 말한다. 소년단과 청년동맹은 바로 이 청소년 시기의 학생들이 가입되어 있는 조직으로서 북한의 모든 청소년들에 대한 사상교양사업을 핵심 임무로 수행하고 있다. 특히 청년동맹은 북한이 가장 큰 관심을 갖고 정치교육을 실시하는 조직으로 만 14세에서 30세에 이르는 비당원인 청년들을 포괄하는 유일한 청년단체이다. 「고등교육법」 제34조는 "정치사상적으로 튼튼히 무장하며 조직생활에 성실히 참가"하는 것을 학생의 임무로 규정하고 있다.[80)]

(2) 북한 청소년과 조선소년단

북한은 소년단 조직생활을 정치생활이자 정치적 생명을 이어나가는 과정으로 규정하며 매우 중시하고 있다. 이에 김일성은 "소년단원들은 우리 조국의 미래이며 희망"이며 "소년단원들이 건전하고 억세게 자라야 우리 조국이 륭성번영하고 혁명의 밝은 미래가 펼쳐지게 된다"(김광남, 2012)고 강조하였다.

소년단의 목적은 당과 김일성-김정일, 김정은에게 충성하고 조국과 인민을 사랑하며 지식을 쌓아 용감한 공산주의 전사가 되는 것으로, 주요 활동으로는 김일성혁명전통연구모임, 녹화전위대, 위생전위대, 꼬마계획활동, 각종의 소조 활동, 가창대 활동, 규찰대 활동, 답사 활동, 캠프훈련 등이 있다(김동규, 1999: 274).

소년단이 담당하고 있는 다양한 청소년 사업 및 활동 중에서 가장 중요한 것은 바로 정치사상교양사업이다. 정치사상교양의 내용으로는 김일성과 김정일, 김정은에 대한 충실

80) 법무부. 통일법제데이터베이스. http://www.unilaw.go.kr/bbs/selectBoardArticle.do#에서 2022. 3. 3 인출

성교양, 주체사상으로 튼튼히 무장시키는 것, 노동계급의 혁명의식과 계급의식으로 무장시키는 것 등이 강조되고 있다.

다음으로 소년단은 북한 청소년의 사회정치활동과 '좋은일하기 운동'을 책임지고 진행하는 가장 중추적인 조직이다. 「사회주의 교육에 관한 테제」는 사회정치활동을 "학생들이 학교에서 배운 지식을 현실에 적용하는 실천 활동이며 사회주의 건설에 직접 이바지하는 혁명 활동"이라고 설명하고 있다. 또한 이러한 사회정치활동에 학생들을 널리 참가시킴으로써 "어려서부터 사회와 인민을 위하여 몸 바쳐 투쟁할 줄 아는 참다운 사회의 주인으로, 군중을 교양하고 조직 동원할 줄 아는 능력 있는 사회정치활동가로 키워야 한다"(김형찬, 1990: 497)고 강조하고 있다. 소년단의 사회정치활동은 소년선전대, 소년예술선전대, 가창대, 축하단 등 여러 가지 형식과 방법으로 진행된다.

북한은 '좋은일하기 운동'을 "위대한 수령님과 친애하는 지도자선생님께 기쁨을 드리고 나라살림에 보탬을 주는 충성의 애국운동이며 학생소년들이 실천을 통하여 배운 지식을 공고히 하고 어려서부터 로동을 사랑하는 혁명정신을 키워 쓸모있는 혁명인재로 준비하도록 하는 대중적교양운동"으로 정의하고 있다. 또한, '좋은일하기 운동'은 사회정치활동과 함께 "학업을 전문으로 하는 학생 청소년들을 자연과 사회를 개조하는 사회적인 실천 활동에 참가시키는 청소년교육교양의 한 형태"라고 부연하고 있다. '좋은일하기 운동'에는 다양한 내용이 포함되는데, 주요 활동 내용들을 정리해보면 〈표 Ⅲ-5〉와 같다(차승주, 2010: 118-120).

표 Ⅲ-5. 소년단의 '좋은일하기 운동'의 주요 내용

구분	주요 내용
나라에 이익을 주는 경제활동	① 나무 심는 운동 ② 토끼 기르기 운동 ③ 유휴자재 모으기 운동 ④ 동식물을 보호하고 증식하는 운동 ⑤ 땅, 길, 철길을 사랑하고 보호하는 운동 ⑥ 역삼, 해바라기 등 각종 기름작물과 줄땅콩을 심고 가꾸는 운동 ⑦ 약초나 산나물을 채취하고 도토리를 비롯한 산열매을 따는 운동
가정, 마을, 학교를 위생문화적으로 꾸리는 것	① 학습의 여가를 이용하여 거리와 마을, 학교와 살림집의 주변을 깨끗이 하고 문화적인 환경을 조성하는 운동 ② 파리, 모기, 쥐 등 해로운 벌레와 동물을 잡아 없애는 활동

구분	주요 내용
사회정치적으로 유익한 활동	① 인민군대를 사랑하고 적극 도와주는 활동 ② 혁명가유가족, 피살자·전사자가족, 영예군인, 인민군후방가족 돕기 ③ 근로자들이 사회 질서를 자각적으로 지키도록 도와주는 활동 ④ 적간첩이나 파괴암해분자들과 투쟁하는 활동
사회주의 건설 지원	방과 후나 일요일 또는 방학에 사회주의건설장을 찾아가 근로자들의 일손을 도와주는 활동으로, 공장, 기업소, 건설장에 가서는 자재운반, 지대정리 등 간단한 활동으로 진행하며 협동농장에 가서는 벼모 또는 벼단 운반, 낙곡수집과 같이 근로자들의 노동을 돕는 보조적인 활동을 진행하는 것

* 출처: 전광두, 장세운(1986). 「소년단건설(2)」. 평양: 교육도서출판사, pp.125-128.

'좋은일하기 운동'에 포함되어 있는 이러한 활동들을 효과적으로 수행해 나가는 방법에는 여러 가지가 있으나, 그 중에서 북한이 특히 강조하고 있는 방식으로는 《꼬마계획》활동과 《향토애호근위대》활동 그리고 학생규찰대활동 등이 있다. 북한 청소년의 지·덕·체·정서 함양 사업도 소년단이 담당해야 하는 중요한 임무이다. 주지하다시피 소년단은 소학교와 중학교에 재학 중인 학령기 아동 및 청소년을 포함하고 있는 조직이다. 다음으로 소년단원들에게 튼튼한 체력을 소유시키는 것도 소년단의 중요한 과업으로 강조된다. 소년단원들이 튼튼한 체력을 가져야만 나라의 체육도 발전할 수 있고, 특히 청소년기가 신체 성장이 가장 왕성한 시기이기에 체육활동이 더욱 필요하다는 점에서 단원들에 대한 체육교육 역시 소년단의 중요한 역할로 주어지게 된다(차승주, 2010: 120-125).

소년단의 체육교육은 다음과 같은 방법들로 진행된다(전광두, 장세운, 1986: 55-57). 첫째, 키크기 운동이다. 둘째, 국방체육활동이다. 셋째, 소년단원들에게 한 가지 이상의 체육기술을 소유시키는 것이다. 넷째, 소년단원들 속에서 체육을 대중화, 생활화하는 것이다. 이 중에서 북한에서 특히 강조하고 있는 체육활동은 국방체육이다(교육신문사, 2007: 57). 또한 소년단원들이 갖추어야 할 문화정서적 소양으로 "문학예술작품을 감상하고 창작하는데 필요한 기초적인 지식과 노래를 부르고 춤을 출줄 알며 한가지이상의 악기를 다룰 수 있는 예술적기량과 자연과 사회, 인간생활에서 아름답고 고상한 것을 느낄줄 아는 풍부한 미학적정서"를 강조하고 있다. 물론 학교교육에서도 문화정서 함양을 위한 교육이 실시되고 있지만, 소년단의 문화정서교양은 "소년단원들의 문화정서적소양을 키워주기 위한 군중문화예술활동이며 그들을 문학예술활동에 적극 참가시키기 위한 조직정치사업"이라는 차별성을 지닌다(전광두, 장세운, 1986: 55-57).

3) 북한 청소년 활동 및 문화예술 정책 및 제도와 내용

(1) 북한의 문화예술 교육정책

북한의 소학교에서는 「체육」, 「음악무용」, 「도화공작」 과목에 각각 주당 2시간씩 배정되어 있으며, 초급중학교에서는 「체육」은 주당 2시간, 「음악무용」과 「미술」은 각각 주당 1시간씩, 고급중학교에서는 「예술」과 「체육」을 주당 1시간씩 가르치고 있다. 문화예술교육을 시행하는 중심 기관은 학교이지만, 북한의 문화예술교육이 학교의 정규 교육과정을 통해서만 이루어지는 것은 아니다. 예술에 재능이 있거나 관심이 있는 학생들은 방과 후 학교의 예술소조나 청소년 과외소조기관(청소년회관, 소년궁전 등)에서 예술교육을 받을 수 있다. 소조활동은 매일 방과 후 2~3시간 동안 소수의 학생을 대상으로 하고, 소조의 종류는 교과, 음악, 미술, 체육 등 매우 다양하며 주로 학급의 교과 우등생이나 조직생활 모범생을 대상으로 하는 '교과목 학습 소조', 문학 소조, 노래나 합창 등 성악소조, 취주악소조, 미술 소조뿐 아니라, 축구, 농구, 배구, 탁구, 정구 등의 구기종목과 태권도, 씨름, 수영, 체조 등 다양한 체육소조가 있다(통일부 통일교육원, 2022: 252-267).

문화예술교육은 또한 다양한 사회정치활동과 연합되어 지역사회 주민들의 당 정책 수행을 독려하는 역할을 하기도 한다. 소년단의 사회정치활동과 결합되어 이루어질 수 있는 문화예술교육의 형식을 정리해보면 〈표 Ⅲ-6〉과 같다.

표 Ⅲ-6. 문화예술교육과 소년단의 사회정치활동

구분	주요 내용
소년 선전대	• 구두선전을 위주로 하여 작은 인원으로 진행하는 사회정치활동의 한 형식이다. • 활동내용에 따라 당정책선전대, 과학선전대, 위생선전대로 구분된다. • 인민반, 작업장, 역 대합실, 열차 안, 버스 안, 논밭머리 등 군중이 있는 임의의 장소에서 활동한다. • 학교 또는 분단 단위로 조직한다.
소년 예술 선전대	• 구두선전과 예술선전을 배합하여 비교적 많은 인원으로 벌리는 사회정치활동의 한 형식이다. 항일혁명투쟁시기의《소년연예대》,《아동단유희대》의 전통을 소년단의 사회정치활동에 구현하고 발전시킨 형식이다. • 공장, 기업소, 협동농장과 사회주의건설현장, 학교강당, 영화관, 회관 등 활동조건이 구비된 곳이어야 하며 시간도 30분 정도로 비교적 긴 시간에 진행하게 된다. • 예능에 소질이 있는 소년단원들 중에서 학습과 조직생활에서 모범적인 소년단원들을 선발하여 망라시킨다.

구분	주요 내용
가창대	• 근로자들을 당정책관철에로 불러일으키며 온 사회에 혁명적 분위기를 조성하기 위하여 소년단원들이 집단적으로 행진하면서 벌리는 사회정치활동의 한 형식이다. • 활동구역은 공장기업소가 집결되어 있는 구역, 군중들이 많이 다니는 거리, 주민구역, 군중들이 많이 모이는 지역으로 선정하는 것이 효과적이다. • 활동을 조직해야 할 필요성이 제기되었을 때 적당한 대상을 망라시켜 단위원회가 조직한다.
축하단	• 김일성과 김정일 영도의 현명성과 높은 덕성을 해설선전하며 근로자들이 김일성의 교시와 김정일의 말씀 관철에서 이룩한 성과를 축하하고 보다 새로운 위훈에로 불러일으키는 사회정치활동의 한 형식이다. • 당과 국가, 근로단체들에서 중요한 정치행사와 모임을 가질 때, 근로자들이 사회주의건설에서 높은 성과를 달성하였을 때 진행하게 된다. • 활동을 조직해야 할 필요성이 제기되었을 때 적당한 대상을 망라시켜 단위원회가 조직한다.
기타	• 출판물에 글을 써서 발표하는 형식, 축하(위문)편지형식 등 여러 가지가 있다.

* 출처: 전광두, 장세운(1986). 「소년단건설(2)」. 평양: 교육도서출판사. pp.112-113.

(2) 북한의 문화예술 교육기관

북한에서 전문예술인 교육체계가 갖추어지기 시작한 것은 1950년대로 평양에 주요 예술대학들이 세워지면서부터였다. 중앙교육기관은 평양무용대학, 평양미술대학, 평양연극영화대학, 평양교예학교, 인민군예술학원이 있다. 김정일 국방위원장이 지방의 문화예술 발전을 위해 각 도에 예술대학 설립을 지시함에 따라서 1976년 9월에 각도 예술학원이 세워졌다. 북한의 각 도 예술대학으로는 '신의주예술대학', '혜산예술대학', '2·16강계예술대학', '청진예술대학', '원산예술대학', '남포예술대학', '개성예술대학', '사리원예술대학' 등이 있다(전영선, 2012: 310).

한편, 김정일은 예술교육의 본질을 수재교육으로 보고 조기예술교육의 중요성을 강조하였다. 1992년 김정일은 「음악예술론」에서 어린이를 대상으로 한 조기음악교육, 음악수재교육을 강화할 것을 언급하였고, 이에 따라 예술교육에 있어서 천성적 소질을 가진 인재들을 대상으로 실력과 인물을 중시하며 우수한 학생들만 선발하여 양성하도록 하였다. 2003년에도 "예술교육은 본질에 있어서 수재교육"임을 강조하며 "천성적인 예술적소질을 가진 사람들에게 체계적인 교육을 주어 특출한 예술인재로 키워내는 것이 예술교육기관의 임무"라고 밝혔다(하승희, 2019: 216-220).

4) 집권기별 북한 청소년정책의 차별성과 시사점

(1) 선군정치 시대의 북한 청소년

북한의 '선군정치' 시대에 소년단원이었던 당시 북한의 청소년들은 공통적으로 다음과 같은 사회적 환경과 압력 속에서 성장했다는 점에서 독특한 코호트를 형성하고 있는데, 이에 대한 이해가 현재 북한 2040세대의 문화와 정서를 파악하는데 중요한 시사점을 제공해 줄 수 있을 것으로 기대한다.

먼저, 이들은 1994년 7월 8일 김일성 주석이 사망하면서 '위대한 수령'을 잃는 집단적 트라우마를 경험하게 된다. 그리고 이후 수년간 전 사회적인 애도와 추모의 분위기 속에서 청소년기를 보내게 된다.[81] 게다가 '고난의 행군' 시기의 극심한 경제난으로 인해 더욱 결핍된 청소년기를 보낼 수밖에 없었다. 그러나 이러한 상황에서도 당과 국가는 그들에게 의리를 강요하며 유훈을 관철하고 대를 이어 충성할 것을 끊임없이 요구했다. 또한 오늘의 고난과 불행은 과거 일제 강점기나 한국전쟁 전후시기에 비하면 나은 것이며 비록 오늘은 힘들지만 머지않은 미래에는 행복해 질 수 있으니 오늘의 고통을 참고 견디라고 종용했다.

이러한 때에 소년단은 청소년 교양을 소홀히 하여 결국 사회주의를 지켜내지 못한 다른 나라들의 불행한 사례를 반면교사 삼아서 선군시대를 살아가던 북한의 청소년들에게 당과 국가의 요구를 전달하고 그들의 사상적 이탈과 타락을 막아냄으로써 "소년단원들을 앞날의 조선을 떠메고나갈 계승자들로 튼튼히 준비시키는 영예로운 사명과 임무를 원만히 수행"하였다(로동신문, 2003. 6. 6일자).

81) 2000년대 후반에 청소년기를 보낸 이들도 2011년 12월 김정일 국방위원장의 사망으로 비슷한 경험을 했을 것이라 유추해 볼 수 있다.

표 Ⅲ-7. 소년단원들에게 부여된 시대별 주요 지위 및 역할

시기 구분		주로 강조된 지위 및 역할
김일성 정권	1960년대	• 혁명의 믿음직한 후계자 • 수령께 무한히 충직한 참된 전사 • 우리 당의 사상을 계승하고 혁명의 대를 이어 나갈 투사 • 공산주의건설의 참된 후비대
	1970년대	• 우리 혁명의 참다운 계승자, 공산주의건설의 믿음직한 후비대 • 우리 혁명과 공산주의 건설의 믿음직한 후비대 • 주체형의 피가 끓는 수령님의 참된 혁명전사 • 수령님께 끝없이 충직한 주체형의 혁명가 • 지덕체를 갖춘 사회주의, 공산주의 건설자 • 지덕체를 갖춘 열렬한 혁명가 • 혁명위업을 빛나게 이어나갈 후비대
	1980년대	• 주체혁명의 믿음직한 계승자 / 참다운 계승자
김정일 정권	1990년대 (1994~)	• 경애하는 장군님의 참된 소년근위대, 충성의 총폭탄 • 당에 끝없이 충직한 충성동, 효자동
	2000년대	• 우리 조국의 미래이며 우리 혁명의 계승자 • 장군님의 참다운 소년근위대 • 사회주의조국의 앞날의 주인공 • 김정일장군님의 참된 아들딸로, 선군혁명위업의 참다운 계승자 • 선군혁명의 후비대 • 선군혁명의 창창한 미래 • 주체혁명위업의 믿음직한 계승자
김정은 정권	2010년대	• 경애하는 김정은동지만을 견결히 옹호보위하는 소년근위대, 소년혁명가 • 김일성, 김정일소년단 • 우리 당의 후비대 • 지덕체를 겸비한 강성조선의 유능한 혁명인재, 기둥감 • 앞날의 김정은장군님의 군대 / 주체형의 소년혁명가 • 선군조선의 애국동이 • 김정은장군님의 참된 아들딸

* 출처: 차승주(2010). 북한 조선소년단에 관한 연구 : 사회통합기제로서의 역할을 중심으로, 서울대학교(박사학위 논문), p.138을 참고로 재구성

(2) 김정은 시대의 북한 교육과 북한 청소년

김정은 시대의 북한은 “모든 청소년학생들을 사회주의강국건설의 믿음직한 역군으로 키우며 전민과학기술인재화를 실현하여 우리 조국을 21세기 사회주의교육강국으로 되게 한다”(김일학, 2017)는 교육목표를 달성하기 위하여 중등일반교육의 강화를 추구하고 있

다. 2018년 4월 20일에 열린 조선로동당 중앙위원회 제7기 제3차 전원회의에서 김정은은 "과학과 교육은 국가건설의 기초이며 국력을 결정하는 중요한 지표"이므로 "과학과 교육을 발전시키는 것은 혁명의 명맥을 창창하게 이어나가는 만년대계의 사업"이라고 천명하였다(교육신문, 2018. 9. 6일자). 따라서 "국가적으로 인재육성과 과학기술발전사업을 목적지향성있게 추진하며 그에 대한 투자를 늘려 사회경제발전을 떠메고나갈 인재들을 질적으로 키워내야"(김정은, 2019)한다고 신년사를 통하여 강조하였다.

한편, 김정은은 2012년 6월 6일 조선소년단창립 66돐경축 조선소년단 전국련합단체대회 및 은하수관현악단의 조선소년단창립 66돐경축 음악회에 참석하고, 2013년 5월에는 평양시묘향산등산소년단야영소와 송도원국제소년단야영소를 현지지도 한데 이어 6월 6일에는 조선소년단 제7차대회에 참석하였다. 2014년에는 세 차례에 걸쳐 송도원국제소년단야영소를 방문하였으며, 2017년 6월에는 조선소년단 8차대회에 참석하여 단원들을 격려하며 "소년단원들은 사회주의조국의 참된 아들딸, 소년혁명가가 되자"고 역설하였다(교육신문, 2017. 6. 8일자).

또한, "우리 당과 공화국정부는 위대한 김일성대원수님과 김정일대원수님의 고귀한 후대사랑의 뜻을 정히 받들어 새 세대들을 위한 사업을 당과 국가의 제일 중대사로 내세울 것이며 사랑스러운 우리 소년단원들이 세상에서 가장 행복하고 훌륭한 선군조선의 역군으로 자라나도록 하기 위하여 모든 노력을 아끼지 않을 것"(최기철, 2014)이라고 천명하고 있다. 이를 통해 김정은이 소년단에 얼마나 많은 관심을 가지고 있는지를 유추할 수 있다.

오늘날 북한의 소년단 앞에는 "주체혁명위업, 선군혁명위업 수행의 새로운 력사적시대의 요구에 맞게 모든 소년단원들을 경애하는 김정은동지의 사상과 령도를 충직하게 받들어나가는 선군혁명위업의 계승자들로 키워내는"(교육신문, 2013. 6. 6일자) 매우 중요한 과제가 주어져 있다. 이를 위해 북한은 소년단원들에게 "항일의 아동단원 금순이처럼, 조국해방전쟁시기 소년빨찌산들처럼, 선군시대의 소년영웅들처럼 경애하는 김정은동지만을 견결히 옹호보위하는 소년근위대, 소년혁명가"(교육신문, 2012. 6. 7일자)가 될 것을 강조하고 있다.

2. 최근의 북한 청소년정책동향 : 김정은 시기 이후 북한청소년 정책 및 제도 현황 고찰

1) 김정은 시기 이후 북한 청소년 정책의 변화와 정책 동향

(1) 김정은 시기 청소년 정책 흐름

김정은 시기의 청소년 정책은 2019년을 전후로 나누어진다. 북한의 청소년 정책은 청소년의 특성에 맞는 별도의 정책을 추진하기보다는 정치적 상황과 밀접하게 연동되기 때문이다. 북한에서 청년은 당(黨), 군(軍)과 함께 북한 체제의 3대 핵심 조직의 하나이다. 혁명의 후비대이자 체제를 지탱하는 기둥으로서 청년교양 사업은 당 정책의 최우선 과제였다. 김정은 시기의 청소년 정책 역시 김일성과 김정일의 사상을 이어받은 척후대, 후비대로서 혁명 후속세대로서 청년의 역할과 중요성을 견지할 것을 요구하고 있다.

2011년 12월 17일 김정일이 사망한 직후부터 김정은을 후계자로 호명하기 시작하였다. 그리고 2012년을 목전에 둔 2011년 12월 30일 김정은은 조선인민군최고사령관에 올랐다. 이로써 형식적인 절차를 마무리하고, 김정일에 이어 최고지도자의 자리에 올랐다. 그리고 2012년 1월 1일 신년사 발표를 시작으로 통치자로서 김정은 시대를 시작하였다. 정치적 경력도 부족하고, 후계 수업 기간도 짧았고, 후원 그룹도 확실하지 않았던 20대 지도자의 등장이었다.

김정은 집권 초기부터 '청년중시사상'을 내세웠다. 김정은이 집권한 2012년 4월 노동당 중앙위원회 책임군들과 한 담화에서 "당조직들은 당의 청년중시사상을 높이 받들고 청년들을 적극 내세워주며 청년들과의 사업에 언제나 깊은 관심을 돌려야 합니다. 당조직들은 청년동맹조직들에서 조선청년운동사에 쌓아올리신 수령님과 장군님의 불멸의 업적을 더욱 빛내여나가도록 하며 동맹원들에 대한 교양사업을 강화하여 우리 혁명의 대가 굳건히 이어지게 하여야 합니다. 청년들은 언제나 당을 따라 곧바로, 앞으로 나아가야 하며 우리 청년들의 힘찬 발걸음에 의해 강성할 래일은 더욱 앞당겨지게 될 것입니다"(김정은, 2012)라고 하면서, '당조직'에서 청년 교양 사업을 강화할 것을 요구하였다.

김정은 집권 초기에 강조한 청년사업은 과학기술과 경제 발전으로 집약되었다. 김정은은 나름의 세계화를 지향하면서, 김정은이 제시한 '사회주의문명국 건설' 사업에 미래세대의 주역으로서 과학기술로 부강 조국 건설에 동참할 것을 요구하였다. 김정은 체제가 시작된 2012년부터 2019년 하노이 회담 전까지는 '사회주의 문명국' 건설을 기조로 교육 혁신과 과학중시 정책을 유지하였다(로동신문, 2019. 6. 11일자).

이 시기 청소년 정책에서 주목한 분야는 교육이었다. 가장 비중 높게, 가장 강력하게 추진한 분야가 바로 교육이었다. 김정은 체제가 시작된 2012년 사회 분야의 첫 제도 개혁도 교육 개편이었다. '지식경제시대'에 맞추어 11년제 의무교육 기간을 12년으로 확대하였다. 김정은은 2012년 4월 6일 조선로동당 중앙책임일군들과 한 담화를 통해, "교육사업에 대한 국가적 투자를 늘이고 교육의 현대화를 실현하여 중등일반교육 수준을 결정적으로 높이고 대학교육을 강화하여 사회주의 강성국가 건설을 떠메고 나갈 세계적 수준의 재능 있는 과학기술인재들을 더 많이 키워"내야 한다고 하였다(김정은, 2012). 이후로도 신년사를 비롯하여, 주요 대회 연설에서도 교육 혁신에 대한 강조는 빠지지 않고 등장하였다.

교육은 과학화, 경제발전, 인민생활과 직접 연결된 분야로 "사회주의 건설에서 대비약을 일으키기 위한 우리의 주되는 전략적 자원이고 무기"가 바로 인재와 과학기술이라고 하면서, "교육 세계적 교육발전 추세와 교육학적 요구에 맞는 교수 내용과 방법을 혁신"을 강조하였다(김정은, 2012). 2015년 9월에 열린 '제13차 전국교원일꾼대회'에서는 '전민의 과학기술인재화' 실현을 위해 교육의 모든 역량을 과학에 입중할 것이 논의되었다. 과학을 중심으로 한 교육 혁신은 정보화 사업 등 IT 분야 인력 양성으로 집중되었다. 정보특성화고에 해당하는 '정보기술고급중학교'를 각 도에 신설한 것을 비롯하여, 대학에서 정보보안학과, 나노재료공학과, 로봇공학과 등 정보화와 첨단과학 분야의 학과를 신설하였다(세종연구소, 2020: 132).

전반적인 경쟁이 교육 전반에서 시행되었다. 중등교육에서는 전반적인 교육환경 개선을 목적을 위해서 '부족한 교육 시설 해결', '교수강습소 등의 시설 설립', '교육 자재 문제 해결' 등을 기준으로 각 시·도별로 평가 지표에 의한 판정사업을 실시함으로써 상호 경쟁을 유도하였다(로동신문, 2019. 6. 16일자). 김정은 체제 이후 당에서 진행하는 교육사업을 적극적으로 참여하도록 사회적 분위기를 조성하였다.

과학에 대한 강조와 첨단 장비를 활용한 교육 환경 개선 사업은 북한 청소년들의 컴퓨터 접근성을 높여주었다. 정보기술 활용 능력의 제고 및 ICT 기기의 보급으로 청소년 사이에서 ICT를 활용한 놀이문화의 활성화와 커뮤니티 발달을 촉진하였다. 김정은은 '교육중시, 인재중시 정책을 받들어 교육강국, 인재강국건설을 위해서는 교육사업에 필요한 물질기술적 토대를 충분히 갖추어야 한다'고 강조하면서 교육 환경 개선을 촉구하였다. 특히 '교육 현대화. 정보화'에 맞추어 다기능화된 교실 건설을 추진하였다(로동신문, 2021. 5. 21일자). 상대적으로 교육환경이 갖추어지지 않았던 농촌 지역의 학교에 대해서는 전 국가적, 전 사회적 지원을 통해 교육환경 개선을 추진하였다(공로혁, 2021. 8. 21일자).

김정은 집권 초기에 강조하였던 정책 기조는 2019년 하노이에서 열린 북미정상회담이 불발된 이후 상황은 급격하게 나빠졌다. 북미회담을 통한 국제 사회의 제재 완화와 경제 회복에 대한 기대감이 사라졌다. 평양에서 출발하여, 신의주를 거쳐 중국 내륙을 관통하여 베트남 하노이 회담장까지 가는 김정은의 수고는 물거품이 되었다. 경제 회생을 위한 외부 조건의 완화는 기대하기도 어려워졌다. 김정은의 리더십은 치명적인 상처로 남았다. 북한으로서는 감당하기 어려운 리더십의 훼손이었다. 조속히 리더십을 강화해야 했고, 사상적 이탈을 막아야 했다(주성하, 2019).

리더십의 복원은 '백두의 혁명전통을 철저히 무장'하는 교양 사업으로 구체화 되었다. '전체 인민을 백두의 혁명 전통으로 무장시키기 위한 교양 사업을 더욱 강도 높이' 벌이는 문제가 무엇보다 중요한 문제로 제기되었다. '혁명전통 교양을 강화하는 것은 사상진지, 혁명진지, 계급진지를 백방으로 강화하기 위한 필수적 요구'라는 명분으로, '백두의 공격사상으로 혁명의 난국을 타개하고 개척로를 열어나가기 위한' 사상교양 사업이 전 사회적으로 전개되었다(로동신문, 2019. 12. 23일자). 특히, '고난의 행군' 이후 청년들의 물질중시, 자본주의 시장 경험으로 인한 사상적 오염이나 일탈을 막기 위한 사업을 강도 높게 벌이고 있다.

(2) 김정은 시기 청소년 정책의 변화

① 청년동맹 조직의 활성화

북한에서 청소년의 활동은 청년동맹을 통해 이루어진다. 북한의 청년동맹은 14세부터 30세까지 청년이면 의무적으로 가입하는 조직으로, 500만 명의 규모의 조직으로 노동당, 조선인민군과 함께 북한의 핵심 3대 조직의 하나이다. 청년동맹의 활동을 규정하는 최고 권위의 조직은 청년동맹대화이다. 청년동맹대회는 1993년에 제8차 대회가 열린 이후 김정은 집권 이전까지 열리지 않았다. 김정은은 김일성 사망 이후 열리지 않았던 청년동맹 대회를 제8차 대회가 열린 지 23년만인 2016년에 청년동맹 제9차 대회를 개최하였다.

'청년동맹 대회'는 청년동맹이라는 조직체의 운영을 결정하는 최고 권위의 대회이다. '청년동맹 대회'에서는 청년동맹 조직의 운영과 운영을 '총화(평가)'하고, 청년동맹 활동 방향을 결정하고, 새로운 집행부를 선출한다. 1993년 8차 대회가 열렸고 23년 동안 열리지 않았다. 김일성 사망부터 김정일 사망까지도 한 번도 열리지 않았다. 김정은 체제가 시작된 이후 4년 만에 청년동맹 대회를 2016년에 제9차 대회를 개최하였고, 다시 5년 뒤인 2021년에 제10차 대회를 개최한 이유는 무엇인가?

청년동맹대회 개최와 맞물려 주목할 점은 청년동맹대회가 열리는 해에 노동당 대회가 열렸다는 것이다. 청년동맹 제9차 대회가 열린 2016년에는 5월 6일부터 조선로동당 제7차 대회가 개최되었다. 조선로동당 제7차 대회는 1980년에 열렸던 제6차 대회에 이어 26년 만에 열린 대회였다. 청년동맹 제10차대회가 열린 2021년에는 조선로동당 제8차대회가 1월 5일에 열렸다.

노동당대회는 "전당과 전체 인민 앞에 새로운 위대한 전망과 정치적 목표를 제시함으로써 우리당과 우리혁명 발전에서 보다 높은 새로운 단계를 열어주기" 위해 열리는 대회이다(로동신문, 1970. 11. 2일자). 당대회를 통해서 당의 운영 성과를 평가하고, 경제발전 방향을 결정하고, 당의 규약을 개편하고, 노동당을 이끌어 갈 지도부를 선출한다. 노동당이 영도하는 북한 체제의 발전 방향과 목표, 당의 권력 개편이 당대회를 통해 이루어진다. 김정은이 최고 권력의 자리에 오른 2012년 이후 정치적 치적을 바탕으로 2016년에 제7차 대회를 개최하였다. 김정은은 '주체사상, 선군정치의 위대한 승리'에 이어 계속 혁명의 길로 나가 사회주의 위업을 빛나게 완성해 나가자는 주제로 당대회의 성격을 규정하였고, '당원'의 신임을 받는 형식으로 새로운 지도자로 선출되었다.[82]

김정은 체제가 시작된 이후 선군으로 대표되었던 통치구조를 당 중심의 구조로 개편하였고, 당대회를 재개하였다. 당을 중심으로 하는 체제, 당이 이끄는 체제로 복원하였다. 그리고 당대회가 열리는 해에 맞추어 청년동맹대회를 개최하여, 노동당의 결정을 집행하는 동력으로서 청년동맹의 조직을 정비한 것이다.

2021년의 청년동맹 제10차 대회는 2019년 이후 북한 체제의 위기 상황 속에서 개최되

82) 당대회가 끝나고 나면 당대회의 결정에 따른 국가 운영을 위한 법 개정이 이루어진다. 2016년 당대회가 끝나고 이어서 열린 최고인민회의에서는 헌법을 개정하여, 국가 운영을 위임하였던 국방위원회 대신 국무위원회 위원장에게 일체 무력 통수권을 맡도록 하였다. 2016년 개정헌법 제102조 "조선민주주의인민공화국 국무위원회 위원장은 조선민주주의인민공화국 전반적 무력의 최고사령관으로 되며 국가의 일체 무력을 지휘통솔한다"고 하였다. 이로써 김정은은 국무위원장으로서 일체 무력을 지휘통솔하는 온전한 김정은 시대를 개막하였다.

었다. 청년동맹 대회는 대회 개최공고부터 시작한다. 2021년 2월 3일 평양에서 김일성-김정일주의 청년동맹 중앙위원회 제9기 제12차 전원회의를 개최하여, 김일성-김정일주의 청년동맹 제10차대회를 "주체110(2021)년 4월 초순에 소집할데 대하여 결정하고, 4월 초순에 개최"할 것을 공고하였다(로동신문, 2021. 4. 3일자). 개최 공고에 이어 2021년 4월 20일에 김일성-김정일주의 청년동맹 제10차대회를 4월 27일에 개최한다고 확정 공시하였다. 제10차 대회의 의미에 대해서는 "이번 대회는 전동맹에 경애하는 김정은동지의 유일적령도체계를 더욱 철저히 확립하며 청년동맹사업에서 획기적전환의 계기를 마련하는 의의깊은 대회로, 우리 당의 위업, 사회주의위업을 끝까지 충직하게 받들어갈 청년전위들의 충성의 대회로 주체의 청년운동사에 아로새겨지게 될 것이다"(로동신문, 2021. 4. 3일자)고 규정하였다.

청년동맹 제10차대회를 일주일 앞둔 2021년 4월 20일자 『로동신문』은 1면 '김일성-김정일주의 청년동맹 제10차대회 공시' 기사 바로 위에 이례적으로 붉은색으로 제목을 인쇄한 '경애하는 김정은 동지의 명언 해설'을 실었다. 해설의 제목은 "청년들을 어떻게 준비시키는가 하는데 따라 당과 혁명의 존망과 조국과 민족의 흥망성쇠가 좌우된다"(로동신문, 2021. 4. 20일자)였다. 기사는 김정은의 이 명언은 "혁명위업 수행에서 청년 문제가 가지는 중요성을 밝힌 고귀한 지침"으로, "청년들이 우리 당의 혁명사상으로 튼튼히 무장하고 그것을 신념으로 간직하도록 하는 것은 청년 문제 해결에서 선차적인 문제로 나선다"(로동신문, 2021. 4. 20일자)면서, 청년들에게 사상교양 사업을 중요하게 진행할 것을 요구하였다.[83)]

김정은은 청년동맹 제10차대회 폐막일인 2021년 4월 29일에는 서한 「혁명의 새 승리를 향한 력사적 진군에서 사회주의 애국청년동맹의 위력을 힘있게 떨치라」를 보내 대회를 치하하면서, 청년동맹의 세 가지 과업을 강조하였다. 김정은이 서한에서 강조한 세 가지는 "첫째, 모든 청년들을 사회주의를 신념으로 간직한 애국청년으로 튼튼히 준비시키는데 동맹사업을 총지향시키는 것", "둘째, 당 제8차대회 결정관철을 위한 실천투쟁속에서 모든 청년들을 영예로운 사회주의건설자로 키우는 것", "셋째, 청년들을 사회주의도덕과 문화

83) "혁명의 미래는 당의 혁명사상을 신념으로 간직한 계승자들에 의하여 담보된다. 신념은 한번 간직하였다고 하여 영원한 것도 아니고 저절로 유전되는 것도 아니다. 고생을 겪어보지 못한 새 세대 청년들이 혁명의 주력으로 등장하고 있는 현실은 사상교양의 중요성을 더욱 부각시키고 있다. 청년들이 우리 당의 혁명사상을 신념화, 체질화하고 주체혁명위업을 반드시 완성하겠다는 결사의 의지를 지니도록 사상교양사업을 강도높이 벌릴 때 당의 청년전위로서의 고귀한 이름을 빛내여나갈수 있으며 우리 혁명은 오늘뿐아니라 앞으로도 영원히 승리의 길을 따라 줄기차게 전진해나갈 수 있다."

의 참다운 주인으로 만드는 것"(김정은, 2021)이었다. 특히, 청년들의 문화에 대해서는 "당의 의도는 우리 혁명의 전세대들이 창조한 아름답고 훌륭한 사회주의도덕과 문화생활기풍이 청년세대들을 통하여 변색없이 후세에 이어지고 더욱 빛나게 하자는것입니다. 청년동맹조직들에서는 청년들속에서 고상한 도덕기풍과 풍부한 문화생활기풍을 세우는 것을 사회주의 위업의 명맥을 잇는 중대한 과업으로 간주하고 이 사업을 책임적으로 해나가야 합니다"(김정은, 2021)고 강조하였다.

김정은이 보낸 서한의 내용은 그대로 청년동맹 제10차 대회의 의제로 채택되었다. 김일성-김정일주의 청년동맹 제10차 대회는 다섯 가지 의제로 3일 간의 회의를 진행하였다. 다섯 가지 의제는 '1. 김일성-김정일주의청년동맹 중앙위원회 사업총화, 2. 김일성-김정일주의청년동맹 중앙검사위원회 사업총화, 3. 청년동맹의 명칭을 고칠데 대하여, 4. 청년동맹규약개정에 대하여, 5. 청년동맹중앙지도기관 선거'였다(로동신문, 2021. 4. 30일자).

김일성-김정일주의청년동맹 중앙위원회 사업총화에서는 청년동맹사업에 대한 평가가 있었다. "사업에서 나타난 결함과 원인을 분석하면서 청년동맹중앙위원회가 청년교양의 총적목표를 실현하는데 중심을 두고 청년들에 대한 사상교양사업을 실속있게 작전하고 드세게 내밀지 못한 문제, 초급선전일군들의 수준과 능력을 높여주기 위한 사업을 바로 하지 않은 문제 등을 비판총화"하였다. 청년동맹 사업에서 사상교양 사업을 제대로 하지 못하였다고 평가한 것이다. 그리고 그 원인을 초급선전일군들의 수준과 능력을 높이는 사업이 제대로 이루어지지 못하였기 때문으로 규정하였다(로동신문, 2021. 4. 30일자).

청년교양 사업에 대한 평가는 청년동맹 제10차 대회 개막보도에서도 예상되었다. 조선로동당 제8차대회 3일 회의에서 청년동맹을 비롯한 근로단체의 토론에서 청년동맹을 비롯한 근로단체들이 "자기의 사명과 본분을 다하지 못하고 있는 문제"를 지적하고, "동맹내부사업, 사상교양 사업을 주선으로 틀어쥐고 전 동맹을 사회주의 건설의 위력한 역량으로 강화"하는데 필요한 원칙적 문제를 제기하였었다.

『로동신문』은 대회 개막을 보도하면서, "청년동맹조직들에서 혁명전통교양과 충실성교양, 애국주의교양, 반제계급교양, 도덕교양을 공세적으로 벌려 모든 동맹원들을 참된 애국충신, 백두산정신의 체현자들로 튼튼히 준비시키는데 총력을 집중하여야 한다"면서 청년교양을 강화할 것과 함께 "교양사업에서 뜬소리를 하거나 구태의연한 방법에 매달려 건수나 채우는 현상을 철저히 극복하며 실천에서 생활력이 검증된 좋은 경험들을 찾아내여 일반화하고 따라배우기 위한 사업을 잘하여야 한다. 청년학교운영을 정상화하고 청소년출판물을 통한 교양사업을 실속있게 벌리며 청년야외극장에서 청년들의 특성에 맞는 다양한 사업들을 계획적으로 조직하여 언제나 청년들로 흥성거리게 하여야 한다."(로동신문, 2021. 4. 29일자)고 하였다. 청년동맹대회는 청년 교양 사업을 집중적으로 분석하는 대회가 되었다.

청년동맹 제10차 대회에서는 청년동맹중앙지도기관 선거를 통하여 청년동맹중앙위원회 위원장을 새로 선출하였고, 청년동맹의 이름도 '김일성-김정일주의청년동맹'에서 '사회주의애국청년동맹'으로 변경하였다. 청년동맹의 명칭은 여러 번 바뀌었는데, '사회주의청년동맹'으로 불리다가 김일성이 사망한 이듬해인 1996년에 열린 제8차 대회에서 '김일성사회주의청년동맹'으로 바뀌었다. 그리고 김정일 사망 5년이 되던 2016년에 개최한 제9차대회에서는 '김일성-김정일 사회주의청년동맹'으로 다시 한번 바꾸었다. 청년동맹의 명칭은 2021년 제10차대회에서 '사회주의 애국청년동맹'으로 다시 바뀌었다. 1996년의 제8차 대회, 2016년의 제9차 대회, 2021년의 제10차 대회에서 연이어 조직 명칭을 바꾼 것이다(권영전, 2021).

청년동맹의 명칭 변경은 김정은의 수령 등극에 맞추어 진행된 상징적인 조치였다. 2021년은 김정은의 영도 10년이 되는 해이다. 김정은은 2011년 12월 30일에 조선인민군최고사령관에 취임하였고, 2012년 1월 1일 신년사를 발표하면서, 명실상부한 최고지도자의 위치에 올랐다. 그리고 10년이 되는 2021년에 '수령'에 올랐다(로동신문, 2021. 10. 15일자).[84] 새로운 수령 김정은의 출현에 맞추어, 수령으로서 김정은이 제시한 새로운 방향에 맞추어 기간 조직으로서 청년동맹을 새롭게 한 것이다.

② 청소년교양을 위한 법 체제 정비

「조선민주주의인민공화국 청소년교양보장법(이하 청소년교양보장법)」은 2021년 9월 28일에 개막한 최고인민회의 제14기 제5차 회의 2일 회의에서 채택한 법이다. 최고인민회의 제14기 제5차회의에서는 시·군 발전법, 청년교양보장법을 새로 제정하였고, 인민경제계획법을 수정·보충하였다.「청년교양보장법」에 대한 구체적인 내용은 알려지지 않았다. 그러나 「청년교양보장법」 채택을 보도한 『로동신문』의 기사를 통해 내용을 추론할 수 있다. 『로동신문』은 "전체 인민이 청년 교양의 주인"이 될 때, "사회주의 우리 국가의

84) "경애하는 총비서동지는 천리혜안의 선견지명과 특출한 령도력으로 반만년민족사에 가장 존엄높은 강국의 시대, 우리 국가제일주의시대를 열어놓으시고 줄기차게 빛내여나가시는 혁명 의 위대한 수령, 만고절세의 애국자이시다."

주체성, 자립성은 더욱 강화되고 새 승리에로 향한 혁명의 전진속도는 배가될 것"이라면서, '청년 교양 사업에 전 인민적 역량을 투여'(로동신문, 2021. 9. 30일자)할 것을 강조하였다.

「청년교양보장법」을 제정하게 된 취지를 청년 교양에 대한 전 사회적 책임을 강조하는 내용으로 하였다. 청년세대의 이탈을 막기 위한 전 사회적인 교양 사업을 보장하기 위한 목적으로 판단된다.

2022년 2월 25일 자 『로동신문』의 기사 「청년들을 애국정신과 미풍을 지닌 시대의 선구자로 키우자 - 자식을 위해 품을 아끼지 않는 어머니처럼」에서는 "당조직들과 당일군들은 청년들에 대한 교양에 품을 아끼지 말아야 하며 다심한 어머니의 심정으로 청년들을 사랑하고 차별없이 대해주며 그들의 사업과 생활을 따뜻이 보살펴주어야 합니다"는 김정은의 말을 인용하면서, "청년들의 운명을 책임진 당조직들과 당일군들은 청년교양에 오만자루의 품을 들여 그들이 당을 따라 변함없이 한길을 걸으며 인생의 참된 삶을 누리도록 하여야 한다"(로동신문, 2022. 2. 25일자)고 하였다.

(3) 김정은 시기 청소년 정책의 변화 원인

김정은 시기의 청소년 정책은 김일성, 김정일 시기부터 이어오던 청년 정책의 연속성과 함께 새로운 시대의 필요에 따라 달라졌다. 김정은 시기의 청소년 정책 변화 원인은 다음 몇 가지로 판단된다.

① 권력세습에 따른 충성심 고취

김정은 체제의 청소년 정책 변화의 가장 큰 원인은 김정은으로의 권력 세습이다. 정권이 교체되는 시기에는 새로운 지도자의 등장에 맞추어 청년을 위한 교양 사업을 강화하였다. 김일성, 김정일에 이어 새로운 지도자로 김정은 체제가 시작되었고, 김일성과 김정일에 이어서 대를 이은 청년들의 충성이 필요한 상황이었다.

김정은 체제에서 청소년 정책의 방향이 드러난 것은 2015년 5월에 개최한 '제2차 전국청년미풍선구자대회'였다. 북한은 2015년 5월 13일과 14일 양일 간 평양 4·25문화회관에서 '제2차 전국청년미풍선구자대회'를 개최하였다. 2015년 5월의 '제2차 전국청년미풍선구자대회'는 1993년 12월에 열린 '전국공산주의미풍선구자대회' 이후 23년 만에 개최한 대회였다. 북한은 '제2차 전국청년미풍선구자대회'에 대해 "이번 대회는 우리 청년들을 사회주의 미풍의 창조자로 키워주신 백두산절세위인들의 불멸의 업적을 길이 빛내이기 위한 력사적인 대회이다"고 의미를 부여하였다. 대회의 의미에 대해서도 "백두산 절세위인들의 불멸의 령도 업적을 곧건히 옹호 고수"하여 "혁명적 신념과 의지를 남김없이 과시하는 충정의 대회"가 될 것이라고 하였다(로동신문, 2015. 5. 13일자).

예견하였듯이 '제2차 전국청년미풍선구자대회'대회의 주요 의제는 "고결한 충정과 보석같은 애국의 마음을 안고 청춘시절을 빛내여나가는 청년전위들의 미덕과 미풍을 널리 일반화하여 모든 청년들을 혁명적 인생관을 지닌 시대의 선구자로 준비시키기 위한 과업과 방도"(로동신문, 2015. 5. 13일자)였다. 김정은 시대에 맞게 '청년들의 정신도덕적 풍모에서 새로운 전환'을 일으키는 문제가 논의되었고, '혁명적이며 고상한 정신도덕적 면모를 힘있게 과시하고 주체혁명의 새시대의 요구에 맞게 모든 청년들이 당의 믿음직한 척후대, 강성국가건설의 돌격대로서의 사명과 임무'를 다하는 청년이 되어야 한다는 다짐으로 막을 내렸다(로동신문, 2015. 5. 13일자).

이후 모범적인 청년상의 발굴과 청년교양 사업을 역점적으로 추진하였다. 2021년 12월 27일부터 31일까지 노동당중앙위원회 본부청사에서 개최된 노동당 중앙위원회 제8기 제4차 전원회의에서 사회문화 분야의 유일한 성과로 청년 사업을 언급할 정도로 청년 사업을 강조하고 있다(로동신문, 2022. 1. 1일자).

② '고난의 행군' 여파 차다

북한 체제가 청소년 사업을 강화하는 원인의 하나로 '고난의 행군'이 있다. 김정은 시대는 '고난의 행군'을 경험한 세대들이 사회에서 활동하는 시기와 맞물린다. 이들은 다른 세대에 비해 당에 대한 신뢰가 높지 않다. 1990년대에 청소년기를 보냈거나 태어난 세대들은 '고난의 행군'의 경험이 가치 판단에 상당한 영향을 미쳤다. 북한은 1998년에 사회주의 대진군을 선언하면서 '고난의 행군'이 끝났음을 선언하였다. 하지만 북한 경제는 상당기간 어려움을 겪었다. '고난의 행군'의 가장 큰 영향은 당에 대한 신뢰를 잃었다는 것이다. '고난의 행군'을 경험한 청소년들의 당에 대한 충성심을 회복하기 위한 정책이 필요하였다.

북한 체제와 인민의 충성을 결정하는 것은 공급이다. 표면적으로는 국가의 지도 이념에 따라 인민들이 동의하고 참여하는 구조이다. 그러나 당에 대한 충성이 작동하는 중요한 구조는 먹고 사는 문제이다. 즉 생활 경제를 통해 이루어진다. 헌법에서는 '국가와 사회단체'가 유이(唯二)한 소유자이다. 사회단체 역시 국가의 소속이므로, 국가가 모든 것을 소유한다. 국가가 소유한 자산으로부터 생산한 것을 노동의 대가로 배분하고 책임진다. 공급을 통해, 인민 생활을 통제하고, 인민은 공급의 대가로 충성한다(이현주, 2012: 149).

북한 주민들은 '고난의 행군' 시기를 '미공급 시기'라고 부른다. 국가에서 제공하는 공급이 끊어지고 부족해진 상황에서, 자력으로 생존 활동을 해야 했다. 무슨 일이 있어도 '당에서 먹여 살릴 것'이라는 신뢰가 깨어진 것이다. 국가의 주요 공급망은 기존 계획경제 체제를 유지하였다. 하지만 생활과 관련한 것은 시장을 통해서 해결해야 했다. 생존을 위해 국경을 넘고, 시장을 통해 생계를 이어갔던 부모의 영향 아래 경제의 중요성을 체득하였다. 전후 세대와 달리 먹고사는 문제를 최우선 과제로 여기고, 당의 통제에 대해서 당연하게 따르지 않는다. 시장을 경험하였고, 시장이라는 개념이 자리 잡았다. 시장은 공간이나 경제의 문제를 넘어선다. '시장'은 곧 생필품이 사고 팔리는 구체적인 장소이기도 했지만 '개념'이기도 하다. 물건은 '사고 파는' 자본이 흐르는 경험이자 인식이었다. '시장'이라는 개념을 북한 주민이 공유하면서 시장은 장소와 내용을 가리지 않았다. 장마당을 비롯하여 사람들이 모이는 곳이면 어디든 시장이 되었다(김갑식, 오유석, 2004: 102)

③ 준법기풍과 사회 기강 확립

청소년 정책에서 강조하는 '사회주의 미풍', '준법기풍', '애국'은 '우리 것을 사랑하고, 우리 제도를 지키자는 것'이다. 특히 법을 지키자는 준법 기풍 강조는 김정은 체제에서 특히 강조하는 역점 사업이다. 준법 기풍 확립을 통하여 '사회주의 생활양식과 고상한 도덕기풍' 확립을 요구하였다.

2019년 2월 20일자 『로동신문』은 「(논설)우리 국가제일주의를 높이 들고나가기 위한 방도」를 통해서 '우리 국가제일주의'에 맞는 교양 사업 강화를 요구하였다. 「우리 국가제일주의를 높이 들고나가기 위한 방도」에서 제시한 실천 방안은 '애국기풍', '준법기풍'의 확립이었다. 국기와 국가를 비롯한 국가상징의 의미를 잘 알고 사랑하듯이, 헌법을 비롯한 국가의 모든 법을 절대로 존중하는 것이었다(로동신문, 2019. 2. 20일자).

준법기풍에 대한 강조는 강조하는 청년들이 외부 문화의 유입으로 인한 사상적 오염으로부터 지키는 문제와 연결된 '심각한 정치 투쟁이자 계급투쟁'으로 규정하고, 내부 통제를 강화하는 명분으로 삼았다. 2019년 4월 김정은의 시정연설에서는 '사회주의 우리 문화가 제일이고, 우리의 생활 양식과 도덕이 제일이라는 긍지와 자부심'을 강조하면서, '집단주의적 생활기풍과 도덕 기풍을 발휘'하여 시대적 미감에 맞는 "우리 식의 혁명적이고 랑만적인 생활문화를 적극 창조하고 널리 향유"해야 한다면서, "사람들의 정신을 침식하고 사회를 변질타락시키는 온갖 불건전하고 이색적인 현상들의 자그마한 요소에 대해서도 경계심을 가지고 사상교양, 사상투쟁을 강도높이 벌리며 법적투쟁의 도수를 높여 우리 국가의 사상문화진지를 굳건히 수호하여야 합니다"(로동신문, 2019. 4. 13일자)고 하였다. '사상문화 진지 수호'를 위해서 당 관료에게는 '권위주의, 세도, 부정부패와의 투쟁'을 강화하고, '능력을 배양하고, 실력을 키워' 일군으로서 역량과 청렴을 갖출 것을 요구하였다. 청년들에게는 국제교류와 개방 풍조 속에서도 '사회주의 생활양식과 도덕 기강을 확립' 할 것을 요구하였다(황금철, 2019).

준법기풍을 청년들의 문화생활과 연결하는 것은 북한 청년들 사이의 한류 영향과 관련이 있다. 북한 MZ세대로 불릴 수 있는 청소년들은 북한 청소년들은 북한 당국이 제공하지 않은 외부 문화를 본격적으로 경험한 세대로 외부 문화에 대한 경계심이 높지 않다. 한중 수교 이후 중국을 통하여 한류가 북한에서 유통되기 시작하였다. '고난의 행군'이 시작되면서, 생존을 위해 국경을 넘는 사례가 많아졌다. 중국과 국경을 접한 지역은 국경무역, 밀무역이 성행하면서 CD 등을 통해서 이른바 '이색적인 녹화물'이 유통되었다. 자연스럽게 중국을 통해서 남한의 노래, 영화, 드라마, 오락물 등의 영상물이 유입되었다. 북중 국경을 통하여 남한의 영화, 드라마, 가요가 북한으로 유입되었고, 장마당을 비롯한 인적 네트워크를 통하여 빠르게 생활로 파고들었다(조정아, 조영주, 조은희, 최은영, 홍민, 2021: 93).

김정은 체제에서는 과학기술정책을 적극적으로 추진하면서, 외부 문화를 보관하고 유통하는 저장 매체가 소형화되고, 용량이 커지게 되면서, 콘텐츠를 간편하게 보유하고, 이용할 수 있게 되었다. 전통적인 수단이었던 비디오테이프에서 시작하여 CD/DVD플레이어, MP3플레이어, MP4(PMP·휴대용 동영상 플레이어), 노트텔 등으로 다양해졌다. 경량화 된 노트텔은 내부 단속을 피해 외부 문화를 볼 수 있는 매체로 북한 주민들이 즐겨 사용하였던 매체의 하나였다. 노트텔에서 다시 컴퓨터, 노트북, 손전화기로 옮겨가고 있다. 이처럼 콘텐츠를 재현하는 하드웨어의 크기가 작아지고, 무게도 줄면서도 성능이 향상되었다(정은미, 정은이, 변학문, 한승대, 2021: 190). 하드웨어의 발전은 외래문화를 차단하는 당국의 단속을 좀 더 쉽게 피할 수 있게 한다. 저장 매체가 소형화되고, 용량이 커지게 되면서 대용량의 콘텐츠를 간편하게 보유하고, 이용할 수 있게 되었다. 마이크로 SD나 USB 등을 활용하여 휴대폰에 많은 콘텐츠의 저장과 재현을 가능하게 되었다. USB

에 한류콘텐츠를 저장하여 돌려보거나 휴대전화에 한국 노래가 담긴 SD카드를 꽂아 헤드셋으로 들으면서 검열을 피하기도 한다(정은미 외, 2021: 189).

2019년 이후 북한의 위기가 높아지면서 외부 문화의 영향을 차단하기 시작하였다. 청년교양사업을 강화하기 위해서는 외부 문화를 차단할 필요가 있었다. '적대분자들을 엄하게 다스리고 온갖 불건전하고 이색적인 현상들에 대한 법적통제를 강화하는 것은 인민대중 중심의 우리 식 사회주의를 수호하기 위한 절박한 요구'를 명분으로 '사회주의강국 건설을 위한 현 단계의 투쟁에서 중요한 과업의 하나는 국가사회 생활에서 법의 역할을 강화'(로동신문, 2019. 5. 19일자)해야 한다는 것이었다.

북한에서 한류는 비공식 문화이자 비법 문화로 통제하였다. 한류의 영향에 대한 북한의 대응은 북한 내부의 정치 교양 자료에서도 확인된다. 『국경연선주민정치사업자료』에 의하면 "국경연선지대의 청소년들 속에 이색적이며 퇴페적인 자본주의 사상과 생활풍조를 불어넣으려고 악랄하게 책동하고 있다. 최근 적들은 청소년들의 심리를 자극하는 이색적인 CD록화물을 우리 내부에 들여보내고 있다. 혜산시에서는 지난 8월 한 달 동안에만 해도 이색적이며 퇴페적인 CD판을 수 천 개나 회수하였다"고 하였다(조선로동당출판사, 2003; 조정아, 조영주, 조은희, 최은영, 홍민, 2013: 132 재인용). 하지만 한류는 국경을 넘어 장마당을 통해 북한으로 스며들었다. MZ세대는 새로운 매체와 저장 장치를 통해 한류를 어렵지 않게 접한 세대들이다. 청년 세대에게 법을 준수하는 준법기풍을 '우리 사상, 우리 제도를 지키고 빛내이기 위한 심각한 정치투쟁이며 첨예한 계급투쟁'이라는 명분으로 통제를 강화한 것이다(황금철, 2019).

2) 2019년 이후 당 정책 변화와 청소년 정책 동향

(1) 체제 위기의식 심화와 사회주의 진지 수호

북한의 청소년 정책은 북한 당국이 처한 상황에 직접적인 영향을 받는다. 북한 당국은 청소년들은 체제 수호와 직접 연결된 미래 자원으로 관리해야 할 대상이다. 북한 체제의 위기가 고조되면 통제와 규율도 더욱 강화된다. 2019년 하노이 회담의 충격 이후 북한은 자체적인 해결 방안을 모색하기 위한 정책을 추진하였다.

그러나 북한 당국이 계획하고 추진한 발전전략은 코로나 팬데믹으로 인한 대외무역 급감, 자연재해로 위한 식량 위기 가중, 여전한 국제 사회의 제재로 인해 시작부터 위기에 직면하였다. 특히 코로나 팬데믹으로 인한 국경봉쇄로 대외경제가 위축되면서, 체제 붕괴에 대한 두려움이 가중되는 상황이다.

북한은 코로나가 세계적으로 확산하기 시작한 2020년 이후 국경봉쇄라는 강력한 통제로 대응하였다. 국경봉쇄 이후 코로나 발생을 인정하지 않았던 북한은 2022년 5월 중순 코로나 발생을 인정하였다. 코로나 발생을 인정하는 동시에 지역 간 이동을 규제하고 도시를 봉쇄하는 조치로 대응하였다. 이후 7월에는 신규 발열 환자가 없다면서, 코로나 종식을 발표하였다.

그러나 코로나 신규 환자가 없다는 북한 당국의 발표는 신뢰하기 어렵다는 의견이 우세하다. 북한의 방역 수준이 높지 않고, 통계에 대한 신뢰도가 낮기 때문이다. 북한은 2022년 8월 13일자 『로동신문』은 “국가비상방역사령부에서 최대비상방역체계가 해제됨에 따라 이미 시달했던 명령과 특별지시 등의 효력을 없애고 주민들의 사업 및 생산활동, 생활을 정상수준으로 이행시키기 위한 대책을 강구하고 있다”면서, “모든 지역들이 방역안전지대로 확고히 전환되고 국가적인 방역등급이 하향조정된데 맞게 전연(휴전선)과 국경지역의 시, 군을 제외한 모든 지역에서 마스크 착용 의무화 조치가 해제했다”고 하였다(안윤석, 2022).

코로나가 종식되었다고 해도 북한 주민의 일상이 회복되기를 기대하기도 어렵다. 북한 당국도 여전히 코로나 재확산을 우려해 지역 이동을 엄격하게 통제하고 있으며, ‘새로운 바이러스의 유입 가능성에 대한 방역을 위한 노력이 필요하다’면서 국경 봉쇄를 풀지 않았다. 6월 이후 시장이 다시 열렸으나 지역 간 이동통제로 문자가 돌지 않아 팔 물건이 없었다. 쌀과 옥수수 가격은 가파르게 오르는데 주민들은 장사를 못해 소득이 없어, 지역에 따라서는 식량 위기 상황이 악화되고 있다(한기범, 2022: 22).

(2) ‘비사회주의’, ‘반사회주의’와의 투쟁

2019년 이후 북한 체제 위기감이 높아지면서, 더욱 통제가 강화되었고, 사회주의 체제의 미풍양속과 맞지 않는 ‘비사회주의’, ‘반사회주의’와의 투쟁으로 이어졌다. 조선로동당 제8차 당대회에서 “전사회적으로 반사회주의, 비사회주의와의 투쟁을 더욱 강도높이 벌릴데 대하여”를 채택한 것을 실천하기 위한 청년동맹의 비사회주의, 반사회주의 현상 타파를 강조한 것에서 확인되듯이 ‘비사회주의’, ‘반사회주의’와의 투쟁은 노동당 당대회의 핵심 의제로, 체제의 안전과 직결된 문제로 다루고 있다.

'비사회주의', '반사회주의'와의 투쟁에서 역점을 두고 있는 것은 청년교양 사업이다. 청년교양 사업을 당의 일차적 과제, 당 조직에서 책임지고 수행해야 할 우선 과제로 추진하고 있다.

북한은 2021년 2월 3일 청년동맹 중앙위원회 제9기 제12차 전원회의를 개최한 지 한 달만인 2021년 3월 3일에 김일성-김정일주의 청년동맹 중앙위원회 제9기 제13차 전원회의 확대회의를 화상회의로 개최하였다. 청년동맹 중앙위원회 제9기 제13차 전원회의에서는 청년동맹조직에서 반사회주의, 비사회주의 현상을 타파하고 사회주의적 생활양식 확립을 강조하는 문제를 토의하고 결정서를 채택하는 등 어느 때보다 청년세대의 '비사회주의', '반사회주의' 투쟁 사업을 강조하였다(로동신문, 2021. 3. 4일자).

2021년 4월에 개최된 제6차 세포비서대회의에서 김정은은 '조선로동당 제6차 세포비서대회에서 결론' 「현시기 당세포강화에서 나서는 중요과업에 대하여」를 채택하면서 당세포들의 역할을 강조하였는데, 김정은이 강조한 당세포 사업의 여덟째가 청년교양 사업이었다(로동신문, 2021. 4. 9일자).

북한이 강조하는 올바른 생활문화는 '우리식 사회주의 생활양식'이다. 북한이 강조하는 "사회주의 생활양식은 우리 민족의 고유한 미풍량속에 바탕을 두고 우리 인민의 투쟁과 생활속에서 형성되고 공고화된 가장 건전한 생활양식이며 사회와 인간의 발전에 참답게 이바지하는 우월한 생활양식"(로동신문, 2021. 3. 25일자)이다. 구체적으로는 '집단주의 정신', '노동에 대한 올바른 태도', '헌신적인 복무자세'(로동신문, 2021. 3. 14일자)를 강조한다.

(3) '우리 국가제일주의' 시대의 '애국'

'우리 국가제일주의'는 김정일 사망 이후 강조하였던, '김정일 애국주의'를 기본으로, '국가 사랑'을 키워드로 한 김정은 체제의 국가 아젠다이다. 2017년에 처음 등장하였고, 2019년부터 체제 차원에서 강조하는 구호이다. '우리 국가제일주의'는 1980년대 사회주의 체제 위기에서 나왔던 '조선민족제일주의'에 대한 대응적인 성격을 갖는다. '조선민족제일주의'가 사회주의적 보편성보다는 민족적 특수성을 강조하면서, 북한식 사회주의의 특수성을 강조한 이념이었다. '고난의 행군'이 끝난 이후 북한은 정상국가로의 회복을 강조하는 용어가 등장하였다. '강성대국', '백두산대국', '강성국가'가 나왔고, 김정은 체제가 시작된 2012년에는 '사회주의문명국'이 등장하였다. 사회주의 체제를 유지한 정상적인 국가로의 회복을 담은 구호였다(전영선, 2020: 10).

'우리 국가제일주의'가 처음 등장한 것은 북한이 대륙간 탄도 로켓(ICBM) 화성 15형 로켓발사 성공을 보도한 2017년 11월 30일자 『로동신문』 사설 「조국청사에 길이 빛날 민족의 대경사, 위대한 조선인민의 대승리」에서 "모든 일군들과 당원들과 근로자들은 우리 국가제일주의, 우리 민족제일주의를 심장 깊이 간직하고 사회주의 내 조국을 끝없이 빛내이기 위하여 삶의 순간순간을 영웅적 투쟁과 위훈의 서사시로 력력히 아로 새겨야 한다"(로동신문, 2017. 11. 30일자)고 보도하였다. '우리국가제일주의'는 2017년 처음 언급된 이후 꾸준하게 『로동신문』 등을 통해 언급되면서, 위상과 논리체계를 강화하기 시작하였다.

우리 국가제일주의'는 2018년 이후 잡지를 통해서 조금씩 기사를 통해 사용빈도가 높아졌다. 처음 '우리 국가제일주의'를 키워드로 소개한 것은 『조선녀성』이다. 『조선녀성』 2018년 2호에 '우리 국가제일주의', '우리 국가제일주의의 본질'을 별도의 박스 기사로 소개하였고, 2018년 7호에 '우리 국가제일주의의 기본요구' 기사를 수록하였다. 이후 2018년 하반기에는 국가를 상징하는 국가 상징에 대한 기사를 게재하였다. 그리고 마침내 2019년 1월 1일 신년사를 통해 김정은 시대의 새로운 국가 아젠다로 자리 잡았다(전영선, 2021: 168).

북한에서는 시대에 따라서, 상황에 따라서 늘 새로운 구호가 등장하였다. 다만 새로운 구호는 어떤 방식으로, 누구에 의해 언급하느냐에 따라서 무게가 달라진다. 최고지도자의 신년사를 통해 발표하였다는 것은 범국가적인 차원에서 지침으로 삼아야 한다는 것을 의미한다. '우리 국가제일주의'는 2019년 1월 1일 신년사 이후 '우리 국가제일주의'와 관련한 사설, 논설 등의 기사를 게재하면서, '우리국가제일주의'를 강조하였다. 2019년 1월 8일 『로동신문』 논설 「우리 국가제일주의의 본질」에서 '우리 국가제일주의'의 본질을 "세계가 공인하는 우리 공화국의 전략적지위와 국력에 상응하면서도 우리 인민의 강용한 기상과 지향에 부합되는 투쟁의 기치"로 규정하였다. 『로동신문』을 비롯한 북한 방송언론에서는 연이어 '우리 국가제일주의'를 소개하면서, 본격적인 해설 작업에 들어갔다.[85]

북한 언론이 주장하는 '우리 국가제일주의'의 핵심은 "사회주의조국의 위대성에 대한

85) '우리 국가제일주의'와 관련한 주요 기사로는 2019년 1월 16일 「우리 국가제일주의기치높이 최후승리 앞당겨오리」, 1월 17일 사설 「사회주의 우리 국가의 정치사상적힘을 백방으로 다져나가자」, 1월 18일 「일심단결의 위력으로 승리떨치는 사회주의 우리 국가」, 1월 20일 논설 「우리 국가제일주의의 사상정신적기초」, 1월 21일 사설 「우리 국가제일주의를 높이 들고 사회주의강국건설을 힘있게 다그쳐나가자」, 1월 22일 논설 「우리 국가제일주의의 중요한 내용」, 1월 27일 논설 「우리 국가제일주의를 들고나가는데서 나서는 과업」 등이 있다.

긍지와 자부심"이다. '우리 국가제일주의의 사상정신적 기초'는 '영생불멸의 주체사상과 김정일애국주의'로 "부강조국건설에서 세계가 우러러보는 위대한 승리와 특출한 성과를 이룩해놓은 인민만이 당당히 가질수 있는 숭고한 사상감정"으로 '전면적 국가부흥시대'의 새로운 이념이라고 주장한다. 이러한 '우리 국가제일주의'를 실현하기 위한 과업으로는 "조선로동당의 령도를 충직하게 받들어나가"고, "사회주의경제건설을 힘있게 다그치"고, "과학기술과 문화를 비약적으로 발전시키"고, "문화분야에서 나라의 국력과 위상을 떨쳐나가는것"으로 제시하였다(로동신문, 2019. 1. 27일자).

'우리 국가제일주의'에 대한 강조는 김정은의 치적으로 연결되었다. 2019년 7월 4일자 『로동신문』은 「우리 국가제일주의기치를 더욱 높이 추켜들고 주체조선의 존엄과 위력을 만방에 과시하자」는 특집 기사를 게재하였다. 기사의 내용은 김정은을 '불세출의 위인, 절세의 애국자', "온 세계가 공인하는 21세기의 가장 걸출한 령도자"로 규정하였다.

김정은 통치 10년이 되는 2021년 4월에는 현재를 "불세출의 위인이신 경애하는 총비서동지의 령도가 전면적으로 구현되는 위대한 시대"라면서 '우리 국가제일주의시대'로 선언하였다. '우리 국가제일주의시대'에 대해서는 김정은 10년 통치를 언급하면서, "우리 국가제일주의시대는 조선로동당총비서이신 경애하는 김정은동지의 탁월한 사상과 령도, 인민에 대한 열화같은 사랑의 빛나는 결실"이라고 하면서, 김정은을 '우리 국가제일주의 시대를 열어놓은 애국자'로 규정하였다(로동신문, 2021. 4. 2일자).

3) 2019년 이후 청소년 정책 특징

(1) '인간개조사업'을 통한 청소년 사상 통제

김정은 시기의 청소년 사업의 방향은 청년들의 사상이탈을 막고, 김정은 시대의 모범청년을 만드는 것이다. '인간개조' 사업을 강조한 것은 2015년 5월 개최된 '제2차 전국청년미풍선구자대회'였다. '청년중시사상'을 강조하면서, '잘못 살아온 지난날과 결별하고 새 출발을 한 청년', '태여날 때부터 나쁜 사람이란 없으며', '교양개조하지 못할 청년은 없습니다', '뒤떨어진 청년들을 교양개조'등의 표현으로 청년교양 사업을 강조하였다(로동신문, 2015. 5. 13일자). '고난의 행군'을 경험한 청소년 세대의 사회 진출에 맞추어 청소년 교양을 강화하고, 청년동맹을 중심으로 한 조직적인 사상교양 사업과 인간 개조 사업을 추진하였다(로동신문, 2021. 4. 29일자).

청소년을 대상으로 한 교양사업의 조직적 출발은 당세포 조직이다. 당세포는 로동당의 가장 말단 조직으로 인민 생활과 직접 연결되어 있다. 북한은 2021년 4월에 제6차 세포비서대회를 개최하면서, 당의 기간으로서 세포비서의 역할을 부각하였다.

2021년 4월에 개최된 제6차 세포비서대회에서는 김정은의 결론「현시기 당세포강화에서 나서는 중요과업에 대하여」를 결의하였다. 김정은이 강조한 과업 중에서 여덟 번째가 '청년 교양'사업으로 "오늘날 청년교양문제를 당과 혁명, 조국과 인민의 사활이 걸린 문제, 더는 수수방관할수 없는 운명적인 문제로 받아들이고 이 사업에 품을 아끼지 말아야"(로동신문, 2021. 4. 9일자)한다고 하였다. 생활 현장에서 일하는 세포조직을 통해서, 청년사업을 밀착하여 시행할 것을 요구한 것이다.

제6차 세포비서대회 결론의 아홉 번째 사업으로 강조한 '인간개조사업' 역시 주요 대상은 청년이었다. "현시기 당세포앞에 나서는 과업은 아홉째로, 인간개조사업을 적극 벌리며 집단안에 서로 돕고 이끄는 공산주의적기풍이 차넘치게 하는것입니다. 인민대중중심의 우리 식 사회주의는 모든 성원들이 국가와 사회의 주인으로서의 본분을 자각하고 주인구실을 잘해나갈 때에만 자기의 본태와 우월성을 견지하고 발양시켜나갈수 있습니다"(로동신문, 2021. 4. 9일자)고 하였다.

당세포들에게 강조하는 교양사업은 5대 교양이다. "5대교양을 기본으로 사상교양사업을 실속있게" 진행할 것을 강조하였는데, 청년세대를 포함한 전인민들에게 선전하고, 선동해야 할 5대 교양은 '혁명전통교양', '충실성교양', '애국주의교양', '반제계급교양', '도덕교양'이다.

청년교양 사업을 담당한 핵심으로 당일군의 역할을 강조하였다. 김정은 체제에서는 전반적으로 당원들의 역할이 강조되고 있다. 김정일 시대의 선군정치와 달리 당에서 모든 사업을 선도할 것을 요구한다. 2016년 조선로동당 제7차 당대회 이후 지속해서, 당원들의 실무적 역량 강화를 비롯한 능력 제고를 요구하였고, 당원들의 기강을 잡아나가고 있다. 북한 상황이 악화 된 2019년 이후로는 당원들의 '그릇된 사상관점과 무책임한 사업태도, 무능력'에 대한 비판을 통해 새로운 시대에 맞는 당원으로서 역할을 요구하고 나섰다(로동신문, 2022. 5. 3일자).

김정은 집권 10년이 된 2021년 하반기 이후로는 당원, 청년을 비롯한 전 사회를 대상으로 한 전면적인 교양 사업의 주체로서 당 조직을 앞 세웠다. 특히 청년 교양 사업에 힘써서, 청년들의 어려움을 보살피고 돌보는 일군이 되라고 요구하였다. "힘들어할세라 지팽이가 되여주고 발을 헛디딜세라 바로잡아주며 꾸준히 교양하고 이끌어주어야 할 사람들이 바로 당일군"이라는 것이다. 청년들이 인민을 위하는 당의 일군으로 자라날 수 있도록 당일군들이 어머니의 심정으로 청년들을 보살펴 나가야 한다고 하였다"(로동신문, 2022. 2. 25일자).

김정은이 수령으로 격상한 2021년 10월 10일의 연설 「사회주의건설의 새로운 발전기에 맞게 사업을 더욱 개선강화하자」에서도 사상개조를 최우선 과제로 제시하였다. 김정은은 연설을 통해 "사람들의 의식상태와 사회적환경에서 커다란 변화가 일어나고 있는 오늘 사상사업을 개선강화하는 것은 보다 사활적인 요구로 나서고 있다"면서, "현시기 우리 당사상사업의 기본요구는 사회의 모든 성원들을 당중앙의 혁명사상을 신념화, 체질화한 참된 충신, 열렬한 애국자로 준비시키는 것과 함께 사상사업을 한시도 중단함이 없이 계속 강도를 높이면서 시대와 혁명발전의 요구에 맞게 부단히 혁신하는 것"이라고 하였다. 그리고 이를 위해서 "당중앙의 혁명사상으로 튼튼히 무장시키기 위한 학습열풍, 학습기풍을 철저히 세우고 계속 고조시켜나가야 한다"고 강조하였다. 김정은 시대의 수령 교양을 강화할 것을 천명한 것이다(로동신문, 2021. 10. 11일자).

(2) 청년미풍의 확산

김정은은 새로운 청년의 상을 확산하기 위한 청년미풍 확산을 두 방향으로 시도하였다. 하나는 올바른 청년상, 김정은 시대의 청년미풍을 발굴하고, 확산하는 것이다. 다른 하나는 한때 잘못한 청년들에게 갱생(更生)의 기회를 주어서 당의 품으로 돌아오게 하는 것이다.

김정은 시대의 청년 정책의 우선 방향은 김정은 시대가 요구하는 청년상의 설정이다. 모범적인 청소년을 찾아서 표창하는 것이다. 김정은 시대의 청년상은 김정은 체제가 시작된 지 3년째인 2015년 5월에 열린 '제2차 전국청년미풍선구자대회'를 통해 구체적으로 제시되었다. 대회 명칭에서 확인되듯이 '청년미풍선구자대회'는 북한 정권 수립 이후 두 번째로 열리는 대회였다. 1차 대회가 열린 것이 1993년 12월로 '전국공산주의미풍선구자대회' 로 열렸다. 청년을 대상으로 한 대회도 아니었다. '청년미풍선구자대회'가 아니었다. 23년 만에 대회를 개최하면서, '청년'을 꼭 찍어서 강조한 것이다. 대회의 명칭에 맞게 모범적인 청년을 발굴하고, 표창함으로써 청년들에게 귀감으로 삼도록 하였다(로동신문, 2015. 5. 13일자).

북한이 청소년 사업을 강조하는 청년상의 하나는 '험지'를 자원하는 청년이다(한경철·

김진욱, 2021). '우리 국가제일주의'를 강조한 이후 '우리 국가제일주의'의 구체적 실천 이데올로기로서 애국주의에 호소하면서, 당에서 제시한 경제계획을 수행하는 청년을 소개하고 있다. 특히 당에서 역점을 두고 추진하는 사업에 앞장선 청년이나 어렵고 힘든 경제건설장에 나선 청년들은 모범청년으로 소개하고 있다. 특히 2019년 이후로 '탄원'이라는 형식으로 어렵고 힘든 곳으로, 탄원하는 청년들을 방송언론에 소개하여 추켜세우고 있다. 어렵고 힘든 곳에서 청년들이 '주체적으로 참여하여 인민들에게 기쁨'을 주고, '승리를 향한 투쟁에 활력'을 주고 있다면서, 청년들에게는 이들을 본받을 것을 강조하였다(정영철, 2021).

2021년 12월 31일자 『로동신문』은 평양시 5만 세대 살림집 건설에 나선 '속도전 청년돌격대' 미담 기사를 실었다. 기사의 내용은 당에서 제시한 평양시 5만 세대 살림집 건설에 앞장서고 있는 속도전청년 돌격대 부대원 중에서는 만기제대를 앞두고 있는 돌격대원들이 살림집 건설이 완공될 때까지 돌격대 복무를 계속할 것을 결의하였다는 것이다(김송이, 2021).

북한 언론은 청년들의 험지탄원을 소개하면서, 전사회적으로 청년들의 '험지'의 탄원을 독려하고 있다. 2021년 8월 30일 김정은은 청년절을 맞이하여, '사회주의 건설의 어렵고 힘든 부문에 탄원진출한 청년들을 만나' "오늘의 장엄한 총진군길에서 우리 청년집단이 그 어디서나 투쟁의 불씨가 되고 료원의 불길이 되여야 한다고, 보석같은 애국의 마음을 안고 조국의 부흥과 진보를 위하여 분투하는 청년영웅이 되여야 한다"(로동신문, 2021. 8. 31일자)고 격려하였고, 청년들에게 축하문을 보냈다.

청년미풍의 다른 사례는 한때 잘못된 길을 걸었던 청년들의 갱생(更生) 사례이다. 북한 언론은 한때 잘못된 길을 걸었던 청년들이 험지를 탄원하는 모범을 보인 사례를 표창하면서, "사회주의는 지키면 승리이고 버리면 죽음이라는것은 력사가 보여준 엄연한 진리"라는 것을 가슴에 새기고, "원쑤들의《자유화》바람에 물젖"어서는 안 된다(김송이, 2021)고 교양한다. 그런데 이 사실을 망각하고 잘못된 길을 걸었던 청년들이 지난날의 과오를 반성하고, 사회주의 건설에 나서는 미담(美談) 사례도 소개하였다. 2021년 8월 30일 김정은은 "한때 잘못된 길에 들어선탓에 부모들과 일가친척들은 물론 이웃들앞에서도 고개를 쳐들지 못하던 어제날의 락오자"들을 만나고 기념사진도 찍어 주었다. 이러한 보도를 통해 '당이 청년사업을 매우 중시하며, 청년들을 굳게 믿고 있다'는 것을 과시하였다(로동신문, 2021. 8. 31일자).

북한 당국이 강조하는 청년들의 험지 탄원은 북한 내부의 불평등한 구조를 강화할 여지가 크다. 표면적으로는 청년들의 험지 탄원을 당의 청년중시 사상을 받는 청년들의 애국정신으로 소개한다. 하지만 이러한 언론에서 이러한 사례를 소개하는 것 자체가 현장에서는 험지를 탄원하기를 꺼린다는 것을 시사한다.

(3) 국가상징을 활용한 애국 운동

2017년 우리 국가제일주의 등장 이후 강조하는 것은 국가상징이다. 우리 국가제일주의'를 선언하면서 국가상징을 새롭게 지정하고, 국가상징에 대한 의미를 새롭게 해석하면서, 일상생활 속에서 애국을 실천하는 방법으로서 국가 상징을 강조하고 있다.

북한이 공식으로 지정한 국가상징은 북한 헌법에서 규정한 것과 김정은 체제에서 새로 규정한 것을 포함하여 10개이다. 10개의 국가 상징은 '국호(國號)', '국기(國旗)', '국장(國章)', '국가(國歌)', '국화(國花)', '국수(國樹)', '국조(國鳥)', '국견(國犬)', '국주(國酒)', '국어(國語)'이다. 이 중에서 국호, 국기, 국장, 국가는 헌법에 규정한 국가상징이고, 국화, 국수, 국조, 국견, 국주, 국어는 국가상징으로 인정을 받았지만 헌법에서 규정한 것은 아니다(이지순, 김무경, 전영선, 2021).

이들 국가상징에 대해서는 2018년부터 『로동신문』에 집중적으로 국가상징의 의미와 제정과정을 김일성, 김정일과 연결하여 재조명하였고, 선대 수령의 유훈을 받는 김정은 새로 지정한 이유를 재조명하였다. 국가상징 중에서 가장 많이 활용하는 상징은 헌법에 명시된 국가상징이다. 1948년 헌법에서 규정한 국기, 국장, 국호에 대해서는 '민족 만대의 삶의 터전을 마련한 수령님의 업적', '최대의 애국유산'이라고 하면서, 김일성이 가르침을 주고 완성한 국가상징으로 특별한 의미를 부여하였다(장정철, 2021).

국가상징 중에서 김정은 체제에서 가장 주목받는 것은 국기이다. '람홍색공화국기'로 불리는 북한의 국기는 2019년 이후 '위대한 수령님이 세운 참다운 인민의 나라'를 상징하는 대표 상징으로서 집중적으로 의미를 재조명하였다(송철, 2021). 국기(國旗)에 대한 강조는 가요 〈우리의 국기〉를 통해서도 확인된다.

2019년 1월 1일에는 국기를 사랑하자는 주제의 가요 〈우리의 국기〉를 『로동신문』을 통해 소개하였다. 2019년 1월 1일 『로동신문』 3면에 김정은의 친필 서명이 담긴 가요 〈우리의 국기〉의 악보가 수록되었다. 북한의 가요 중에서 특별한 의미를 갖는 노래는 『로동신문』에 소개한다. 1월 1일자 『로동신문』에 소개하였다는 것은 매우 특별하다는 것을 의미한다. 이후 각계각층, 방방곡곡에서 가요 〈우리의 국기〉가 불리고 있다고 소개하였다.

북한의 공식 국가는 박세영이 작사하고, 김원균이 작곡한 〈애국가〉이다. 모든 공식 행사에서는 〈애국가〉를 개시곡으로 사용한다. 그런데 2019년 1월 1일 〈우리의 국기〉가 등장한 이후, 〈우리의 국기〉는 "자존과 번영의 새시대를 열어나가는 존엄높은 강국의 공민된 자긍심을 가슴벅차게 안겨주는 노래"로 북한의 주요 명절에 국가인 〈애국가〉와 함께 '국기등장곡'으로 〈우리의 국기〉를 연주하고 있다. 2020년부터는 매년 1월 1일 0시에 김일성광장에서 국가 행사로 '국기계양식'을 개최하고 있다(이지순, 김무경, 전영선, 2021).

국기를 비롯한 헌법에서 규정한 국가상징과 함께 2000년대 이후 새롭게 규정한 국가상징도 있다. 국가상징을 통한 교양에서는 최고지도자와의 연관성이 반드시 포함된다. 2000년대 이후에 선정된 국가상징 선정에는 김정일과 김정은의 지도를 강조한다. 일례로 국조가 있다. 북한의 국조는 참매인데, 참매가 국조로 결정된 것은 2008년이다. 국조 선정에서 김정일의 지도를 강조한다(강효심, 2021). 2014년에 국견으로 지정한 풍산개, 2015년에 국수로 지정한 소나무, 국주로 지정한 평양소주의 선정에서는 김정은의 치적을 부각하였다(이지순, 김무경, 전영선, 2021)

(4) 신세대 취향의 대응 문화 확산

북한은 대외문화의 유입을 차단하고, 사회주의 미풍양속을 강조하면서 내부적인 통제를 강화하였다. 동시에 유행에 민감한 청년들을 겨냥한 문화적 대응도 나서고 있다. 북한 당국의 대응은 한계가 있다. 북한의 문화예술이나 방송은 당의 정책에 맞추어져 있다. 북한 체제의 정치적인 내용 이외에 흥미를 끌 수 있는 요인이 제한되어 있다. 북한 문화는 폐쇄적인 구조에서는 나름대로 기능하지만 대외적인 경쟁력은 높지 않다.

북한은 2021년에 서정적인 리듬의 가요 〈그 정을 따르네〉, 〈우리 어머니〉를 자연스럽고 부드러운 영상으로 제작하였다. 기존의 영상과 달리 가수들이 녹음실에서 녹음하는 영상을 담은 메이킹필름으로 세련된 편집으로 제작하였다. 북한은 두 노래를 연일 선전하면서, 주민들 사이에서도 배우려는 열기가 엄청나다고 소개하였다(안윤석, 2022). 하지만 두 곡의 주제는 김정은을 찬양하는 송가(頌歌)였다. 가요나 영화, 드라마에서 차별성을 찾기 어렵다. 이런 콘텐츠로 무한대로 쏟아지는 영화, 가요, 드라마, 방송물, 게임, 웹툰 등의 한류를 이길 수는 없다.

이런 세태를 의식한 듯 2022년 7월 27일에 열린 전승절 기념행사에서는 정홍란, 김류경, 문서향 등의 신인가수들이 새로 등장하였다. 이들이 특별히 주목받은 건 가수들의 헤어스타일과 메이크업, 화려한 의상이었다. 남한의 시각에서는 유행이 좀 지난 듯한 스타일이었지만 북한에서는 파격적인 헤어스타일을 연출하였다(김민지, 2022).

그리고 얼마 후인 2022년 9월 8일에 개최된 북한 정권수립 74주년 기념 공연에서도 가수 정홍란과 김류경은 헤어스타일과 의상으로 주목을 받았다. 특히 '풀뱅' 헤어스타일을 하고 정장 바지를 입고 공연한 정홍란은 헤어, 바지정장, 빠른 비트의 노래, 백댄서 등에서 주목받았다. 제한적이기는 하지만 새 세대 문화적 취향과 높이에 맞추어 문화적 대응력을 높이려는 변화의 노력이라고 할 수 있다(양은하, 2022)

제4장 실태조사 결과 분석

4 실태조사 결과 분석[86)]

1. 실태조사 개요

1) 조사현황

현실적으로 북한 청소년을 대상으로 하는 직접적인 조사 수행은 거의 불가능하기 때문에 본 조사에서는 북한을 이탈하여 남한에 입국한 주민들을 대상으로 실시하였다. 조사대상은 김정일 및 김정은 시기 북한에서 초·중·고등학교 생활 경험이 있는 탈북자를 대상으로 유의표집의 일환인 눈덩이 표집방식(snowball sampling)으로 진행하였으며, 북한 청소년 및 정책이해를 위한 실태를 파악하기 위한 조사현황이 다음의 〈표 Ⅳ-1〉에 제시되어 있다. 본 실태조사 실시에 앞서 본 연구원 기관생명윤리위원회 승인(승인번호: 202206-HR-고유-013)을 2022년 6월 21일에 획득하였다.

표 Ⅳ-1. 조사현황

구분	내용
조사 대상	북한에서 학교를 다닌(학령기) 경험이 있는 북한 이탈 주민
표본 수	138명
표집 방법	눈덩이 표집(snowball sampling)(유의 표집)
조사 방법	1:1 개별 면접 조사
자료 수집 도구	구조화된 설문지
조사 기간	2022년 7월 11일 ~ 2022년 7월 22일 (2주간)
조사 내용	교육 및 진로(학력수준, 학교수업, 교원, 성교육, 사교육, 진로직업의식), 동아리 및 조직생활(소조활동, 소년단 및 청년동맹), 일탈행동(패거리, 흡연), 경제활동(학교 내 경제동원활동, 학교 내 물품거래), 여가놀이(친구관계, 놀이, TV시청, 컴퓨터, 손전화), 복지제도에 대한 인식, 한류 및 사상교육(남한드라마 시청 경험, 남한 패션·스타일 모방 경험, 남한 노래·춤 모방 경험, 처벌 목격 경험, 사상교육), 북한청소년사업, 응답자 특성

86) 이장은 모상현(한국청소년정책연구원 선임연구위원)이 작성하였음.

2) 조사대상

조사대상은 탈북 이전 북한 김정일 및 김정은 집권 시기에 학교를 다닌 경험이 있는 10~30대 탈북주민으로, 조사 대상자의 일반적인 인구통계학적 특성은 다음의 〈표 Ⅳ-2〉에 기술되어 있다.

표 Ⅳ-2. 응답자 특성

(단위 : 명, %)

구분		빈도(명)	비율(%)	비고
전체		138	100.0	
성별	남자	37	26.8	
	여자	101	73.2	
학업 기간 북한 정권 시기	김정일 집권기	79	57.2	
	김정은 집권기	20	14.5	
	중첩	39	28.3	
거주지역	평안도	8	5.8	평안남북도는 평안도, 황해북도(2명) 및 자강도(1명)는 기타로 분류
	함경남도	20	14.5	
	함경북도	48	34.8	
	양강도	59	42.8	
	기타	3	2.2	
거주지역 유형	도시지역	64	46.4	어촌(1명) 및 탄광(1명) 지역은 기타지역으로 분류
	농촌지역	46	33.3	
	산촌지역	26	18.8	
	기타지역	2	1.4	
경제적 수준	상	9	6.5	경제 수준 중상(7명)은 상으로 통합
	중	36	26.1	
	중하	35	25.4	
	하	58	42.0	
부모님 당원여부	부모 모두	22	15.9	
	아버지	63	45.7	
	어머니	2	1.4	
	없음	51	37.0	

성별로는 전체 응답자 중 여자는 101명으로 73.2%에 해당되며, 남자는 37명으로 26.8%로 나타났다. 북한에서의 학업 기간 시기는 '김정일 집권기'(57.2%)라는 응답이 가장 높게 나타났으며, 다음으로 '김정일 및 김정은 집권기'(28.3%), '김정은 집권기'(14.5%) 순으로 나타났다. 북한에서 체류 시 거주했던 지역으로는 중국과 국경이 맞닿아 있는 양강도 59명(42.8%)와 함경북도 48명(34.8%)로 높게 나타났으며 함경남도 20명(14.5%), 평안도 8명(5.8%), 기타 3명(2.2%)의 순으로 관찰되었다. 거주 지역 유형으로는 도시지역이 64명(46.4%)으로 가장 높은 비율로 관찰되었고, 농촌지역 46명(33.3%), 산촌지역 26명(18.8%), 기타지역 2명(1.4%)의 순으로 나타났다. 경제수준에 대한 응답은 하 수준으로 응답한 사례가 58명(42%)으로 가장 높게 나타났으며, 중 수준 36명(26.1%)과 중하 수준 35명(25.4%)으로 관찰되었으며 중상 이상의 상 수준은 9명(6.5%)으로 가장 낮게 나타났다. 부모님의 당원 여부를 묻는 질문에 대해 아버지(부) 사례가 63명(45.7%)으로 가장 높게 나타났으며, 부모 모두 당원이 아닌 경우가 51명(37.0%)로 관찰되었으며 부모 모두인 사례가 22명(15.9%), 어머니(모) 사례인 경우는 2명(1.4%)으로 나타났다.

3) 조사도구 개발

북한 청소년의 실태를 파악하기 위한 질문지 개발하기 위하여 북한 청소년 및 학생 관련 문헌분석과 신문기사 등을 참조하여 북한 청소년의 다양한 영역에서 일상적인 삶의 모습을 담을 수 있는 질문으로 구성하고자 하였다. 기존의 북한 정책 관련 보고서 중 학생·청소년 관련 내용이 담긴 부분을 참조하여 설문도구 개발 시 참조하였다. 우리나라의 경우 청소년의 연령에 대한 정의가 관련 법에 따라 연령 범위가 다르거나 중복될 수 있지만, 주로 아동·청소년으로 통용하여 지칭되고 있다. 북한에서는 유사한 연령 범위에서 일반적으로 아동, 소년 및 어린이 그리고 청년으로 지칭되는 경향이 있는 반면, 청소년이라는 용어는 학생으로서의 위상이 강조되는 측면이 있다. 이에 근거하여 아동, 소년, 어린이 그리고 청년으로 지칭되는 청소년을 연구한 관련 문헌자료 및 신문자료 고찰을 통해 북한에서 청소년들의 일상생활의 삶을 바탕으로 영역별 설문내용을 개발하였다. 크게 학업전반 영역, 학교 내 소조(동아리)활동, 청소년기 생활 영역, 학교생활, 복지 혜택, 개인 생활영역 및 청소년기 활동 관련 등의 문항으로 설문조사지 초안을 개발하였으며 공동연구원 포함 해당 연구진 검토 후 북한 연구 전문가 및 탈북 학자의 자문 및 의견 수렴을 거쳐 수정·보완되었다. 이후 본 조사를 수행할 조사기관으로부터 설문도구 전체적인 체계구성,

영역 별 문항 그리고 항목 구성, 문항과 항목 간 로직 적합성, 문항과 항목내용 및 항목척도와의 일치도, 문항 이해를 위한 가독성 수준 및 질문 내용의 적절성 등에 대한 논의와 검토 과정을 진행 한 후 최종 설문도구가 확정되었다(그림 Ⅳ-1).

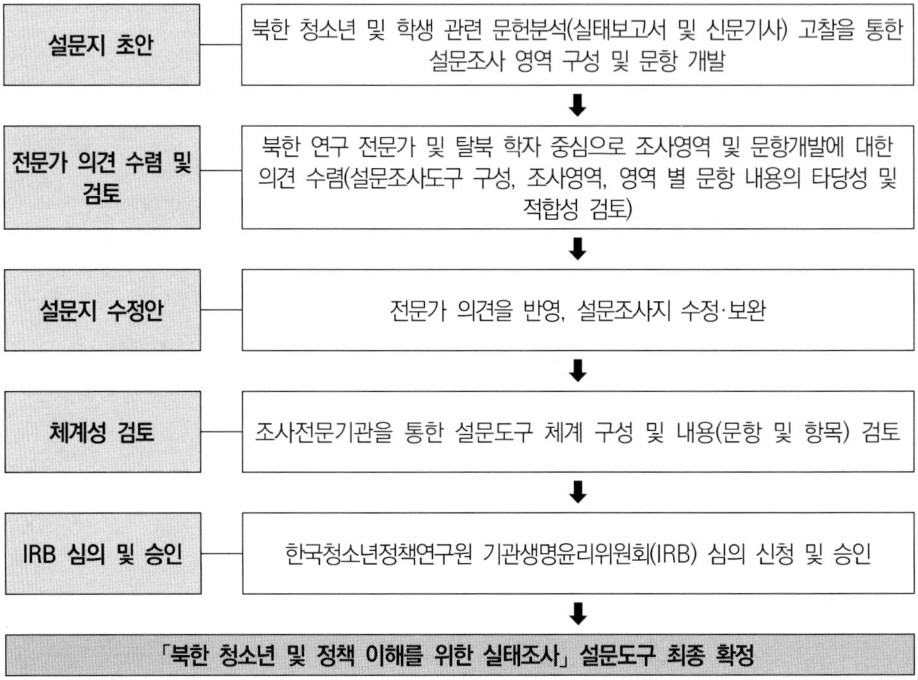

그림 Ⅳ-1. 조사도구 개발절차

4) 조사영역 및 문항구성

북한 청소년 및 정책 이해를 위한 실태 조사를 위한 영역 및 설문도구의 개발은 북한 학생 및 청소년 정책 및 당 관련 보고서 및 신문기사를 고찰 한 후 설문 영역별 구성과 이에 부합하는 문항 내용을 개발 하였으며, 실태조사에 적합하게 개정·보완하였다. 조사도구의 체계적 구성을 위해 각 영역 내에서의 문항 간 내용 합치성, 실제 북한 청소년의 일상생활 영역에서의 삶의 다양한 모습을 조망 할 수 있는 현실성, 북한 청소년 정책연구의 기초자료로 활용할 수 있는 자료의 시의 적절성, 비록 회고에 바탕을 둔 조사결과이지만 앞으로 북한 청소년 정책의 방향을 가늠할 수 있는 예측가능성, 주요 배경 변수간의 분석을 통한 주요 변수 간 차이를 파악할 수 있는 비교 가능성 등을 염두 해 두고 개발되었다. 개발된 조사문항은 응답자들의 이해도와 가독성을 제고하기 위하여 북한 연구 전문가와 탈북 학자 등 자문의견을 통한 수렴·검토과정 후 전문 조사업체와 질문과 문답 항목의 수정·보완 등의 과정을 거쳤으며 내용 타당도 중심으로 문항들로 개발하였다. 본 조사 영역과 문항 구성은 다음의 〈표 Ⅳ-3〉에 제시되어 있다.

표 Ⅳ-3. 주요 조사영역 및 문항구성

조사영역		조사문항	비고
1) 교육 및 진로	(1) 학력수준	북한에서 학교를 다닌 경험	
		북한에서 다닌 학교의 수준	
		북한에서의 학업 기간 시기(집권 시기 별)	
		학업 기간 중 결석 정도	소/초급/고급중학교
	(2) 학교수업	북한에서의 학교 수업 수준	3개 항목
	(3) 교원(교사)	학교생활 동안 경험한 교원에 대한 인식	4개 항목
	(4) 성교육	학업 기간 중 성 관련 교육을 받은 경험	소/초급/고급중학교
	(5) 사교육 (개인과외교육)	학업 기간 중 사교육을 받은 경험(과목 영역 별)	6개 교과목 항목
		사교육을 받지 않은 이유	
		사교육을 받은 대상	
		사교육이 진학, 진로에 도움이 되는 정도	
	(6) 진로직업 의식	진로, 직업선택에 가장 큰 영향을 미치는 요인	
		청소년 시기에 생각하는 성공한 인생	
		청소년 시기에 가장 인기 있는 직업군	
2) 동아리 및 조직생활	(1) 소조활동	소조 활동 경험 유무	7개 교과목 항목
		소조 활동 경험 장소	4개 항목
		소조 활동 체계적 진행 정도	
		소조 활동이 자신의 역량 개발에 도움이 된 정도	
		소조 활동에 대한 전반적인 만족도	
	(2) 소년단 및 청년동맹	소년단 가입 시기	
		소년단 및 청년동맹 경험 및 미치는 영향	4개 질문
3) 일탈행동	(1) 패거리 (학교폭력)	패거리에 의한 피해 경험	
		패거리 활동 목격 경험	
		패거리 학생에 대한 처벌	
		학생 시기에 패거리 활동을 하는 이유	
	(2) 흡연	흡연 여부	
		흡연을 시작한 시기	

조사영역		조사문항	비고
4) 경제활동	(1) 학교 내 경제동원활동	학교생활 동안 학교에 물품을 낸 경험	
		경제 동원 활동이 가계살림, 학업에 미치는 영향	2개 항목
	(2) 학교 내 물품거래	학교 안에서 물품을 사고 판 경험 및 이유	
	(3) 장마당	청소년기에 장마당을 이용한 경험 및 이유	
5) 여가놀이	(1) 친구관계	학교에 다닐 때 친구 관계	3개 항목
	(2) 놀이	학교에 다닐 때 친구들과 가장 즐겨한 놀이	
	(3) TV시청	청소년기에 TV 시청 정도 및 시청한 프로그램	1~3순위 응답 (프로그램)
	(4) 컴퓨터	청소년기에 컴퓨터 사용 정도 및 사용용도	1~3순위 응답(용도)
	(5) 손전화(핸드폰)	북한에서 손전화 소유 여부 및 사용용도	1~3순위 응답(용도)
6) 복지제도에 대한 인식		청소년기 동안 받은 복지혜택에 대한 경험 및 만족도 (무상교육 및 무상치료)	2개 질문 (각 3개 항목에 대한 경험 및 만족도)
7) 한류 및 사상교육	(1) 남한 드라마 시청 경험	청소년기에 남한 드라마 시청 경험	
	(2) 남한 패션, 스타일 모방 경험	청소년기에 남한 패션, 스타일 모방 경험	
	(3) 남한 노래, 춤 모방 경험	청소년기에 남한 노래, 춤 모방 경험	
	(4) 처벌 목격 경험	청소년기에 남한 드라마 시청으로 인한 처벌 목격 경험	
	(5) 사상교육	사상교육이 충성심에 미치는 영향	
8) 북한청소년사업		청소년기에 들어보거나 경험한 활동	11개 항목
9) 응답자 특성		성별, 출생 년월, 탈북시기 등	

설문 조사문항의 구성은 교육 및 진로, 동아리 및 조직생활, 일탈행동, 경제활동, 여가놀이, 복지제도에 대한 인식, 한류 및 사상교육, 북한청소년사업, 응답자 특성 등 9개 영역으로 구성하였다.

먼저, 교육 및 진로 영역에서는 북한에서 학교를 다닌 경험이 있는지, 조사대상자의 최종학력과 북한 체류 시 학업 기간이 어느 정권의 집권 시기에 해당되는지와 일정기간 동안 결석의 정도를 묻는 질문들로 구성되었으며, 학업기간 중 결석 정도는 소학교, 초급중학교와 고급 중학교를 나누어 구성하였다. 수업과 관련해서는 수업이 재미있었는지, 과제를 충실히 했는지와 수업 이해도를 묻는 3개 항목으로 구성하였다. 학교생활 동안 경험한 교원에 대한 인식에 관한 문항은 4개의 항목으로 구성되는데 교원의 지식수준, 존경정도, 차별여부와 처벌정도 등의 주제로 구성되어 있다. 학교에서의 성교육을 받을 경험이 있는지에 대해 소학교, 초급중학교와 고급 중학교를 나누어 구성하였다. 사교육 관련해서는 학업 기간 중 사교육을 받은 경험은 6개 교과목으로 나누어 구성하였으며, 사교육을 받지 않은 이유, 사교육을 누구에게서 받았는지 대상에 관한 질문과 사교육이 진학, 진로에 도움이 되는 정도를 물었다. 진로직업에 관한 질문으로 진로 및 직업선택에 가장 큰 영향을 미치는 요인은 무엇인지, 청소년 시기에 본인 생각했던 성공한 인생이란 무엇인지와 청소년 시기에 가장 인기 있는 직업군을 묻는 질문으로 구성하였다.

우리나라의 동아리 활동과 유사한 소조활동 영역에서는 소조활동을 경험 유무에 대한 질문을 각각 7개 교과목으로 나누어 일정 기간 동안 참여 한 횟수로 답 항목을 구성하였다. 아울러 소조활동이 진행된 장소를 4개의 장소로 나누어 답 항목을 구성하였으며, 소조활동이 어느 정도 체계적으로 진행되었는지, 역량개발에 도움이 되었는지 그리고 만족도 수준은 어느 정도인지 등의 문항을 추가 하였다. 소년단 및 청년동맹 활동에서는 소년단 가입시기 그리고 소년단 및 청년동맹 활동 경험과 이와 같은 활동이 본인에게 어떠한 영향을 미쳤는지 소년단과 청년동맹 활동으로 나누어 각각 참여정도, 진로진학에 도움여부, 자아비판(호상비판)으로 인한 정서적 어려움과 긍정적 효과 등 4개 문항으로 구성하였다.

일탈행동 영역에서는 우리나라의 서클에 해당 되는 패거리에 관해 묻는 질문에서 패거리에 의한 피해 경험(학교 폭력) 유무, 패거리 폭력 목격 경험 ,패거리 학생에 대한 처벌여부 그리고 학생 시기에 패거리 활동을 하는 이유 등에 대해서 물었다. 일탈행위 중 하나인 흡연에 관해서는 흡연 경험 여부 및 흡연을 시작한 시기에 대해 질문하였다.

경제활동 영역 중에서 학교 내 동원활동과 관련해서는 학교생활 동안 학교에 물품을 낸 경험과 학교에서 요구하는 경제 동원 활동이 가계살림 및 학업에 미치는 영향이 어느 정도인지를 묻고 있다. 또한 학교 안에서 물품을 사고 판 경험 및 이유와 청소년기에 장마당을 이용한 경험 및 목적 등으로 구성하였다.

여가놀이 영역에서는 먼저 친구관계에 대한 질문으로 친구가 잘 도와주었는지, 잘 어울렸는지 그리고 본인을 좋아하는 친구들이 많았는지 3개 항목으로 구성되었으며, 추가로 친구들과 북한에서 즐겨했던 놀이가 무엇인지도 추가되었다. 청소년기 TV 시청 정도 및 주로 시청한 프로그램이 무엇인지를 1~3순위까지, 컴퓨터의 경우 사용 정도 및 그리고 사용 용도가 무엇인지를 1~3순위까지 그리고 손전화 소유 여부 및 사용 용도가 무엇인지를 1~3순위까지 묻고 있다.

복지제도에 대한 인식 영역에서는 청소년기 경험한 무상교육과 무상치료에 대한 경험 및 이에 대한 만족도 수준을 묻고 있는데 무상교육은 교과서, 교복 및 학용품 관련 항목, 무상치료는 병원시설 및 장비, 진찰 및 치료 제공과 의약품 제공 등의 항목으로 구성되어 있다.

한류 및 사상교육과 관련해서는 청소년기에 남한 드라마 시청 경험 정도, 남한 패션이나 스타일 모방 경험 정도, 남한 노래, 춤 모방 경험 정도, 남한 드라마 시청으로 인한 처벌 목격 경험 유무 등의 문항으로 구성되어 있다. 또한 북한에서 일상적으로 진행되었던 사상교육이 북한체제에 대한 충성심에 미치는 영향을 묻는 문항으로 구성되어 있다.

북한청소년사업 영역에서는 우리나라의 청소년 활동과 비견되는 북한 청소년 활동의 인지여부와 각각의 청소년 활동에 대해 참여한 경험이 있는지를 묻는 질문은 11개 항목으로 구성하였다.

각 조사 항목은 답변은 경험 유무의 경우 예, 아니요로, 경험 정도를 묻는 즉 주관적 느낌의 강도를 묻는 질문에 대해서는 그 수준을 리커트 4점이나 5점 척도에 평정하도록 하였다(예: 4점 척도 ① 전혀 ~없음 ② 별로 ~없음 ③ 조금 있었음 ④ 자주 있었음, 5점 척도 ① 전혀 ~하지 않음 ② 별로 ~하지 않음 ③ 보통 ④ 조금 ~함 ⑤ 매우 ~함). 질문에 대한 답변은 응답자가 해당 문항을 평가하여 직접 기입하는 자기기입식 방식으로 진행되었다. 본 조사에서는 역 문항의 사용은 없었다.

본 조사 자료는 통계패키지 SPSS for window와 Excel을 활용하여 결과가 분석되었으며 집단 수준별 결과 분석을 위하여 주요 배경 변인 별 집단은 다음과 같이 분류되었다.

[참고사항]

- 성별은 남녀로 분류함.
- 북한에서의 학령기에 따른 집권 시기는 김정일, 김정은 및 중첩기로 분류함.
- 북한에서의 거주 지역은 함경남도, 함경북도, 양강도와 사례수가 현저히 적은 평안남북도는 평안도로, 자강도와 황해북도는 기타지역으로 처리·분류했으며, 그 외 지역 사례 별 응답자는 없었음.
- 거주지역 유형을 도시지역, 농촌지역, 산촌지역 및 사례수가 현저히 적은 어촌 및 탄광지역은 기타지역으로 통합·분류함.
- 경제수준은 상, 중, 중하, 하로 분류함(단 상에 응답한 사례가 현저히 적어 중상은 상으로 통합·분류).
- 부모의 당원 여부는 부모 모두, 부, 모 그리도 당원 아님으로 분류함.
- 리커트 5점 척도의 경우 [4+5]/[3]/[1+2] 3개의 점수 수준 또는 경험여부를 묻는 질문일 경우 [5+4+3+2]/[1] 2개 점수 수준으로, 4점 척도의 경우 [4+3]/[1+2] 2개 점수 수준으로 재코딩하여 분석에 적용함.
- 하나의 척도로 구성된 질문은 문항의 평균값(리커트 척도 5점 기준)으로 제시함.
  ※ 모든 배경 변수에서 무응답 사례는 관찰되지 않았지만, 몇몇 배경 변수의 항목 중에서는 무응답 사례가 발견되기도 함(거주 지역 중 강원도 등).
  ※ 배경변인(예: 경제수준 등) 별 집단 수준 간 비교분석 결과는 면접 및 FGI 조사결과와의 관련 정도가 높은 변수에 한하여 본문에 제시(보고서 분량이 제한되어 있어 모든 변수에 대한 분석결과를 제시하기에는 한계가 있음)

2. 실태조사 결과 분석

1) 교육 및 진로

(1) 학력수준

북한에서의 최종 학력은 '고급중학교 졸업'이라는 응답이 60.1%, '초급중학교 졸업'이 25.4%, '초급대학 이상'이 5.1% 등의 순으로 높게 나타났다. 초급중학교(남자 24.3%, 여자 25.7%) 및 고급중학교(남자 59.5%, 여자 60.4%) 졸업을 최종학력으로 비교 할 경우 남녀 간의 학력 차이가 거의 관찰되지 않았다.

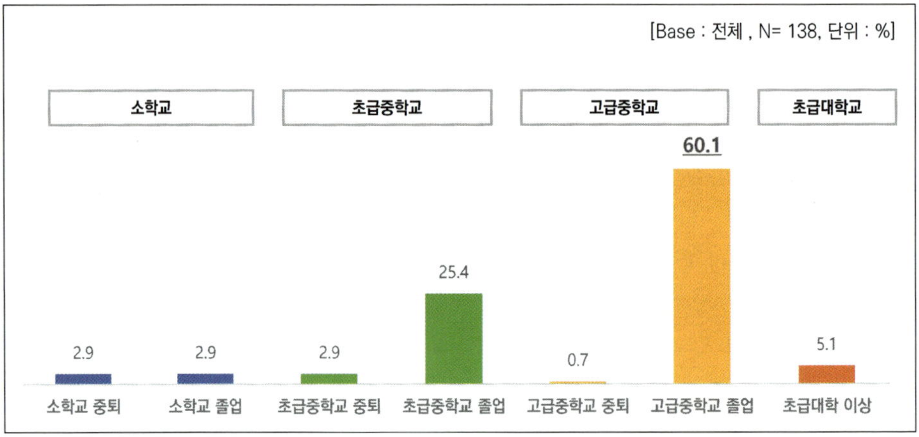

그림 Ⅳ-2. 북한에서 최종학력

표 Ⅳ-4. 북한에서 최종학력

(단위: 명, %)

구분		사례수	소학교 중퇴	소학교 졸업	초급 중학교 중퇴	초급 중학교 졸업	고급 중학교 중퇴	고급 중학교 졸업	초급 대학 이상
전체		138	2.9	2.9	2.9	25.4	0.7	60.1	5.1
성별	남자	37	5.4	5.4	2.7	24.3	0.0	59.5	2.7
	여자	101	2.0	2.0	3.0	25.7	1.0	60.4	5.9

북한에서의 학업 기간 동안의 '김정일 집권기'(57.2%)라는 응답이 가장 높게 나타났으며, 다음으로 '김정일 및 김정은 집권기'(28.3%), '김정은 집권기'(14.5%) 순으로 나타났다. 김정일 집권기(남자 54.1%, 여자 58.4%), 김정은 집권기(남자 13.5%, 여자 14.9%), 두 집권 시기의 중첩(남자 32.4%, 여자 26.7%)을 비교할 경우 남녀 간의 학업 동안의 시기 별 북한 정권기와의 약간의 차이는 있었지만 그 차이가 두드러지지는 않았다.

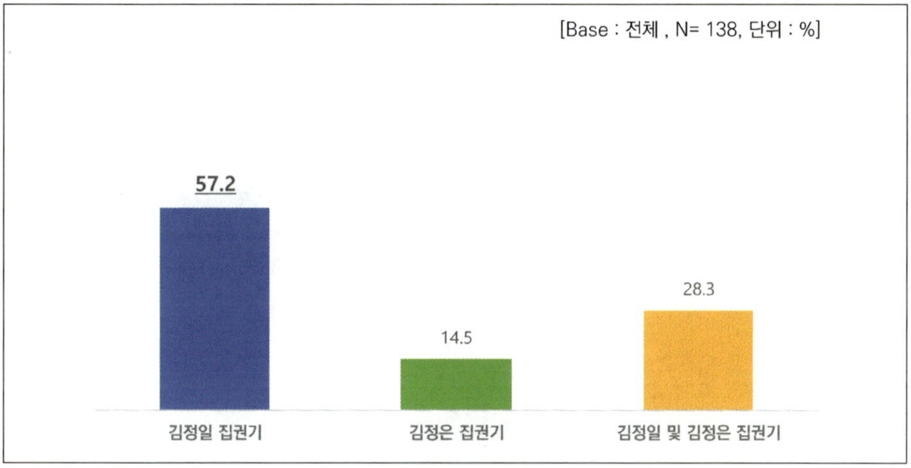

그림 Ⅳ-3. 북한에서의 학업기간 동안의 정권 집권 시기

표 Ⅳ-5. 북한에서의 학업기간 동안의 정권 집권 시기

(단위: 명, %)

구분		사례수	김정일 집권기	김정은 집권기	김정일 및 김정은 집권기(중첩)
전체		138	57.2	14.5	28.3
성별	남자	37	54.1	13.5	32.4
	여자	101	58.4	14.9	26.7

북한에서의 소학교 시기 학업 기간 중 결석을 한 경험이 '있다'는 응답은 47.1%로 나타났다. 북한에서의 초급중학교 시기 학업 기간 중 결석을 한 경험이 '있다'는 응답은 44.9%로 나타났다. 북한에서의 고급중학교 시기 학업 기간 중 결석을 한 경험이 '있다'는

응답은 31.5%로 나타났다. 교급이 올라 갈수록 결석 비율은 높게 나타나는 경향이 관찰되었다. 남녀 간 비교의 경우 전반적으로 남자의 결석 비율이 높게 나타났으며, 교급이 올라갈수록 남녀 모두 결석률이 감소하는 경향을 보였다.

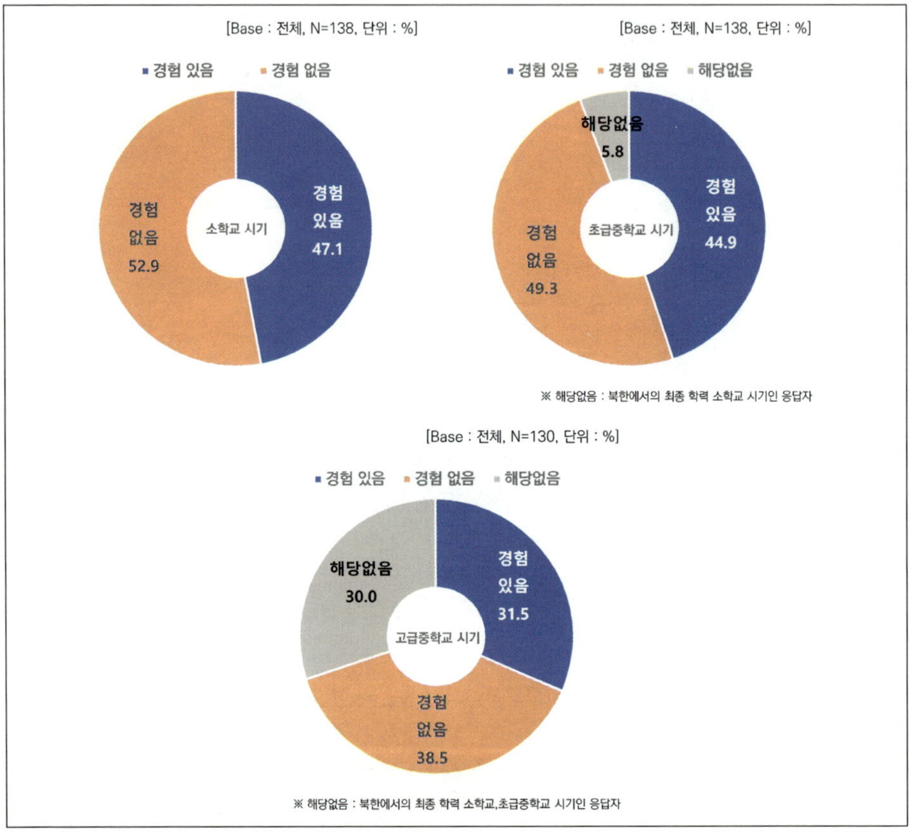

그림 Ⅳ-4. 북한에서의 학업기간 중 결석정도_소학교_초급중학교_고급중학교

표 Ⅳ-6. 북한에서의 학업 기간 중 결석 정도_소학교_초급중학교_고급중학교

(단위: 명, %)

교급	구분	사례수	전혀 없었음	6개월에 1~2회	한달에 1~2회	1주일에 1~2회	1주일에 3회 이상	경험 없음 (①)	경험 있음 (②+③+④+⑤)
소학교	전체	138	52.9	18.8	17.4	4.3	6.5	52.9	47.1
	남자	37	43.2	18.9	27.0	2.7	8.1	43.2	56.8
	여자	101	56.4	18.8	13.9	5.0	5.9	56.4	43.6
초급 중학교	전체	138	49.3	23.9	11.6	5.1	4.3	49.3	44.9
	남자	37	43.2	27.0	13.5	2.7	2.7	43.2	45.9
	여자	101	51.5	22.8	10.9	5.9	5.0	51.5	44.6
고급 중학교	전체	130	38.5	16.9	11.5	1.5	1.5	38.5	31.5
	남자	33	27.3	18.2	24.2	0.0	0.0	27.3	42.4
	여자	97	42.3	16.5	7.2	2.1	2.1	42.3	27.8

(2) 학교수업

북한에서의 학교 수업에 관한 질문의 전체 평균 점수(5점 만점)는 2.98점으로 나타났다. 이 중 '숙제를 열심히 했었다'라는 응답이 3.13점으로 가장 높게 나타났으며, 다음으로 '수업시간에 배운 내용을 잘 이해했었다'(2.92점), '학교 수업시간은 재미있었다'(2.88점) 순으로 나타났다. 전반적인 학교 수업에 관한 만족도는 김정일 시기에 비해 김정은 시기에 보다 높은 경향을 보였으며, 경제수준이 높을수록 만족도도 높아지는 경향이 관찰되었다. 부모의 당원 유무에 따른 일정한 경향은 관찰되지 않았다.

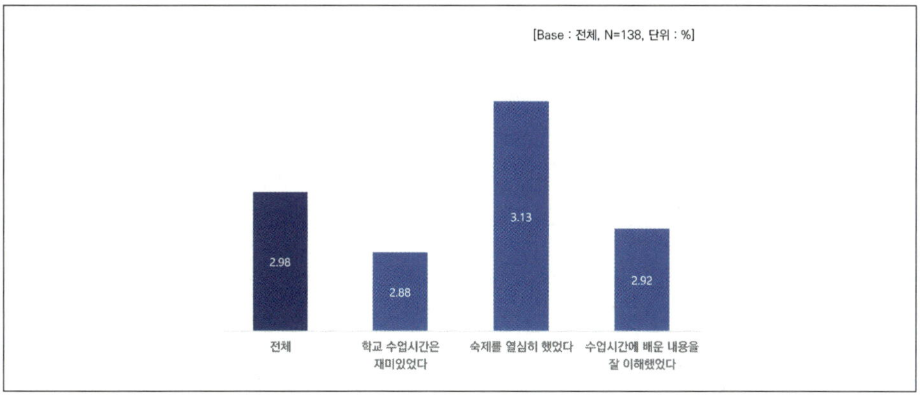

그림 Ⅳ-5. 북한에서의 학교 수업에 관한 질문

표 Ⅳ-7. 북한에서의 학교 수업에 관한 질문

(단위: 명, %)

구분		사례수	북한에서의 학교 수업(전체)	학교 수업시간은 재미있었다	숙제를 열심히 했었다	수업시간에 배운 내용을 잘 이해했었다
전체		138	2.98	2.88	3.13	2.92
성별	남자	37	2.81	2.78	2.92	2.73
	여자	101	3.04	2.92	3.21	2.99
북한 정권 시기	김정일 집권기	79	2.92	2.86	3.05	2.86
	김정은 집권기	20	3.28	2.90	3.65	3.30
	중첩	39	2.93	2.92	3.03	2.85
경제 수준	상	9	3.26	3.11	3.33	3.33
	중	36	3.09	2.97	3.33	2.97
	중하	35	2.95	3.03	2.91	2.91
	하	58	2.88	2.71	3.10	2.83
부모 당원 여부	부모 모두	22	2.83	2.73	3.00	2.77
	부	63	3.04	3.03	3.14	2.94
	모	2	2.67	2.50	2.50	3.00
	없음	51	2.98	2.78	3.20	2.96

(3) 교원(교사)

교원들은 교과(전문) 지식이 많았다는 응답은 19.6%로 나타났다. 반면, 그렇지 않다는 응답은 23.9%로 나타났다. 교원들은 교과(전문) 지식이 많았다는 응답은 여자(19.8%), 김정일 집권기(21.5%), 경제적 수준 상(44.4%), 부모님 중 아버지가 당원일 경우(25.4%)에 상대적으로 높게 나타났다.

교원들에 대해 본받을 점이 많았다는 응답은 26.1%로 나타났다. 반면, 그렇지 않다는 응답은 18.1%로 나타났다. 교원들에 대해 본받을 점이 많았다는 응답은 여자(26.7%), 김정은 집권기(30.0%), 경제적 수준 하(34.5%), 부모님 중 아버지가 당원일 경우(28.6%)에 상대적으로 높게 나타났다.

교원들은 학생들을 차별없이 대했다는 응답은 19.6%로 나타났다. 반면, 그렇지 않다는 응답은 33.3%로 나타났다. 교원들은 학생들을 차별없이 대했다는 응답은 여자(20.8%), 김정일 집권기(26.6%), 경제적 수준 하(24.1%), 부모님 모두 당원이 아닐 경우(27.5%)에 상대적으로 높게 나타났다.

교원들은 학생들을 많이 체벌했다는 응답은 39.9%로 나타났다. 반면, 그렇지 않다는 응답은 21.0%로 나타났다. 교원들은 학생들을 많이 체벌했다는 응답은 남자(48.6%), 김정은 집권기(55.0%), 경제적 수준 하(46.6%), 부모님 모두 당원이 아닐 경우(56.9%)에 상대적으로 높게 나타났다.

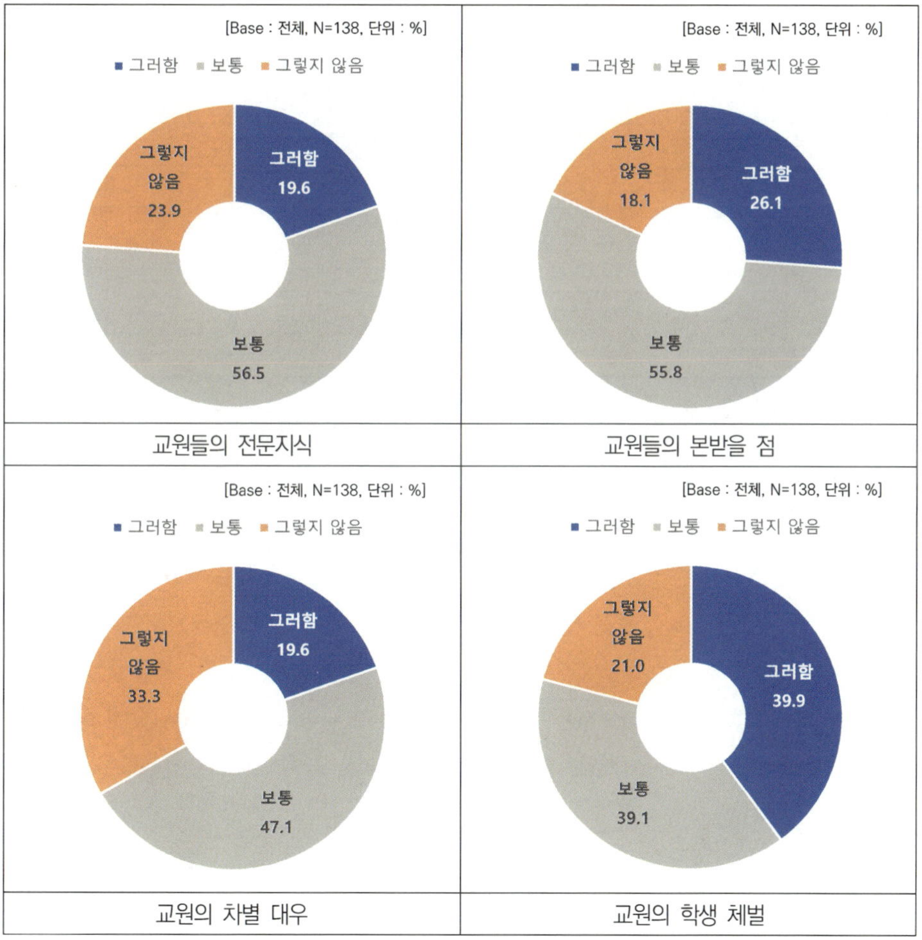

그림 Ⅳ-6. 학교생활 동안 경험한 교원_교과(전문)지식_본받을 점_차별 없는 대우_체벌여부

표 Ⅳ-8. 학교생활 동안 경험한 교원_교과(전문)지식_본받을 점_차별 없는 대우_체벌여부

(단위: 명, %)

구분		사례수	(④+⑤) 전문지식	(④+⑤) 본받을 점	(④+⑤) 차별 없이 대함	(④+⑤) 체벌여부
전체		138	19.6	26.1	19.6	39.9
성별	남자	37	18.9	24.3	16.2	48.6
	여자	101	19.8	26.7	20.8	36.6
북한 정권 시기	김정일 집권기	79	21.5	27.8	26.6	36.7
	김정은 집권기	20	20.0	30.0	20.0	55.0
	중첩	39	15.4	20.5	5.1	38.5
경제 수준	상	9	44.4	22.2	11.1	33.3
	중	36	13.9	19.4	19.4	33.3
	중하	35	20.0	20.0	14.3	37.1
	하	58	19.0	34.5	24.1	46.6
부모 당원 여부	부모 모두	22	4.5	22.7	4.5	36.4
	부	63	25.4	28.6	19.0	27.0
	모	2	0.0	0.0	0.0	50.0
	없음	51	19.6	25.5	27.5	56.9

※ ④(조금 그러했음)+⑤(매우 그러했음) 척도 점수를 기준으로 제시

교원의 처우개선, 학교환경개선, 좋은 일 하기 등의 명목으로 돈 또는 물건을 학교에 낸 경험에 대해, '자주 있었음'이라는 응답이 77.5%로 가장 높게 나타났으며, 다음으로 '조금 있었음'(13.8%), '별로 없었음'(5.1%), '전혀 없었음'(3.6%) 순으로 나타났다. 교원의 처우개선, 학교환경개선, 좋은 일 하기 등의 명목으로 돈 또는 물건을 학교에 낸 경험에 대해, '자주 있었음'이라는 응답은 여자(93.1%), 김정일 집권기(91.1%)가 김정은 집권기(85%) 보다, 경제적 수준 상(100%), 부모님 중 어머니가 당원일 경우(100.0%)에 상대적으로 높게 나타났다. 이 경우 사례수(N=2)가 적어 해석 시 유의해야 한다.

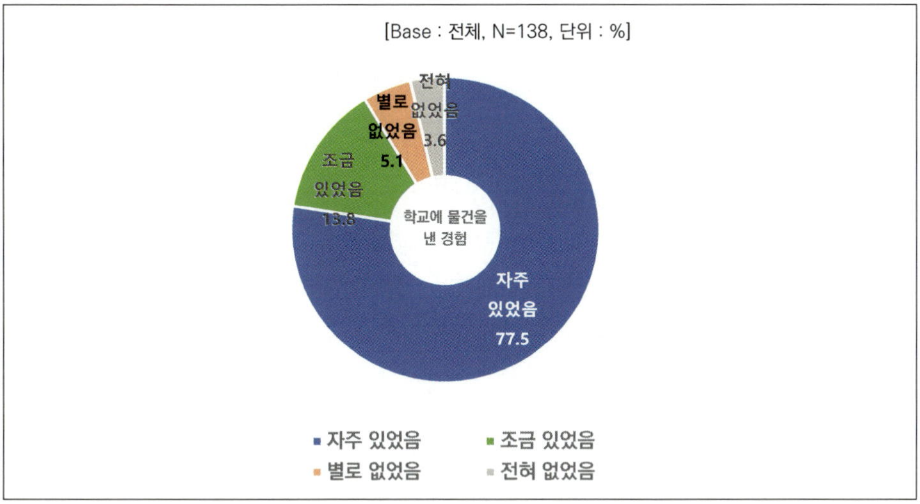

그림 Ⅳ-7. 교원의 처우개선 등 명목으로 돈을 학교에 낸 경험

표 Ⅳ-9. 교원의 처우개선 등 명목으로 돈을 학교에 낸 경험

(단위: 명, %)

구분		사례수	없었음 (①+②)	있었음 (③+④)
전체		138	8.7	91.3
성별	남자	37	13.5	86.5
	여자	101	6.9	93.1
북한 정권 시기	김정일 집권기	79	8.9	91.1
	김정은 집권기	20	15.0	85.0
	중첩	39	5.1	94.9
경제 수준	상	9	0.0	100.0
	중	36	19.4	80.6
	중하	35	11.4	88.6
	하	58	1.7	98.3
부모 당원 여부	부모 모두	22	18.2	81.8
	부	63	6.3	93.7
	모	2	0.0	100.0
	없음	51	7.8	92.2

※ ①(전혀 없었음)+②(별로 없었음)
③(조금 있었음)+④(자주있었음) 척도 점수를 기준으로 제시

(4) 성교육

북한에서 학업 기간 중 성 관련 교육을 받은 경험에 대해, '고급중학교 시기'가 3.1%로 가장 높게 나타났으며, 다음으로 '초급중학교 시기'(1.4%) 순으로 나타났지만, 학교 내에서 성교육이 실시되지 않고 있음을 알 수 있다.

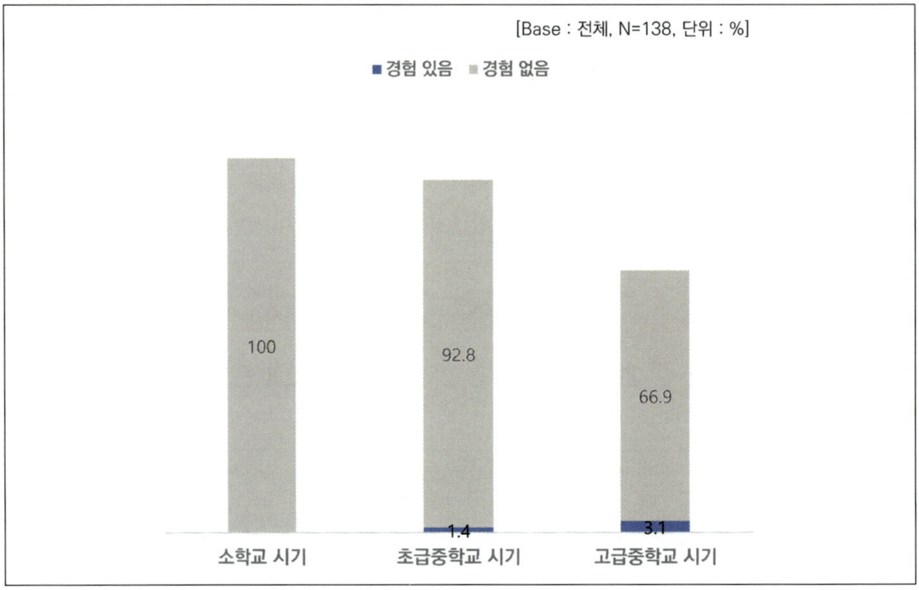

그림 Ⅳ-8. 학업 기간 중 성 관련 교육을 받은 경험

(5) 사교육(개인과외교육)

북한에서 학업 기간 중 사교육(개인과의 교육)을 받은 경험에 대해, '음악(성악 및 악기 등)'(14.5%)이 가장 높게 나타났으며, 다음으로 '체육'(13.8%), '교과목(수학,과학 등)'(13.0%), '외국어'(11.6%), '미술'(9.4%), '무용'(2.9%) 순으로 나타났다. 특정 교과목에 대한 남녀 간 성별차이도 어느 정도 관찰 되었지만 경제 수준에 따른 차이가 두드러지게 나타났는데, 음악과 체육, 미술의 경우 경제적 수준 상(44.4%, 55.6%, 44.4%)계층이 다른 계층보다 월등히 높은 비율로 관찰되었다. 수학·과학 및 외국어 사교육의 경우 그 비율이 66.7%와 77.8%에 달해 압도적으로 높게 나타났다.

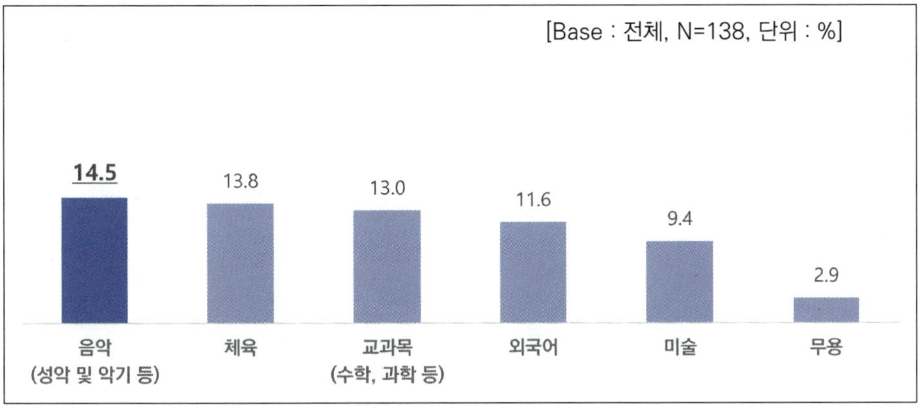

그림 Ⅳ-9. 학업 기간 중 사교육을 받은 경험

표 Ⅳ-10. 학업 기간 중 사교육을 받은 경험_교과목

(단위: 명, %)

과목	구분		사례수	경험 있음	경험 없음
수학 과학	전체		138	13.0	87.0
	성별	남자	37	8.1	91.9
		여자	101	14.9	85.1
	경제 수준	상	9	66.7	33.3
		중	36	8.3	91.7
		중하	35	14.3	85.7
		하	58	6.9	93.1
외국어	전체		138	11.6	88.4
	성별	남자	37	10.8	89.2
		여자	101	11.9	88.1
	경제 수준	상	9	77.8	22.2
		중	36	5.6	94.4
		중하	35	11.4	88.6
		하	58	5.2	94.8
음악 (성악 및 악기 등)	전체		138	14.5	85.5
	성별	남자	37	8.1	91.9
		여자	101	16.8	83.2

과목	구분		사례수	경험 있음	경험 없음
	경제수준	상	9	44.4	55.6
		중	36	25.0	75.0
		중하	35	14.3	85.7
		하	58	3.4	96.6
미술	전체		138	9.4	90.6
	성별	남자	37	13.5	86.5
		여자	101	7.9	92.1
	경제수준	상	9	44.4	55.6
		중	36	2.8	97.2
		중하	35	14.3	85.7
		하	58	5.2	94.8
체육	전체		138	13.8	86.2
	성별	남자	37	13.5	86.5
		여자	101	13.9	86.1
	경제수준	상	9	55.6	44.4
		중	36	13.9	86.1
		중하	35	11.4	88.6
		하	58	8.6	91.4
무용	전체		138	2.9	97.1
	성별	남자	37	0.0	100.0
		여자	101	4.0	96.0
	경제수준	상	9	0.0	100.0
		중	36	2.8	97.2
		중하	35	5.7	94.3
		하	58	1.7	98.3

이를 증명하듯 사교육(개인과외교육)을 받은 경험이 없는 이유에 대해, '경제적인 어려움 때문에'라는 응답이 60.8%로 가장 높게 나타났으며, 다음으로 '도움이 될 것 같지 않아서'(17.5%), '상급학교에 진학할 필요가 없어서'(9.3%) 순으로 나타났다. 남녀 간 비슷한 응답 경향이 관찰되었으며, 경제적 수준이 낮으면 낮을수록 '경제적인 어려움 때문에'라는 응답비율이 높게 나타났다.

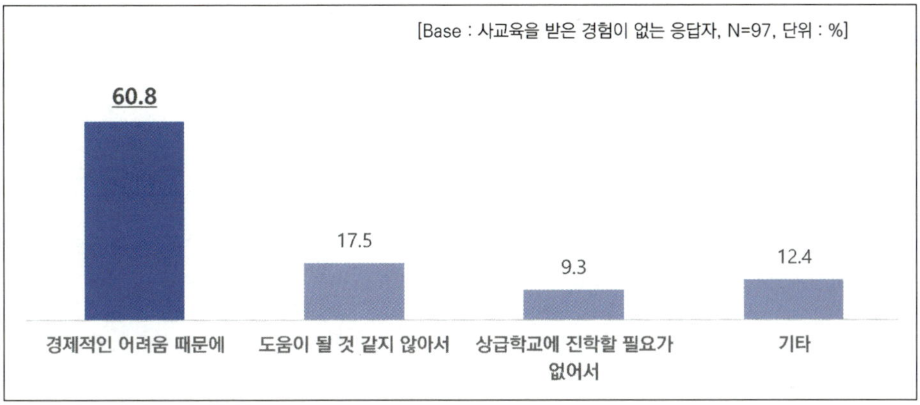

그림 Ⅳ-10. 사교육을 받은 경험이 없는 이유

표 Ⅳ-11. 사교육을 받은 경험이 없는 이유

(단위: 명, %)

구분		사례수	경제적인 어려움 때문에	도움이 될 것 같지 않아서	상급학교에 진학할 필요가 없어서	기타
전체		97	60.8	17.5	9.3	12.4
성별	남자	26	61.5	19.2	11.5	7.7
	여자	71	60.6	16.9	8.5	14.1
경제 수준	중	22	40.9	22.7	13.6	22.7
	중하	26	73.1	11.5	3.8	11.5
	하	49	63.3	18.4	10.2	8.2

사교육(개인과외교육)을 받은 대상에 대해, '학교교원(교사)'라는 응답이 58.5%로 가장 높게 나타났으며, '개인강사'(19.5%), '전문과외강사'(14.6%) 등의 순으로 나타났다. 사교육(개인과외교육)을 받은 대상에 대해 남녀 간 차이가 관찰되었는데 '학교교원(교사)'라는 응답은 여자(63.3%)가 남자(45.5%) 보다 높게 나타났으며, 개인강사라고 응답한 비율은 남자(36.4%)가 여자(13.3%) 월등히 높게 나타났다.

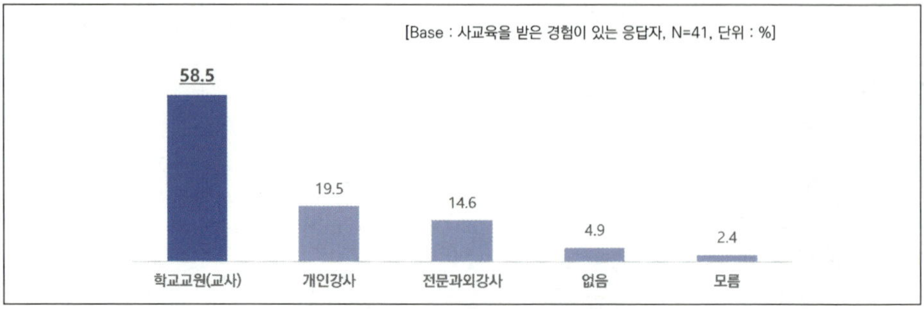

그림 Ⅳ-11. 사교육을 받은 대상

표 Ⅳ-12. 사교육을 받은 대상

(단위: 명, %)

구분		사례수	학교교원(교사)	개인강사	전문과외강사	없음	모름
전체		41	58.5	19.5	14.6	4.9	2.4
성별	남자	11	45.5	36.4	18.2	0.0	0.0
	여자	30	63.3	13.3	13.3	6.7	3.3

사교육(개인과외교육)이 장래 혹은 진로나 직업 선택에 도움이 됐다는 응답은 36.6%로 나타났다. 반면, 도움이 되지 않았다는 응답은 34.1%로 나타났다. 사교육이 장래 혹은 진로나 직업 선택에 도움이 됐다는 응답률의 경우 남녀 간 차이가 뚜렷하게 나타났는데 여자(26.7%) 보다 남자(63.6%)에게서 월등히 높은 비율로 관찰되었다.

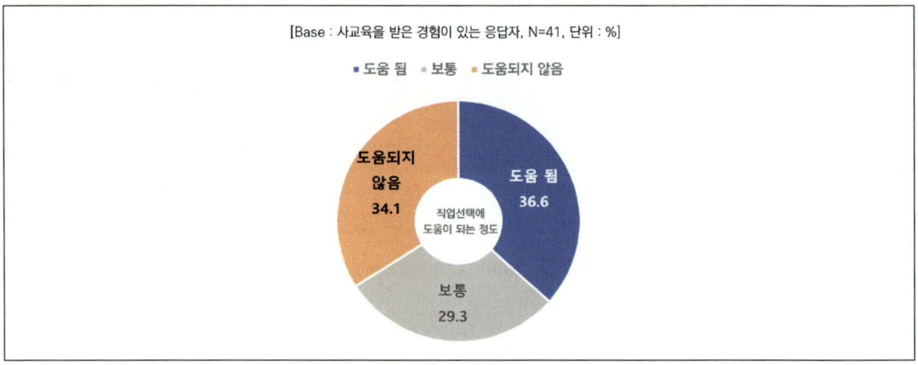

그림 Ⅳ-12. 사교육이 장래 진학 혹은 진로나 직업 선택 도움 여부

표 Ⅳ-13. 사교육이 장래 진학 혹은 진로나 직업 선택에 도움 여부

(단위: 명, %)

구분		사례수	도움 되지 않음 (①+②)	보통 (③)	도움 됨 (④+⑤)
전체		41	34.1	29.3	36.6
성별	남자	11	27.3	9.1	63.6
	여자	30	36.7	36.7	26.7

※ ①(전혀 되지 않았음)+②(별로 되지 않았음)
④(조금 되었음)+⑤(매우 되었음) 척도 점수를 기준으로 제시

(6) 진로직업 의식

북한에서 청소년 시기에 진로나 직업 선택에 가장 큰 영향을 미치는 요인에 대해, '부모의 출신성분'이라는 응답이 36.2%로 가장 높게 나타났으며, 다음으로 '집안의 경제력'(33.3%), '부모의 정치적 지위(간부 등)'(21.7%) 등의 순으로 나타났다. 경제 수준에 따른 차이가 두드러지게 나타났는데 집안의 경제력이 주 영향 요인이라는 응답은 경제적 수준 상에서 55.6%로 나타나, 부모의 출신성분보다 더 높게 나타났다. 수학·과학 및 외국어 사교육의 경우 그 비율이 66.7%와 77.8%에 달해 압도적으로 높게 나타났다. 부모 모두 당원인 경우 다른 요인보다 부모의 출신성분에 응답한 비율(45.5%)이 높게 관찰되었다.

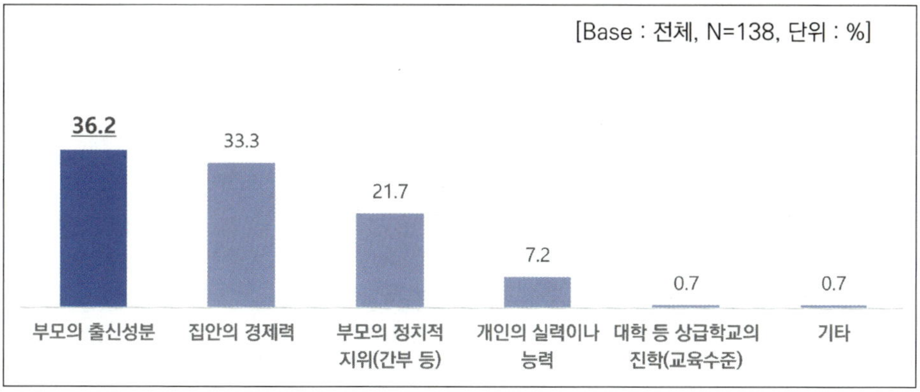

그림 Ⅳ-13. 북한에서 청소년 시기에 진로나 직업 선택에 가장 큰 영향 요인

표 Ⅳ-14. 북한에서 청소년 시기에 진로나 직업 선택에 가장 큰 영향 요인

(단위: 명, %)

구분		사례수	부모의 출신성분	집안의 경제력	부모의 정치적 지위 (간부 등)	개인의 실력이나 능력	대학 등 상급 학교의 진학 (교육수준)	기타
전체		138	36.2	33.3	21.7	7.2	0.7	0.7
성별	남자	37	32.4	27.0	24.3	13.5	0.0	2.7
	여자	101	37.6	35.6	20.8	5.0	1.0	0.0
경제 수준	상	9	33.3	55.6	0.0	11.1	0.0	0.0
	중	36	27.8	36.1	25.0	5.6	2.8	2.8
	중하	35	37.1	22.9	28.6	11.4	0.0	0.0
	하	58	41.4	34.5	19.0	5.2	0.0	0.0
부모 당원 여부	부모 모두	22	45.5	27.3	18.2	9.1	0.0	0.0
	부	63	28.6	28.6	31.7	7.9	1.6	1.6
	모	2	100.0	0.0	0.0	0.0	0.0	0.0
	없음	51	39.2	43.1	11.8	5.9	0.0	0.0

북한에서 청소년 시기에 성공한 인생에 대해, '돈을 많이 버는 것'이라는 응답이 47.1%로 가장 높게 나타났으며, 다음으로 '국가에서 필요한 인재가 되는 것'(29.0%), '대학에 진학하는 것'(13.8%) 등의 순으로 나타났다.

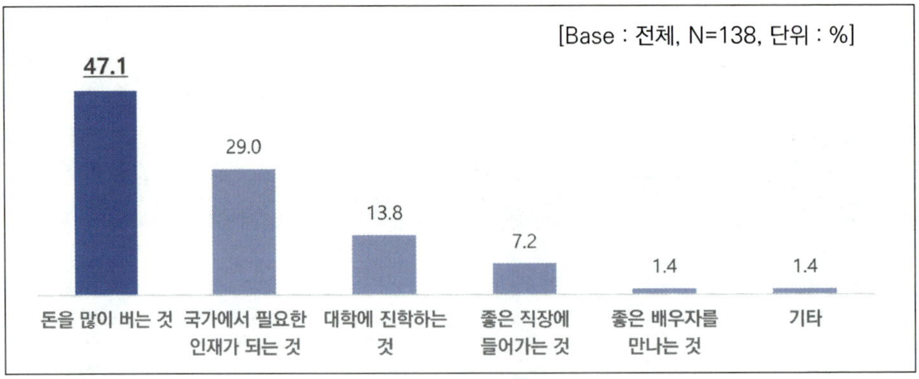

그림 Ⅳ-14. 북한에서 청소년 시기에 성공한 인생

북한에서 청소년 시기에 성공한 인생에 대해, '돈을 많이 버는 것'이라는 응답은 여자(48.5%)가 남자(43.2%)보다 높게 관찰되었으며, 경제수준이 높을수록 높아지는 경향을 보이고 있으며 이를 반증하듯 경제적 수준 상(66.7%)에서 다른 집단 보다 높게 나타났다. 정권 집권기 별로 차이가 나는데 김정일 집권기의 경우 '돈을 많이 버는 것'(54.4%), '국가에서 필요한 인재가 되는 것'(17.7%) 반면 김정은 집권기에는 '국가에서 필요한 인재가 되는 것'에 대한 응답비율이 45.0%, '돈을 많이 버는 것은' 35%로 두 집권기 사이의 차이가 두드러지게 나타났다.

표 Ⅳ-15. 북한에서 청소년 시기에 성공한 인생

(단위: 명, %)

구분		사례수	돈을 많이 버는 것	국가에서 필요한 인재가 되는 것	대학에 진학하는 것	좋은 직장에 들어가는 것	좋은 배우자를 만나는 것	기타
전체		138	47.1	29.0	13.8	7.2	1.4	1.4
성별	남자	37	43.2	32.4	10.8	10.8	0.0	2.7
	여자	101	48.5	27.7	14.9	5.9	2.0	1.0
북한 정권 시기	김정일 집권기	79	54.4	17.7	16.5	7.6	1.3	2.5
	김정은 집권기	20	35.0	45.0	15.0	5.0	0.0	0.0
	중첩	39	38.5	43.6	7.7	7.7	2.6	0.0
경제 수준	상	9	66.7	11.1	11.1	11.1	0.0	0.0
	중	36	50.0	22.2	11.1	11.1	0.0	5.6
	중하	35	48.6	31.4	11.4	2.9	5.7	0.0
	하	58	41.4	34.5	17.2	6.9	0.0	0.0

북한에서 청소년 시기에 가장 인기 있는 직업군에 대해, '당일꾼(정치 간부 등)'이라는 응답이 46.4%로 가장 높게 나타났으며, 다음으로 '무역일꾼'(19.6%), '외교관 및 통역원'(18.8%) 등의 순으로 나타났다.

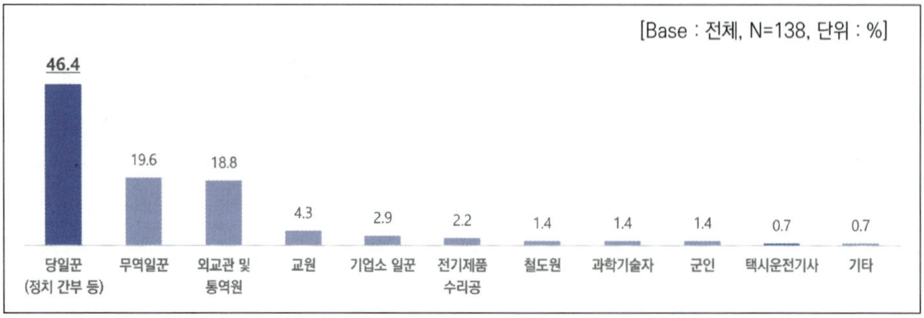

그림 Ⅳ-15. 북한에서 청소년 시기에 가장 인기 있는 직업군

북한에서 청소년 시기에 가장 인기 있는 직업군에 대해, '당일꾼(정치 간부 등)'이라는 응답은 여자(47.5%)의 경우와 김정일 및 김정은 집권기(66.7%), 에서 상대적으로 높게 나타났다. 김정일과 김정은 집권기를 비교할 경우 김정일 시기 41.8%, 김정은 시기 25.0%로 그 차이가 두드러졌으며, 김정은 시기의 경우 외교관 및 통역관이라는 응답 비율(40.0%)이 압도적으로 높게 나타나, 집권시기별 인기 직업군에 대한 인식 변화를 알 수 있었다.

표 Ⅳ-16. 북한에서 청소년 시기에 가장 인기 있는 직업군

(단위: 명, %)

구분		사례수	당일꾼 (정치 간부 등)	무역 일꾼	외교관 및 통역원	교원	기업 소일꾼	전기 제품 수리공	철도원	과학 기술자	군인	택시 운전 기사	기타
전체		138	46.4	19.6	18.8	4.3	2.9	2.2	1.4	1.4	1.4	0.7	0.7
성별	남자	37	43.2	24.3	16.2	2.7	5.4	2.7	2.7	0.0	2.7	0.0	0.0
	여자	101	47.5	17.8	19.8	5.0	2.0	2.0	1.0	2.0	1.0	1.0	1.0
북한 정권 시기	김정일 집권기	79	41.8	26.6	15.2	6.3	2.5	2.5	2.5	0.0	1.3	1.3	0.0
	김정은 집권기	20	25.0	10.0	40.0	5.0	5.0	5.0	0.0	5.0	5.0	0.0	0.0
	중첩	39	66.7	10.3	15.4	0.0	2.6	0.0	0.0	2.6	0.0	0.0	2.6

2) 동아리 및 조직생활

(1) 소조활동

북한에서 학업 기간 중 경험한 교과목 당 소조 활동에 대한 질문에 '체육'이라는 응답이 36.2%로 가장 높게 나타났으며, 다음으로 '교과목(수학, 과학 등)'(30.4%), '음악(성악 및 악기 등)'(29.0%) 등의 순으로 나타났으며 무용 비율(12.3%)이 가장 낮게 나타났다.

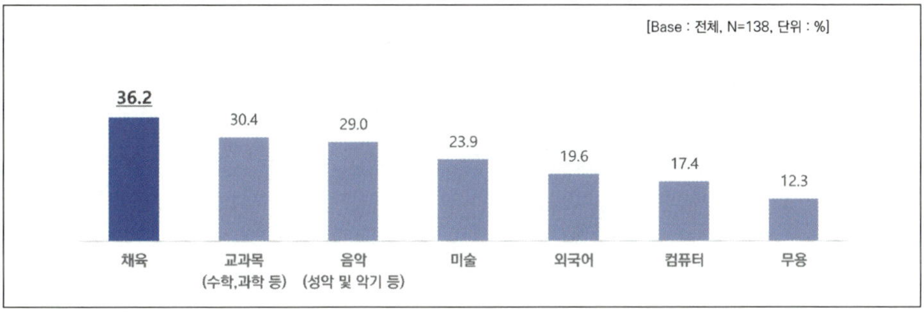

그림 Ⅳ-16. 북한에서 학업 기간 중 소조 활동 경험 정도_교과목

소조 교과목에 따른 남녀 간 차이기 관찰되었는데 수학과학 교과목의 경우 남자의 비율(40.5%)이 여자(26.7%)보다 매우 높게 나타났으며, 외국어와 정보기술교육의 경우도 상대적으로 남자에게서 높게 나타났다. 음악의 경우 여자의 비율이 높게 관찰되었지만, 체육 및 무용의 경우에도 남자의 비율이 상대적으로 높게 나타나, 소조활동의 경우 남자가 여자보다 전반적으로 참여율이 높게 관찰되었다.

표 Ⅳ-17. 북한에서 학업 기간 중 소조 활동 경험 정도_교과목

(단위: 명, %)

과목	구분	사례수	경험 없음 (①)	경험 있음 (②+③+④+⑤)
수학 과학	전체	138	69.6	30.4
	남자	37	59.5	40.5
	여자	101	73.3	26.7
외국어	전체	138	80.4	19.6
	남자	37	73.0	27.0
	여자	101	83.2	16.8

과목	구분	사례수	경험 없음 (①)	경험 있음 (②+③+④+⑤)
정보기술교육 (컴퓨터)	전체	138	82.6	17.4
	남자	37	73.0	27.0
	여자	101	86.1	13.9
음악 (성악_악기)	전체	138	71.0	29.0
	남자	37	78.4	21.6
	여자	101	68.3	31.7
미술	전체	138	76.1	23.9
	남자	37	70.3	29.7
	여자	101	78.2	21.8
체육	전체	138	63.8	36.2
	남자	37	54.1	45.9
	여자	101	67.3	32.7
무용	전체	138	87.7	12.3
	남자	37	81.1	18.9
	여자	101	90.1	9.9

※ ②(6개월에 1~2회)+③(한 달에 1~2회)+④(1주일에 1~2회)+⑤(1주일에 3회 이상) 척도 점수를 기준으로 제시

북한에서 소조 활동을 주로 경험한 장소에 대해, '학교'라는 응답이 79.7%로 가장 높게 나타났으며, 다음으로 '체육 구락부'(43.5%), '학생(소년)회관'(11.6%), 학생소년 궁전(4.3%) 순으로 나타났다. 소조활동 체험장소에 대해 남녀간의 차이가 관찰되었는데, 남자의 경우 체육구락부(남자 55.6%, 여자 39.2%)의 응답률이, 여자의 경우 학생회관(여자 15.7%, 남자 0.0%)의 응답률이 높게 나타났다.

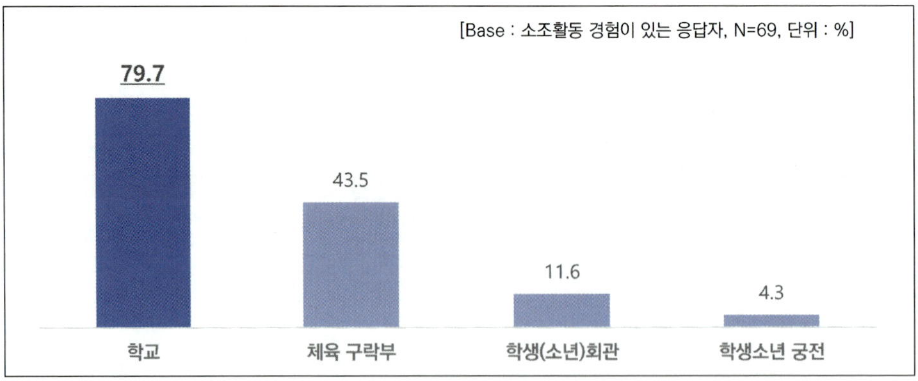

그림 Ⅳ-17. 소조 활동 경험 장소

표 Ⅳ-18. 소조 활동 경험(진행) 장소

(단위: 명, %)

장소	구분	사례수	있음	없음
학교	전체	69	79.7	20.3
	남자	18	77.8	22.2
	여자	51	80.4	19.6
체육구락부	전체	69	43.5	56.5
	남자	18	55.6	44.4
	여자	51	39.2	60.8
학생(소년) 회관	전체	69	11.6	88.4
	남자	18	0.0	100.0
	여자	51	15.7	84.3
학생소년 궁전	전체	69	4.3	95.7
	남자	18	0.0	100.0
	여자	51	5.9	94.1

북한에서의 소조 활동이 체계적으로 진행되었다라는 응답은 29.0%로 나타났다. 반면, 체계적으로 진행되지 않았다는 응답은 24.6%로 나타나서, 소조활동이 어느 정도 체계를 갖추어 진행되었음을 알 수 있다.

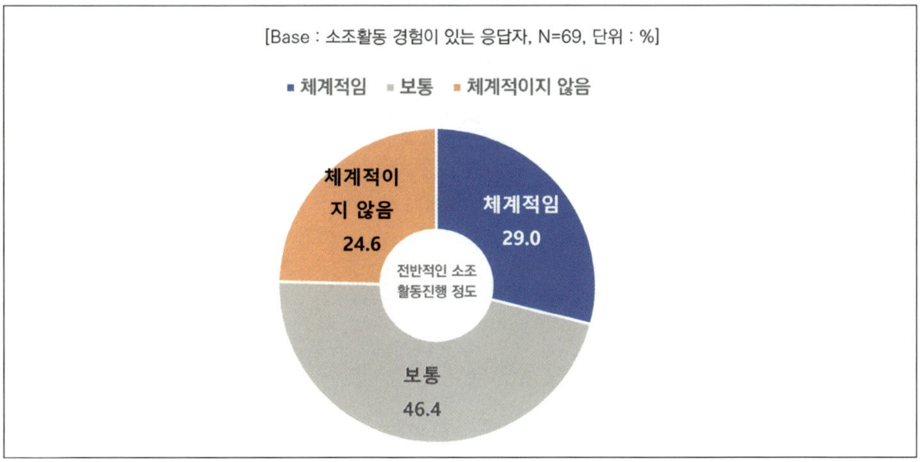

그림 Ⅳ-18. 북한에서의 소조 활동 체계적인 정도

북한에서의 학업 기간 중 소조 활동이 자신의 역량과 재능 개발에 도움이 되었다는 응답은 27.5%로 나타났다. 반면, 도움되지 않았다는 응답은 40.6%로 나타났다. 남녀 모두 비슷한 비율로 도움이 되지 않았다고 응답한 비율이 상대적으로 높게 나타났다.

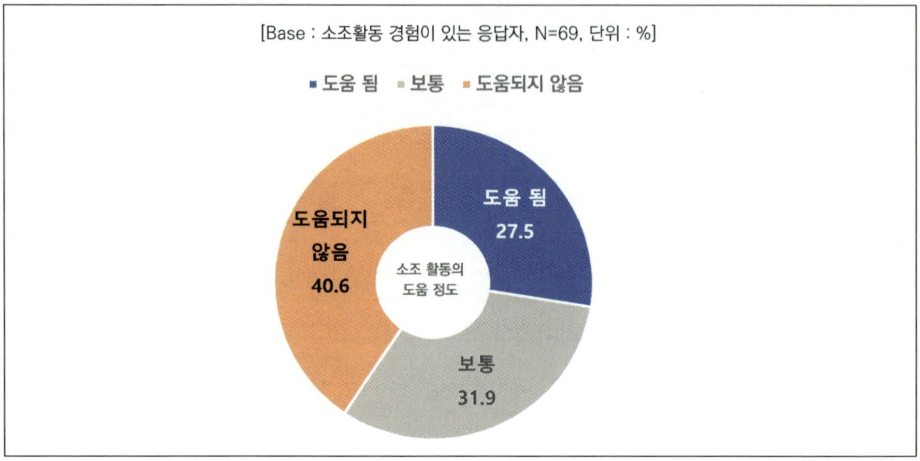

그림 Ⅳ-19. 북한에서의 소조 활동이 자신의 역량과 재능 개발 도움 정도

표 Ⅳ-19. 북한에서의 소조 활동이 자신의 역량과 재능 개발 도움 정도

(단위: 명, %)

구분		사례수	도움 되지 않음 (①+②)	보통 (③)	도움 됨 (④+⑤)
전체		69	40.6	31.9	27.5
성별	남자	18	38.9	33.3	27.8
	여자	51	41.2	31.4	27.5

※ ①(전혀 도움 되지 않음)+②(별로 도움 되지 않음)
④(다소 도움 됨)+⑤(매우 도움 됨) 척도 점수를 기준으로 제시

마찬가지로 북한 학교 내 소조 활동에 대해 만족하였다는 응답은 21.7%로 나타났다. 반면, 만족하지 않았다는 응답은 36.2%로 나타났다. 불만족의 경우 남녀 간의 차이가 관찰되었는데, 남자의 불만족 비율(44.4%)이 경우 여자(33.3%)보다 높게 나타났다.

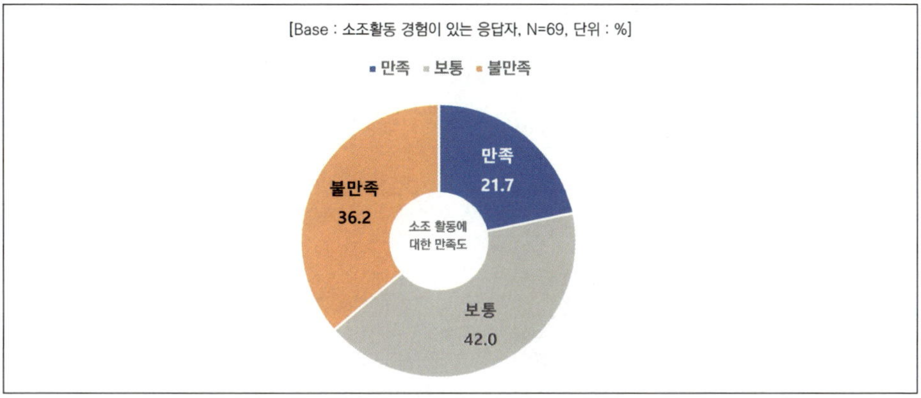

그림 Ⅳ-20. 북한 학교 내 소조 활동 만족 정도

표 Ⅳ-20. 북한 학교 내 소조 활동 만족 정도

(단위: 명, %)

구분		사례수	불만족(①+②)	보통(③)	만족(④+⑤)
전체		69	36.2	42.0	21.7
성별	남자	18	44.4	44.4	11.1
	여자	51	33.3	41.2	25.5

※ ①(매우 불만족)+②(약간 불만족)
④(약간 만족)+⑤(매우 만족) 척도 점수를 기준으로 제시

(2) 소년단 및 청년동맹

소년단에 가입한 시기는 '태양절(4.15)'에 가입하였다는 응답이 55.1%로 가장 높게 나타났으며, 다음으로 '광명성절(2.16)'(23.2%), '소년절(6.6)'(21.0%) 순으로 나타났다. 소년단에 가입한 시기가 '태양절(4.15)'이라는 응답은 남자 56.8% 여자가 54.5%로 약간의 차이가 나타났다. 가장 빠른 시기인 '광명성절(2.16)'을 기준으로 경제적 수준에 따른 응답 비율은 상 집단 55.6%에서 가장 높았으며, 경제수준 중 집단(33.3%)이 그 다음으로 나타났다. 중하 집단은 11.4%, 하 집단은 19.0%에 불과해 낮은 비율로 관찰되었으며 두 집단 간 차이는 크지 않았다. 부모의 당원 여부에 따른 집단 별 차이도 뚜렷하게 나타났는데 '광명성절(2.16)' 기준 부모 모두 당원인 집단 31.8%, 아버지만 당원인 집단 23.8%, 무당원인 집단에서는 17.6% 비율로 나타나 그 차이가 뚜렷했다. 어머니만 당원인 집단은 사례수

(N=2)가 적어 해석 시 유의해야 한다. 일반적으로 북한에서는 소년단의 가입 시기 가 빠를수록 북한사회에서 인정받고 있다는 증거이자 토대가 좋은 계층으로 간주되는 경향이 있다.

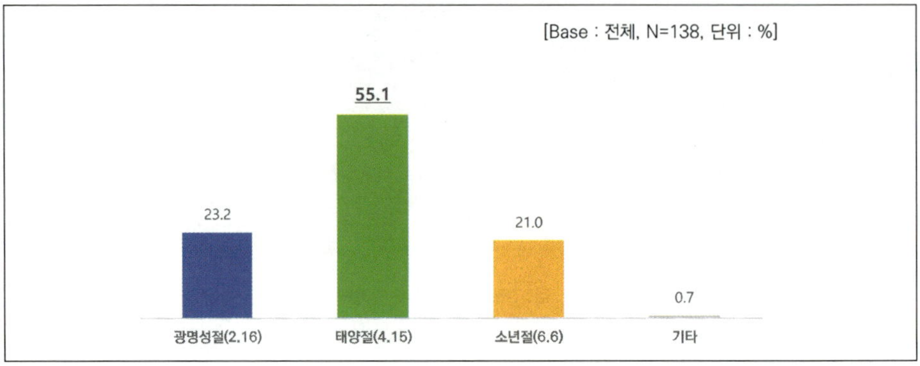

그림 Ⅳ-21. 소년단에 가입한 시기

표 Ⅳ-21. 소년단에 가입한 시기

(단위: 명, %)

구분		사례수	광명성절(2.16)	태양절(4.15)	소년절(6.6)	기타
전체		138	23.2	55.1	21.0	0.7
성별	남자	37	24.3	56.8	18.9	0.0
	여자	101	22.8	54.5	21.8	1.0
경제 수준	상	9	55.6	33.3	11.1	0.0
	중	36	33.3	58.3	8.3	0.0
	중하	35	11.4	60.0	25.7	2.9
	하	58	19.0	53.4	27.6	0.0
부모 당원 여부	부모 모두	22	31.8	36.4	31.8	0.0
	부	63	23.8	58.7	17.5	0.0
	모	2	50.0	0.0	50.0	0.0
	없음	51	17.6	60.8	19.6	2.0

소년단 활동에 적극적으로 참여하였다는 응답은 전체 31.9%로 나타났으며, 소극적이라고 응답한 비율(23.9%)과는 다소간 차이가 관찰되었다. 소년단 활동에 적극적으로 참여하였다는 응답은 남자가 40.5%, 여자가 28.7%로 나타나 성별 특성에 따른 차이가 나타났다.

집권 시기별로 차이가 나타났는데, 김정일 집권기(24.1%) 보다는 김정은 집권기(55%)에 보다 적극적으로 활동에 참여했다는 비율이 높게 관찰되었다. 경제적 수준에 따른 응답비율은 상 집단(55.6%) 다른 3개 집단보다 높은 비율로 관찰되었으며, 중 집단 38.9%로 다음으로 높게 나타났으며, 중하(25.7%)및 하(27.6%) 집단과의 차이는 미비하게 나타났다. 부모의 당원 여부에 따른 집단 별 차이가 뚜렷하게 나타났는데 부모 모두 당원인 집단(45.5%)이 다른 2개 집단보다 높은 비율로 관찰되었다. 아버지만 당원인 집단(28.6%)에 비해 무당원인 집단(29.4%)에서 보다 높은 비율로 나타났다. 어머니만 당원인 집단은 사례수(N=2)가 적어 해석 시 유의해야 한다.

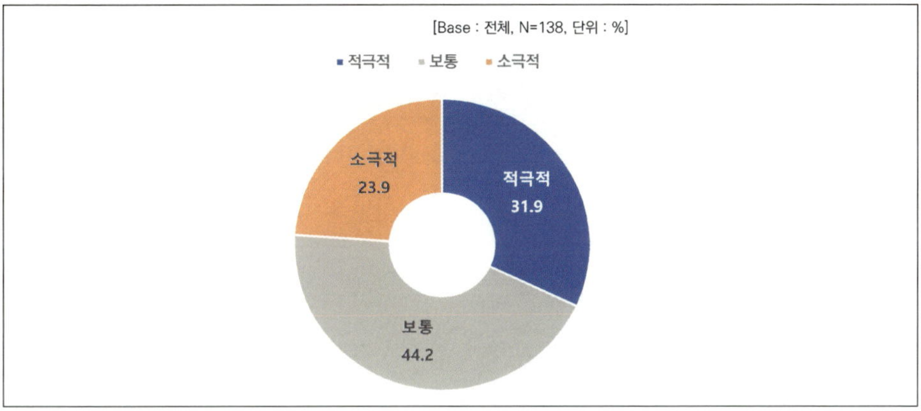

그림 Ⅳ-22. 소년단 활동에 참여한 정도

표 Ⅳ-22. 소년단 활동에 참여한 정도

(단위: 명, %)

구분		사례수	소극적(①+②)	중간(③)	적극적(④+⑤)
전체		138	23.9	44.2	31.9
성별	남자	37	32.4	27.0	40.5
	여자	101	20.8	50.5	28.7
북한 정권 시기	김정일 집권기	79	30.4	45.6	24.1
	김정은 집권기	20	15.0	30.0	55.0
	중첩	39	15.4	48.7	35.9
경제 수준	상	9	22.2	22.2	55.6
	중	36	27.8	33.3	38.9

구분		사례수	소극적(①+②)	중간(③)	적극적(④+⑤)
	중하	35	22.9	51.4	25.7
	하	58	22.4	50.0	27.6
부모 당원 여부	부모 모두	22	27.3	27.3	45.5
	부	63	22.2	49.2	28.6
	모	2	0.0	50.0	50.0
	없음	51	25.5	45.1	29.4

※ ①(매우 소극적)+②(소극적)
④(적극적)+⑤(매우 적극적) 척도 점수를 기준으로 제시

청년동맹 활동에 적극적으로 참여하였다는 응답한 비율은 전체 29.7%로 나타났으며, 소극적이라고 응답한 비율(23.9%)과는 다소간 차이가 관찰되었다. 청년동맹 활동에 적극적으로 참여하였다는 응답은 남자와 여자 각 29.7%로 차이가 관찰되지 않았다. 집권 시기별로 차이가 나타났는데, 김정일 집권기(22.8%) 보다는 김정은 집권기(55%)에서 보다 활동에 적극적으로 참여했다는 비율이 높게 관찰되었다. 경제적 수준에 따른 응답비율은 중 집단(33.3%)의 경우에 상대적으로 높게 나타났지만, 일정한 경향성은 관찰되지 않았다. 부모의 당원 여부에 따른 집단 별 차이가 뚜렷하게 나타났는데 부모 보두 당원인 집단(54.5%)이 다른 3개 집단보다 높은 비율로 관찰되었다. 아버지만 당원인 집단(22.2%)에 비해 무당원인 집단(29.4%)에서 보다 높은 비율로 나타났다.

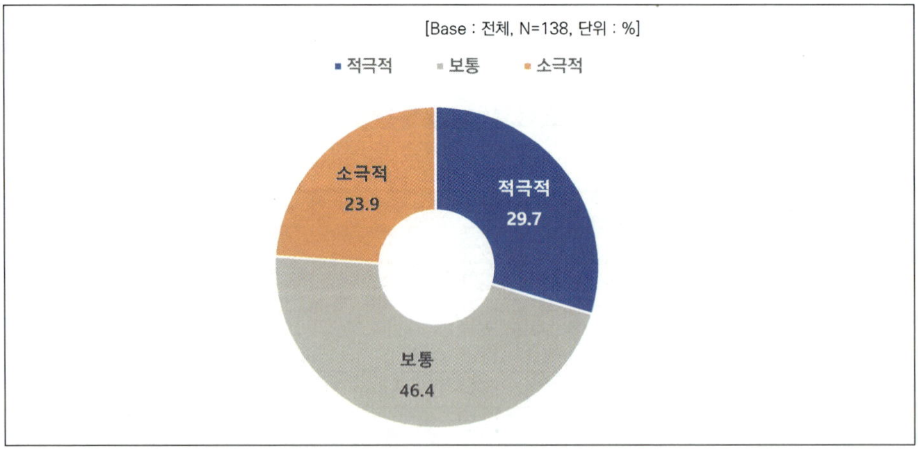

그림 Ⅳ-23. 청년동맹 활동에 참여한 정도

표 Ⅳ-23. 청년동맹 활동에 참여한 정도

(단위: 명, %)

구분		사례수	소극적(①+②)	중간(③)	적극적(④+⑤)
전체		138	23.9	46.4	29.7
성별	남자	37	29.7	40.5	29.7
	여자	101	21.8	48.5	29.7
북한 정권 시기	김정일 집권기	79	29.1	48.1	22.8
	김정은 집권기	20	20.0	25.0	55.0
	중첩	39	15.4	53.8	30.8
경제 수준	상	9	33.3	44.4	22.2
	중	36	22.2	44.4	33.3
	중하	35	22.9	48.6	28.6
	하	58	24.1	46.6	29.3
부모 당원 여부	부모 모두	22	22.7	22.7	54.5
	부	63	22.2	55.6	22.2
	모	2	50.0	50.0	0.0
	없음	51	25.5	45.1	29.4

※ ①(매우 소극적)+②(소극적)
④(적극적)+⑤(매우 적극적) 척도 점수를 기준으로 제시

소년단 활동이 장래의 진학 및 진로에 도움이 되었다는 전체 응답 비율은 7.2%로 나타났다. 소년단 활동이 장래의 진학 및 진로에 도움이 되었다는 여자(5.9%)보다는 남자(10.8%)에게서, 김정일 집권기(3.8%) 보다는 김정은 집권기(15.0%)에서 뚜렷하게 높은 비율로 관찰되었다. 경제적 수준에 따른 집단 별 차이도 뚜렷하게 나타났는데 경제적 수준이 높은 상 집단(22.2%)이 다른 3개 집단보다 높은 비율로 관찰되었다. 경제수준 중 집단 13.9%, 중하 집단 5.7%, 하 집단 1.7%에 불과해 상 집단과 그 차이가 뚜렷하게 나타났다. 부모님 당원 여부에 따른 응답비율은 중 아버지가 당원일 경우(9.5%)에 상대적으로 높게 나타났지만, 일정한 경향성은 관찰되지 않았다.

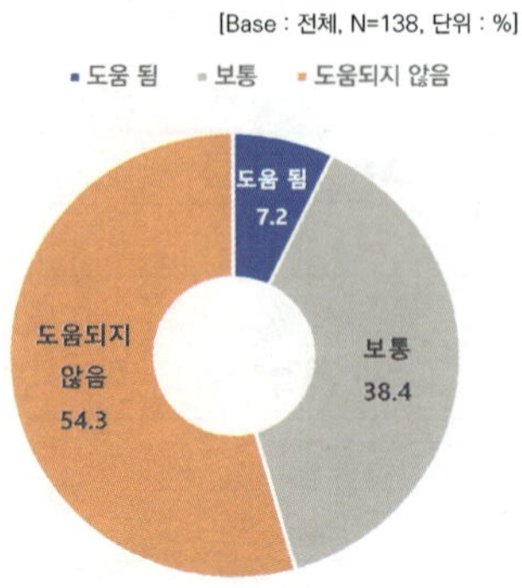

그림 Ⅳ-24. 소년단 활동이 장래의 진학 및 진로에 도움이 된 정도

표 Ⅳ-24. 소년단 활동이 장래의 진학 및 진로에 도움이 된 정도

(단위: 명, %)

구분		사례수	도움 되지 않음 (①+②)	보통 (③)	도움 됨 (④+⑤)
전체		138	54.3	38.4	7.2
성별	남자	37	48.6	40.5	10.8
	여자	101	56.4	37.6	5.9
북한 정권 시기	김정일 집권기	79	62.0	34.2	3.8
	김정은 집권기	20	55.0	30.0	15.0
	중첩	39	38.5	51.3	10.3
경제 수준	상	9	44.4	33.3	22.2
	중	36	44.4	41.7	13.9
	중하	35	45.7	48.6	5.7
	하	58	67.2	31.0	1.7
부모 당원 여부	부모 모두	22	50.0	45.5	4.5
	부	63	52.4	38.1	9.5
	모	2	100.0	0.0	0.0
	없음	51	56.9	37.3	5.9

※ ①(전혀 되지 않았음)+②(별로 되지 않았음)
④(조금 되었음)+⑤(매우 되었음) 척도 점수를 기준으로 제시

청년동맹 활동이 장래의 진학 및 진로에 도움이 되었다는 응답은 전체 10.1%로 나타났다. 청년동맹 활동이 장래의 진학 및 진로에 도움이 되었다는 응답률은 남자(10.8%), 경제적 수준 상(33.3%), 부모님 중 아버지가 당원일 경우(11.1%)에 상대적으로 높게 나타

났다. 성별 특성이나 부모님 당원 여부에 따른 집단 간 차이는 크게 나타나지 않았다. 경제적 수준에 따른 집단 별 차이가 뚜렷하게 나타났는데 경제적 수준이 높은 상 집단(33.3%)이 다른 3개 집단보다 높은 비율로 관찰되었다. 경제수준 중 집단 13.9%, 중하 집단 8.6%, 하 집단 5.2%에 불과해 상 집단과 그 차이가 뚜렷하게 나타났다.

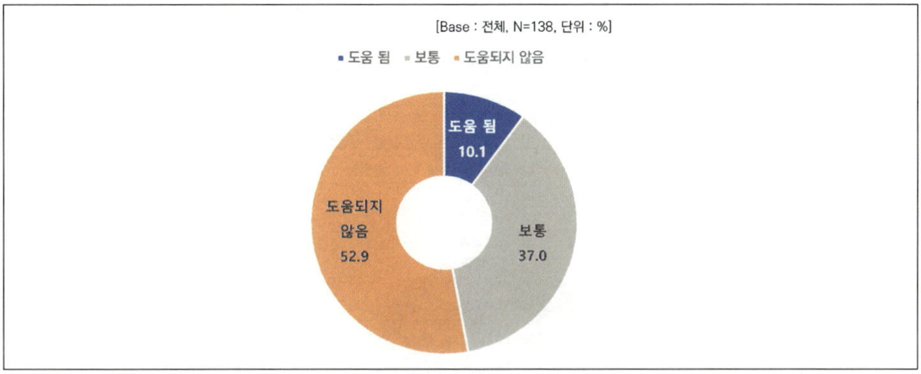

그림 Ⅳ-25. 청년동맹 활동이 장래의 진학 및 진로에 도움이 된 정도

표 Ⅳ-25. 청년동맹 활동이 장래의 진학 및 진로에 도움이 된 정도

(단위: 명, %)

구분		사례 수	도움 되지 않음 (①+②)	보통 (③)	도움 됨 (④+⑤)
전체		138	52.9	37.0	10.1
성별	남자	37	48.6	40.5	10.8
	여자	101	54.5	35.6	9.9
경제 수준	상	9	44.4	22.2	33.3
	중	36	41.7	44.4	13.9
	중하	35	42.9	48.6	8.6
	하	58	67.2	27.6	5.2
부모 당원 여부	부모 모두	22	50.0	40.9	9.1
	부	63	50.8	38.1	11.1
	모	2	100.0	0.0	0.0
	없음	51	54.9	35.3	9.8

※ ①(전혀 되지 않았음)+②(별로 되지 않았음)
④(조금 되었음)+⑤(매우 되었음) 척도 점수를 기준으로 제시

소년단 및 청년동맹 활동을 하는 동안 자아비판(호상비판) 때문에 정서적 어려움을 겪은 경험이 있다는 응답은 48.6%로 나타났다. 소년단 및 청년동맹 활동을 하는 동안 자아비판(호상비판) 때문에 정서적 어려움을 겪은 경험이 있다는 응답은 여자(43.6%)보다는 남자(62.2%)에게서, 경제적 수준이 높은 상 중 집단(각각 44.4%) 보다는 경제 수준 중하 집단(54.3%) 및 경제 수준 하 집단(48. 3%)에서 그 차이가 상대적으로 높게 관찰되었다. 부모님 모두 당원일 경우(72.7%)에 정서적 어려움을 겪었다고 응답한 비율이 높게 나타났는데, 그 차이는 다른 3개 집단보다 뚜렷하게 나타났다.

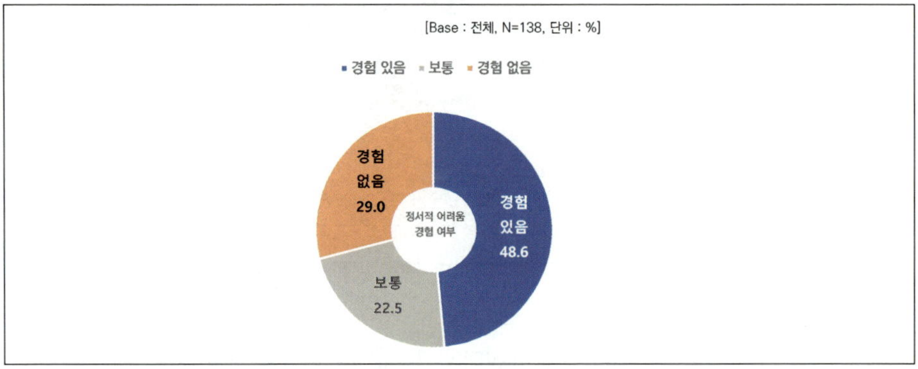

그림 Ⅳ-26. 자아비판 때문에 정서적 어려움을 겪은 정도

표 Ⅳ-26. 자아비판 때문에 정서적 어려움을 겪은 정도

(단위: 명, %)

구분		사례수	없었음(①+②)	보통(③)	있었음(④+⑤)
전체		138	29.0	22.5	48.6
성별	남자	37	13.5	24.3	62.2
	여자	101	34.7	21.8	43.6
경제 수준	상	9	22.2	33.3	44.4
	중	36	30.6	25.0	44.4
	중하	35	20.0	25.7	54.3
	하	58	34.5	17.2	48.3
부모 당원 여부	부모 모두	22	22.7	4.5	72.7
	부	63	30.2	30.2	39.7
	모	2	50.0	0.0	50.0
	없음	51	29.4	21.6	49.0

※ ①(전혀 없었음)+②(별로 없었음)
④(조금 있었음)+⑤(매우 있었음) 척도 점수를 기준으로 제시

소년단 및 청년동맹 활동을 하는 동안 자아비판(호상비판)은 자신이 성장하는 데 도움이 되었다는 응답비율은 7.2%로 나타났다. 보통이라는 응답한 비율을 제외하고 도움이 되지 않았다고 응답한 비율이 73.2%로 나타나 자아비판(호상비판)이 대부분 청소년기 자신의 성장에 부정적으로 영향을 미치고 있음을 알 수 있다. 소년단 및 청년동맹 활동을 하는 동안 자아비판(호상비판)은 자신이 성장하는 데 도움이 되었다는 응답은 여자(5.9%)보다는 남자(10.8%)에게서, 김정일 집권기(5.0%) 보다는 김정은 집권기(10%)에서 높게 나타났다. 경제적 수준이 높은 상 집단(33.3%)이 다른 3개 집단보다 높게 관찰되었으며 경제수준 하 집단의 경우 긍정 응답률이 1.7%에 불과해 그 차이가 뚜렷하게 나타났다. 부모님 모두 당원일 경우(18.2%) 다른 집단에 비해 그 차이가 뚜렷하게 나타났다. 아버지만 당원일 경우와 부모 모두 당원이 아닐 경우의 긍정 응답률은 각각 4.8%. 5.9%에 불과했다.

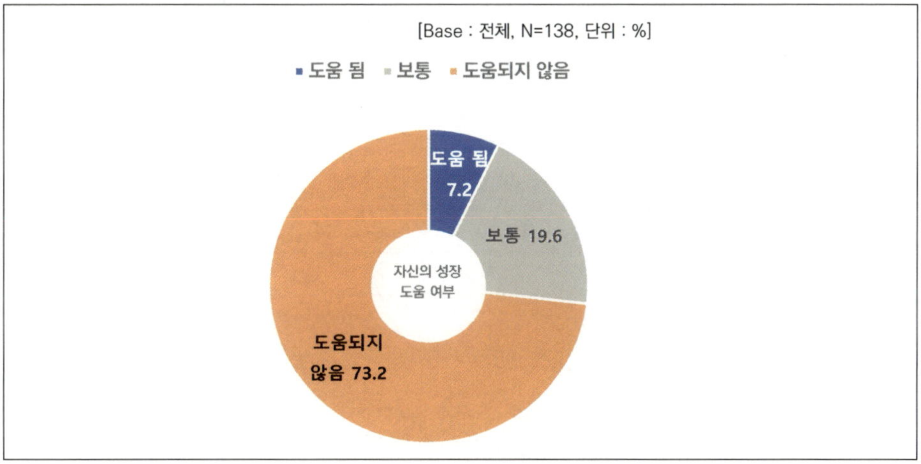

그림 Ⅳ-27. 자아비판이 자신이 성장하는데 도움이 된 정도

표 Ⅳ-27. 자아비판이 자신이 성장하는데 도움이 된 정도

(단위: 명, %)

구분		사례 수	도움 되지 않음 (①+②)	보통 (③)	도움 됨 (④+⑤)
전체		138	73.2	19.6	7.2
성별	남자	37	70.3	18.9	10.8
	여자	101	74.3	19.8	5.9
북한 정권 시기	김정일 집권기	79	78.5	16.5	5.1
	김정은 집권기	20	75.0	15.0	10.0
	중첩	39	61.5	28.2	10.3
경제 수준	상	9	44.4	22.2	33.3
	중	36	77.8	16.7	5.6
	중하	35	57.1	31.4	11.4
	하	58	84.5	13.8	1.7
부모 당원 여부	부모 모두	22	63.6	18.2	18.2
	부	63	74.6	20.6	4.8
	모	2	100.0	0.0	0.0
	없음	51	74.5	19.6	5.9

※ ①(전혀 되지 않았음)+②(별로 되지 않음)
④(조금 되었음)+⑤(매우 되었음) 척도 점수를 기준으로 제시

3) 일탈행동

(1) 패거리(학교폭력)

북한에서 학업 기간 중 패거리(학교폭력)에 의한 피해 경험에 대해, '전혀 없었음'이라는 응답이 59.4%로 가장 높게 나타났으며, 다음으로 '별로 없었음'(24.6%), '조금 있었음'(10.9%), '자주 있었음'(5.1%) 순으로 나타났다. 북한에서 학업 기간 중 패거리(학교폭력)를 목격한 경험에 대해, '전혀 없었음'이라는 응답이 49.3%로 가장 높게 나타났으며, 다음으로 '별로 없었음'(23.9%), '조금 있었음'(19.6%), '자주 있었음'(7.2%) 순으로 나타났다. 피해 및 목격 경험의 경우 남녀 간 차이가 뚜렷하게 관찰되었는데, 피해 경험의 경우 남자 32.4%, 여자 9.9%, 목격한 경우 남자 35.1%, 여자 23.8%로 나타났다.

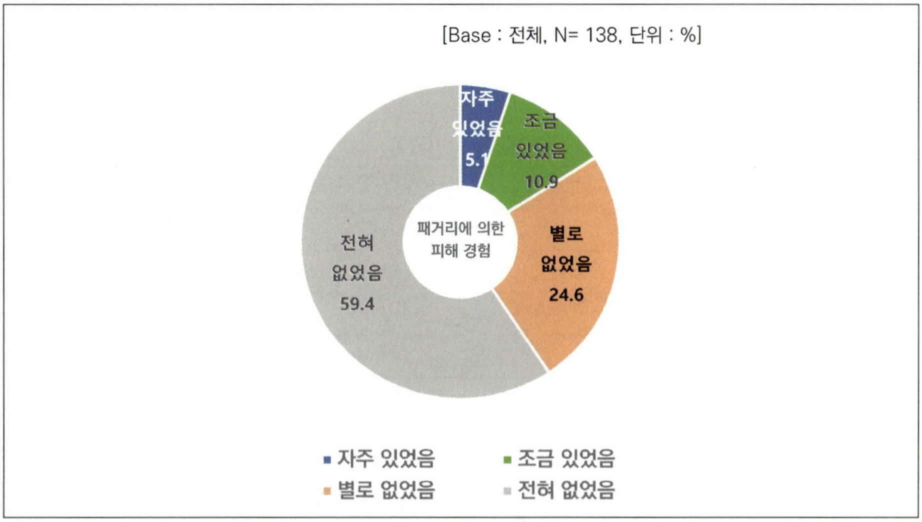

그림 Ⅳ-28. 북한에서 학업 기간 중 패거리 피해 경험

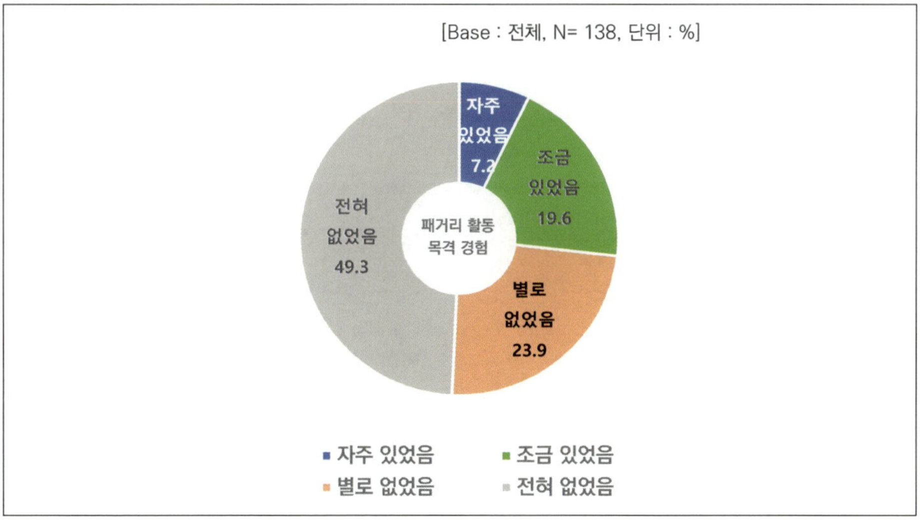

그림 Ⅳ-29. 북한에서 학업 기간 중 패거리 목격 경험

표 Ⅳ-28. 북한에서 학업 기간 중 패거리 피해 경험_목격경험

(단위: 명, %)

과목	구분	사례수	① 전혀 없었음	② 별로 없었음	③ 조금 있었음	④ 자주 있었음	경험 없음 (①+②)	경험 있음 (③+④)
피해경험	전체	138	59.4	24.6	10.9	5.1	84.1	15.9
	남자	37	37.8	29.7	24.3	8.1	67.6	32.4
	여자	101	67.3	22.8	5.9	4.0	90.1	9.9
목격경험	전체	138	49.3	23.9	19.6	7.2	73.2	26.8
	남자	37	27.0	37.8	21.6	13.5	64.9	35.1
	여자	101	57.4	18.8	18.8	5.0	76.2	23.8

패거리(학교폭력) 가해 학생에 대한 학교의 처벌에 대해, '전혀 엄격하지 않음'이라는 응답은 31.9%로 가장 높게 나타났으며, 다음으로 '별로 엄격하지 않음', '조금 엄격함'(각 29.7%), '매우 엄격함'(8.7%) 순으로 나타났다. 남자와 여자의 처벌 정도에 대한 인식은 여자가 약간 높은 비율로 나타났다.

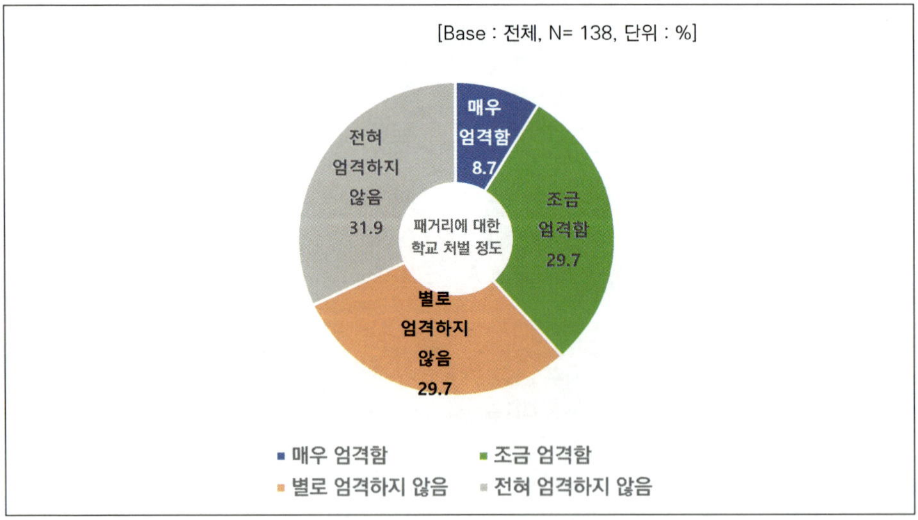

그림 Ⅳ-30. 패거리 가해 학생처벌 정도

표 Ⅳ-29. 패거리 가해 학생처벌 정도

(단위: 명, %)

과목	구분	사례수	① 전혀 엄격하지 않음	② 별로 엄격하지 않음	③ 조금 엄격함	④ 매우 엄격함	엄격하지 않음(①+②)	엄격함 (③+④)
처벌 정도 인식	전체	138	31.9	29.7	29.7	8.7	61.6	38.4
	남자	37	24.3	40.5	27.0	8.1	64.9	35.1
	여자	101	34.7	25.7	30.7	8.9	60.4	39.6

학생 시기에 패거리(학교폭력) 활동을 하는 이유에 대해, '무엇인가를 보여주려는 과시욕 때문에'라는 응답이 32.6%로 가장 높게 나타났으며, 다음으로 '나와 친구들을 보호하기 위해서'(29.7%), '왕따를 당하기 싫어서'(21.7%) 순으로 나타났다. 패거리 활동을 하는 이유에 대한 남녀 간 성별 차이가 관찰되었는데 '무엇인가를 보여주려는 과시욕 때문에'라는 응답률의 경우 남자 27%, 여자 34.7%, '나와 친구들을 보호하기 위해서'는 남자 32.4%, 여자 28.7%, '왕따를 당하기 싫어서'는 남자 18.9%, 여자 22.8%로 나타났다.

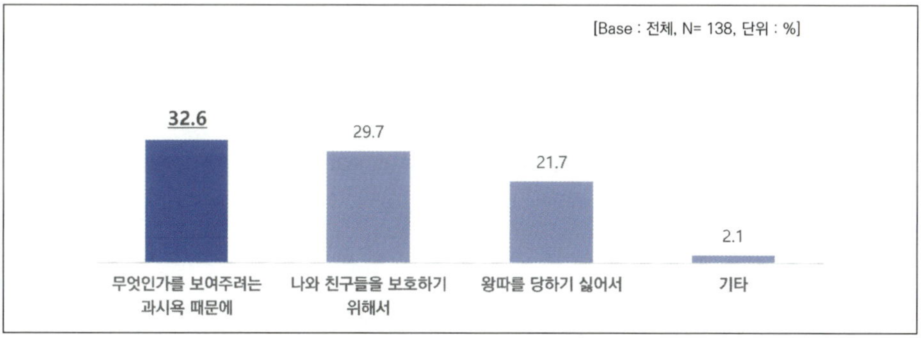

그림 Ⅳ-31. 학생 시기에 패거리 활동을 하는 이유

표 Ⅳ-30. 학생 시기에 패거리 활동을 하는 이유

(단위: 명, %)

과목	구분	사례수	무엇인가를 보여주려는 과시욕 때문에	나와 친구들을 보호하기 위해서	왕따를 당하기 싫어서	기타
패거리 활동 이유	전체	138	32.6	29.7	21.7	15.9
	남자	37	27.0	32.4	18.9	21.6
	여자	101	34.7	28.7	22.8	13.9

(2) 흡연

학생 때 담배를 피운 경험이 '있다'는 응답은 16.7%로 나타났다. 반면, 피운 경험이 '없다'는 응답은 83.3%로 나타났다. 남녀 간 성별 차이가 뚜렷이 관찰되었는데 담배를 피운 경험이 '있다'는 응답의 경우 남자 35.1%, 여자 9.9%의 비율로 나타났다.

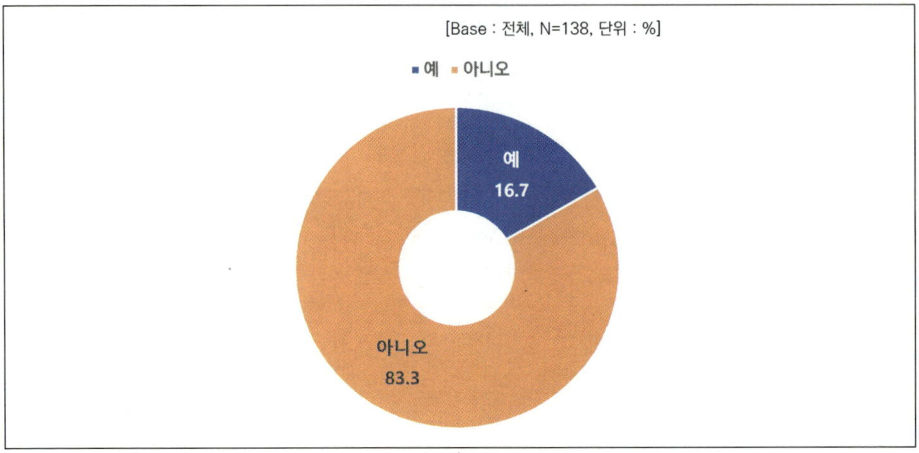

그림 Ⅳ-32. 학생 때 흡연 경험

표 Ⅳ-31. 학생 때 흡연 경험

(단위: 명, %)

과목	구분	사례수	예	아니오
흡연 경험	전체	138	16.7	83.3
	남자	37	35.1	64.9
	여자	101	9.9	90.1

흡연을 시작한 시기에 대해, '고급중학교 시기'라는 응답이 47.8%로 가장 높게 나타났으며, 다음으로 '초급중학교 시기'(34.8%), '대학교 시기'(4.3%) 등의 순으로 나타났다. 남녀 간 성별 차이가 뚜렷이 관찰되었는데 담배를 피운 시기 경우 초급중학교 때 비율이 남자 53.8%, 여자 10%의 비율로 나타났으며, 고급중학교 때 비율은 남자 38.5%, 여자 60%의 비율로 관찰되었다.

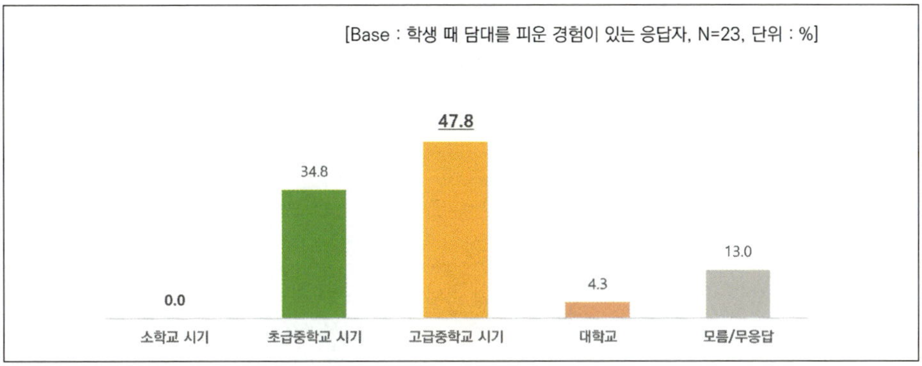

그림 Ⅳ-33. 흡연 시기

표 Ⅳ-32. 흡연 시기

(단위: 명, %)

과목	구분	사례수	소학교 시기	초급중학교 시기	고급중학교 시기	대학교	모름/무응답
피해 경험	전체	23	0.0	34.8	47.8	4.3	13.0
	남자	13	0.0	53.8	38.5	0.0	7.7
	여자	10	0.0	10.0	60.0	10.0	20.0

4) 경제활동

(1) 학교 내 경제동원활동

경제 동원 활동이 가계살림에 영향을 준 경험에 대해, '영향 있음'(62.4%), '영향 없음'(25.6%), '보통'(12.0%) 순으로 나타났다. 가계살림에 영향을 주었다는 응답 비율은 남녀 간 약간의 차이가 있었으며(남자 61.1% 여자 62.9%), 김정일 집권기(63.6%)가 김정은 집권기(61.1%) 보다 약간 높게, 경제적 수준이 낮을수록 (하 71.9%) 높게 나타났으며, 부모의 당원 유무에 따른 일정한 경향은 관찰되지 않았다. 경제 동원 활동이 학업에 영향을 준 경험에 대해, '영향 있음'(62.4%), '영향 없음'(24.1%), '보통'(13.5%) 순으로 나타났다. 학업에 영향을 주었다는 응답 비율은 남녀 간 미비한 차이가 있었으며(남자 63.9% 여자 61.9%), 김정일 집권기(67.5%)가 김정은 집권기(55.6%) 보다 다소 높게, 경제적 수준이 낮을수록 (하 73.7%) 높게 나타났으며, 부모의 당원 유무에 따른 일정한 경향은 관찰되지 않았다.

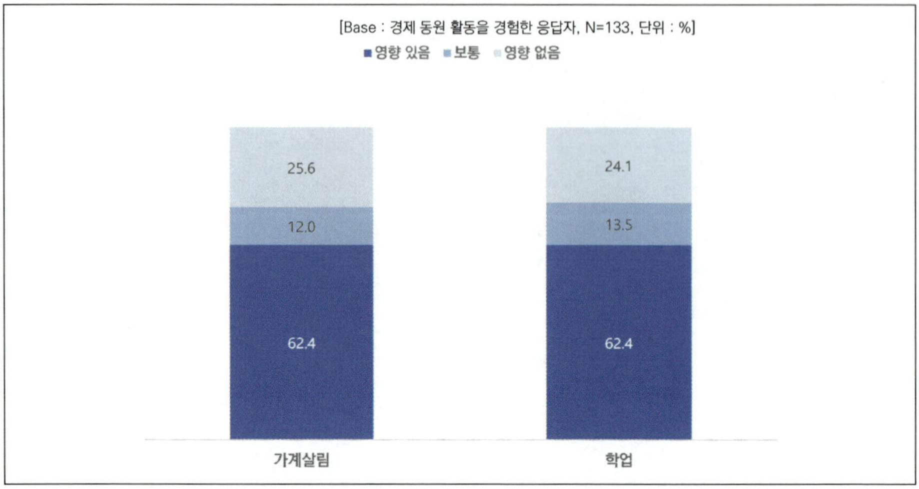

그림 Ⅳ-34. 경제 동원 활동이 가계살림과 학업에 미치는 영향 정도

표 Ⅳ-33. 경제 동원 활동이 가계살림과 학업에 미치는 영향 정도_가계 살림_학업

(단위: 명, %)

구분		사례수	가계살림		학업	
			영향 없음(①+②)	영향 있음(④+⑤)	영향 없음(①+②)	영향 있음(④+⑤)
전체		133	25.6	62.4	24.1	62.4
성별	남자	36	25.0	61.1	25.0	63.9
	여자	97	25.8	62.9	23.7	61.9
북한 정권 시기	김정일 집권기	77	23.4	63.6	20.8	67.5
	김정은 집권기	18	22.2	61.1	27.8	55.6
	중첩	38	31.6	60.5	28.9	55.3
경제 수준	상	9	44.4	55.6	44.4	55.6
	중	34	41.2	50.0	41.2	47.1
	중하	33	18.2	60.6	18.2	60.6
	하	57	17.5	71.9	14.0	73.7
부모 당원 여부	부모 모두	20	15.0	70.0	15.0	70.0
	부	62	25.8	59.7	24.2	59.7
	모	2	0.0	100.0	0.0	100.0
	없음	49	30.6	61.2	28.6	61.2

(2) 학교 내 물품거래

북한의 학교 안에서 물품을 사고 판 경험이 있다는 응답은 34.1%로 나타났다. 북한의 학교 안에서 물품을 사고 판 경험이 있다는 응답은 여자(34.7%), 김정일 집권기(38.0%), 경제적 수준 상(66.7%), 부모님 중 어머니가 당원일 경우(100.0%)에 상대적으로 높게 나타지만, 사례수(N=1)가 적어 해석 시 유의해야 한다.

북한의 학교 안에서 물품을 사고 판 경험이 있다는 응답자가 물품을 사고 판 이유에 대해, '필요한 물품 구입'이 55.3%로 가장 높게 나타났으며, 다음으로 '집안에 경제적 도움을 주기 위해서'(21.3%), '재미있어서'(19.1%) 등의 순으로 나타났다. 물품을 사고 판 이유가 '필요한 물품 구입'이라고 응답한 경우, 여자(57.1%), 김정일 집권기(70.0%), 경제적 수준 하(92.9%), 부모님 중 어머니가 당원일 경우(100.0%)에 상대적으로 높게 나타났지만, 사례수(N=1)가 적어 해석 시 유의해야 한다.

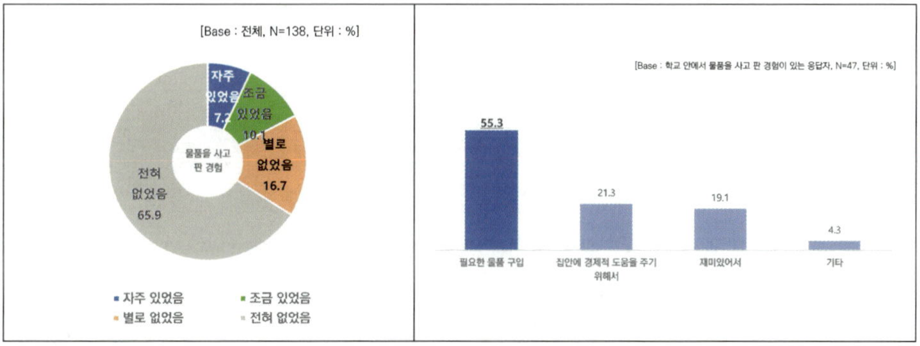

그림 Ⅳ-35. 북한의 학교 안에서 물품을 사고 판 경험과 이유

표 Ⅳ-34. 북한의 학교 안에서 물품을 사고 판 경험과 이유

(단위: 명, %)

구분		사례수	물건을 사고판 경험		사례수	물건을 사고판 목적			
			경험 없음(①)	경험 있음 (②+③+④)		필요한 물품 구입	집안에 경제적 도움을 주기 위해서	재미 있어서	기타
전체		138	65.9	34.1	47	55.3	21.3	19.1	4.3
성별	남자	37	67.6	32.4	12	50.0	16.7	33.3	0.0
	여자	101	65.3	34.7	35	57.1	22.9	14.3	5.7

구분		사례수	물건을 사고판 경험		사례수	물건을 사고판 목적			
			경험 없음(①)	경험 있음 (②+③+④)		필요한 물품 구입	집안에 경제적 도움을 주기 위해서	재미 있어서	기타
북한 정권 시기	김정일 집권기	79	62.0	38.0	30	70.0	16.7	6.7	6.7
	김정은 집권기	20	85.0	15.0	3	33.3	0.0	66.7	0.0
	중첩	39	64.1	35.9	14	28.6	35.7	35.7	0.0
경제 수준	상	9	33.3	66.7	6	50.0	16.7	33.3	0.0
	중	36	77.8	22.2	8	37.5	37.5	12.5	12.5
	중하	35	45.7	54.3	19	36.8	26.3	31.6	5.3
	하	58	75.9	24.1	14	92.9	7.1	0.0	0.0
부모 당원 여부	부모 모두	22	68.2	31.8	7	28.6	14.3	42.9	14.3
	부	63	58.7	41.3	26	61.5	23.1	15.4	0.0
	모	2	0.0	100.0	2	100.0	0.0	0.0	0.0
	없음	51	76.5	23.5	12	50.0	25.0	16.7	8.3

※ ②(별로 없었음)+③(조금 있었음)+④(자주 있었음) 척도 점수를 기준으로 제시

(3) 장마당

북한에서 청소년기에 장마당을 이용한 경험이 있다는 응답은 87.0%로 나타났다. 북한에서 청소년기에 장마당을 이용한 경험이 있다는 응답은 남자(97.3%), 김정은 집권기(90.0%), 경제적 수준 상(100.0%), 부모님 중 어머니가 당원일 경우(100.0%)에 상대적으로 높게 나타났지만, 사례수(N=2)가 적어 해석 시 유의해야 한다.

장마당을 이용한 경험이 있는 응답자가 장마당을 이용한 목적에 대해, '필요한 물품 구입'이 63.3%로 가장 높게 나타났으며, 다음으로 '집안에 경제적 도움을 주기 위해서'(33.3%), '재미있어서'(0.8%) 등의 순으로 나타났다. 장마당을 이용한 이유가 '필요한 물품 구입'이라고 응답한 경우, 남자(63.9%), 김정은 집권기(83.3%), 경제적 수준 중하(83.9%), 부모님 중 어머니가 당원일 경우(100.0%)에 상대적으로 높게 나타났지만, 사례수(N=2)가 적어 해석 시 유의해야 한다.

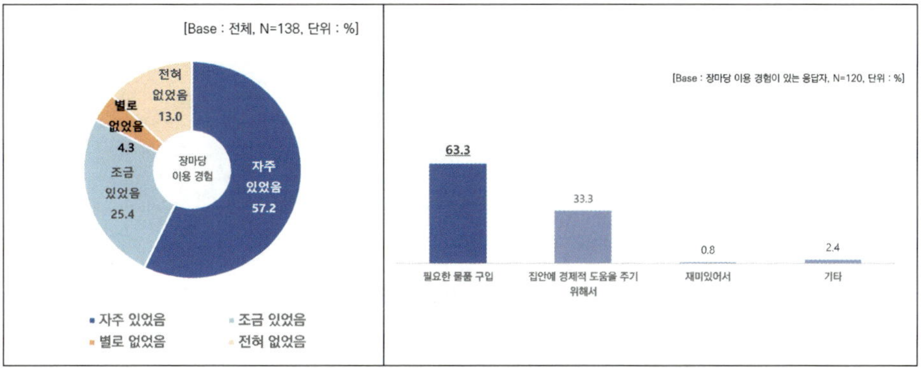

그림 Ⅳ-36. 북한에서 청소년기에 장마당을 이용한 경험과 이용이유

표 Ⅳ-35. 북한에서 청소년기에 장마당을 이용한 경험과 이용이유

(단위: 명, %)

구분		사례수	장마당 이용경험		사례수	장마당 이용이유			
			경험 없음 (①)	경험 있음 (②+③+④)		필요한 물품 구입	집안에 경제적 도움을 주기 위해서	재미 있어서	기타
전체		138	13.0	87.0	120	63.3	33.3	0.8	2.5
성별	남자	37	2.7	97.3	36	63.9	33.3	0.0	2.8
	여자	101	16.8	83.2	84	63.1	33.3	1.2	2.4
북한 정권 시기	김정일 집권기	79	15.2	84.8	67	64.2	31.3	1.5	3.0
	김정은 집권기	20	10.0	90.0	18	83.3	16.7	0.0	0.0
	중첩	39	10.3	89.7	35	51.4	45.7	0.0	2.9
경제 수준	상	9	0.0	100.0	9	55.6	44.4	0.0	0.0
	중	36	8.3	91.7	33	78.8	18.2	0.0	3.0
	중하	35	11.4	88.6	31	83.9	12.9	3.2	0.0
	하	58	19.0	81.0	47	40.4	55.3	0.0	4.3
부모 당원 여부	부모 모두	22	18.2	81.8	18	66.7	27.8	0.0	5.6
	부	63	12.7	87.3	55	69.1	29.1	0.0	1.8
	모	2	0.0	100.0	2	100.0	0.0	0.0	0.0
	없음	51	11.8	88.2	45	53.3	42.2	2.2	2.2

※ ②(별로 없었음)+③(조금 있었음)+④(자주 있었음) 척도 점수를 기준으로 제시

5) 여가놀이

(1) 친구관계

북한에서 학교에 다닐 때 친구 관계에 대한 질문의 전체 평균 점수(5점 만점)는 3.42점으로 나타났다. 이 중 '친구들과 잘 어울려 지냈다'라는 응답이 3.51점으로 가장 높게 나타났으며, 다음으로 '나를 좋아하는 친구들이 많았다'(3.49점), '친구들은 나를 잘 도와주었다'(3.26점) 순으로 나타났다. 전반적인 친구관계에 관한 만족도는 김정일 시기와 김정은 시기 간 큰 차이는 없었으며 경제수준 및 부모의 당원 유무에 따른 일정한 경향성도 관찰되지 않았다.

표 Ⅳ-36. 북한에서의 친구 관계

(단위: 명, %)

구분		사례수	북한에서 학교에 다닐 때 친구 관계 (전체)	친구들은 나를 잘 도와주었다	친구들과 잘 어울려 지냈다	나를 좋아하는 친구들이 많았다
전체		138	3.42	3.26	3.51	3.49
성별	남자	37	3.54	3.49	3.59	3.54
	여자	101	3.38	3.18	3.48	3.48
북한 정권 시기	김정일 집권기	79	3.47	3.39	3.52	3.51
	김정은 집권기	20	3.57	3.25	3.80	3.65
	중첩	39	3.24	3.00	3.33	3.38
경제 수준	상	9	3.52	3.11	3.67	3.78
	중	36	3.96	3.75	4.08	4.06
	중하	35	3.07	2.91	3.17	3.11
	하	58	3.28	3.19	3.33	3.33
부모 당원 여부	부모 모두	22	3.14	2.95	3.18	3.27
	부	63	3.49	3.33	3.60	3.52
	모	2	3.00	3.00	3.00	3.00
	없음	51	3.48	3.31	3.55	3.57

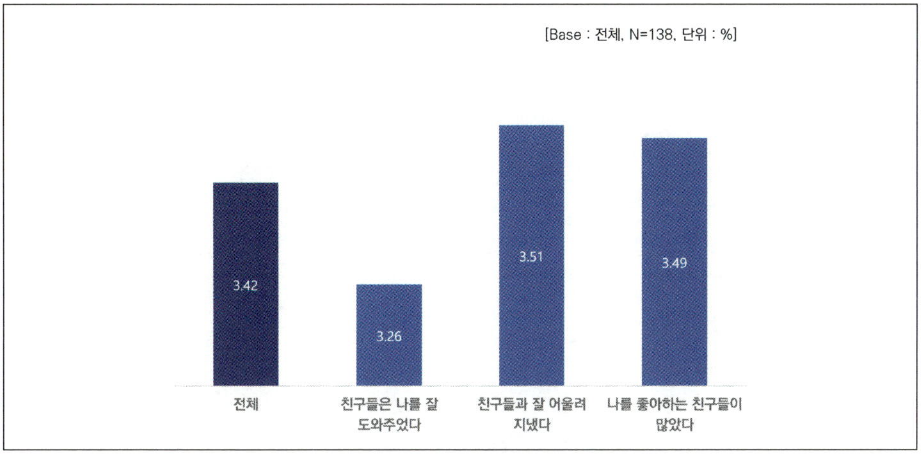

그림 Ⅳ-37. 북한에서의 친구 관계

(2) 놀이

북한에서 학교에 다닐 때 친구들과 가장 즐겨한 놀이에 대해, '고무줄넘기 및 공기놀이 등'이 39.1%로 가장 높게 나타났으며, 다음으로 '체육 활동'(31.9%), '주패, 화투, 장기 및 바둑 등'(21.7%), '전통놀이'(3.6%) 등의 순으로 나타났다. 북한에서 학교에 다닐 때 친구들과 가장 즐겨한 놀이에 대해 '고무줄넘기 및 공기놀이 등'의 응답은 여자(44.6%), 김정일 시기(29.1%)에 비해 김정은 시기(50.0%)에, 경제적 수준 상(44.4%), 부모님 모두 당원이 아닐 경우(47.1%)에 상대적으로 높게 나타났다.

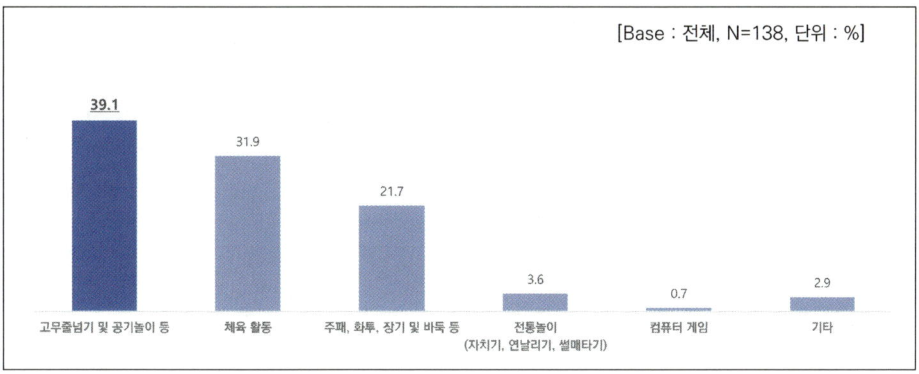

그림 Ⅳ-38. 북한에서 친구들과 즐겨한 놀이

표 Ⅳ-37. 북한에서 친구들과 즐겨한 놀이

(단위: 명, %)

구분		사례수	고무줄넘기 및 공기놀이 등	체육활동	주패, 하투, 장기 및 바둑 등	전통놀이 (자치기, 연날리기, 썰매타기)	컴퓨터 게임	기타
전체		138	39.1	31.9	21.7	3.6	0.7	2.9
성별	남자	37	24.3	37.8	32.4	2.7	0.0	2.7
	여자	101	44.6	29.7	17.8	4.0	1.0	3.0
북한 정권 시기	김정일 집권기	79	29.1	34.2	29.1	3.8	0.0	3.8
	김정은 집권기	20	50.0	15.0	20.0	5.0	5.0	5.0
	중첩	39	53.8	35.9	7.7	2.6	0.0	0.0
경제 수준	상	9	44.4	33.3	0.0	0.0	11.1	11.1
	중	36	41.7	30.6	22.2	0.0	0.0	5.6
	중하	35	37.1	31.4	28.6	2.9	0.0	0.0
	하	58	37.9	32.8	20.7	6.9	0.0	1.7
부모 당원 여부	부모 모두	22	31.8	36.4	27.3	0.0	0.0	4.5
	부	63	36.5	34.9	27.0	0.0	0.0	1.6
	모	2	0.0	50.0	0.0	0.0	50.0	0.0
	없음	51	47.1	25.5	13.7	9.8	0.0	3.9

(3) TV시청

북한에서 청소년기에 TV를 시청하였다는 전체 응답률은 39.1%로 나타났다. TV를 시청에 대한 응답률은 남자(40.5%), 김정은 집권기(55.0%), 경제적 수준 상(77.8%), 부모님 중 어머니가 당원일 경우(50.0%)에 상대적으로 높게 나타났다. 성별 특성에 따른 차이(남자 40.5%, 여자 38.6%)는 미비했지만, 집권 시기별로 차이가 나타났는데 김정일 집권기(39.2%)에 비해 김정은 집권기(55%)에 TV 시청 비율이 높게 관찰되었으며, 경제적 수준에 따른 TV 시청 정도도 집단 별 차이도 뚜렷하게 나타났는데 경제적 수준이 높은 상 집단(77.8%)과 중 집단(61.1%)이, 다른 2개 집단보다 높은 비율로 관찰되었다. 경제수준 중하 집단 31.4%, 하 집단 24.1%에 불과해 그 차이가 뚜렷하게 나타났다. 부모님 당원 여부에 따른 차이는 일정한 경향으로 관찰되지 않았다.

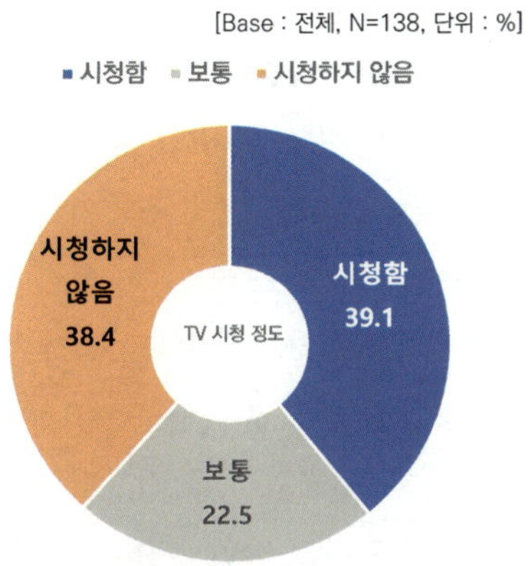

그림 Ⅳ-39. 북한에서 청소년기 TV 시청 정도

표 Ⅳ-38. 북한에서 청소년기에 TV 시청 정도

(단위: 명, %)

구분		사례수	TV 시청정도	
			시청하지 않음(①+②)	시청함(④+⑤)
전체		138	38.4	39.1
성별	남자	37	37.8	40.5
	여자	101	38.6	38.6
북한 정권시기	김정일 집권기	79	43.0	39.2
	김정은 집권기	20	15.0	55.0
	중첩	39	41.0	30.8
경제수준	상	9	22.2	77.8
	중	36	22.2	61.1
	중하	35	25.7	31.4
	하	58	58.6	24.1
부모 당원여부	부모 모두	22	36.4	31.8
	부	63	38.1	34.9
	모	2	50.0	50.0
	없음	51	39.2	47.1

※ TV 시청 정도에서 보통으로 응답한 비율은 생략함.
※ ①(전혀 없었음)+②(별로 없었음)
④(조금 있었음)+⑤(자주 있었음) 척도 점수를 기준으로 제시

북한에서 청소년기에 TV를 시청한 경험이 있는 응답자가 주로 시청한 프로그램(1순위 기준)에 대해, '만화(아동영화)'가 48.0%로 가장 높게 나타났으며 다음으로 '드라마(연속극)와 영화'(44.0%)로 두 프로그램 모두 남자와 여자 간의 성별차이가 거의 관찰되지 않았다. 그 다음으로 '뉴스 및 보도'(4.0%), '스포츠(경기)'(1.6%) 등의 순으로 나타났는데, 앞의 두 프로그램 보다 시청률이 매우 낮게 나타났다. 주로 시청한 TV 프로그램이 '만화(아동영화)'라고 응답한 비율은 여자(48.9%), 김정일 및 김정은 집권기(58.8%), 경제적 수준 상(77.8%), 부모님 중 아버지가 당원일 경우(각 50.0%)에 상대적으로 높게 나타났다. 집권 시기별로 차이가 나타났는데, 만화의 경우 김정일 집권기(49.3%)가 김정은 집권기(22.2%)에 비해 보다 높은 비율로 관찰된 반면, 드라마의 경우 김정일 집권기(45.2%)보다 김정은 집권기(66.7%)에 보다 높은 비율로 관찰되었다.

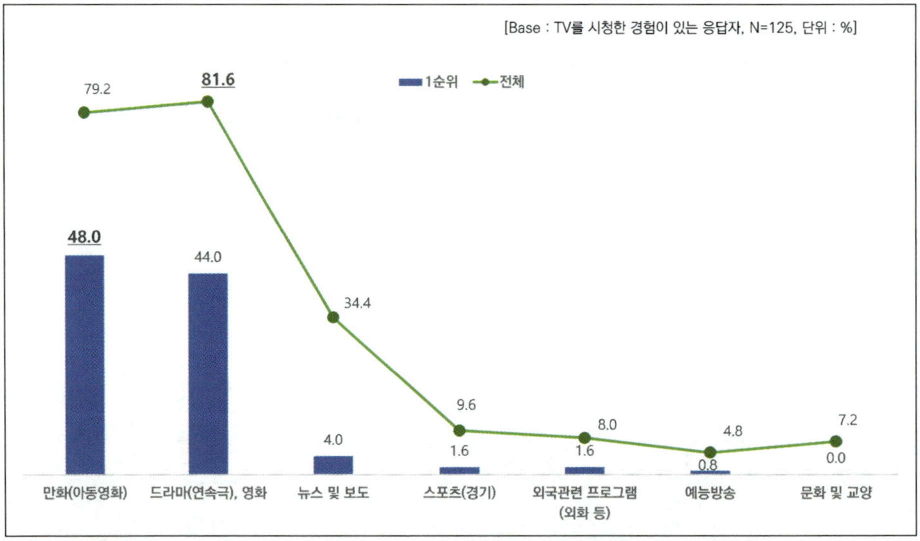

그림 Ⅳ-40. 주로 시청한 프로그램

표 Ⅳ-39. 주로 시청한 프로그램(1순위)

(단위: 명, %)

구분		사례수	만화(아동영화)	드라마(연속극), 영화	뉴스 및 보도	스포츠(경기)	외국관련 프로그램(외화 등)	예능방송	문화 및 교양
전체		125	48.0	44.0	4.0	1.6	1.6	0.8	0.0
성별	남자	35	45.7	42.9	5.7	5.7	0.0	0.0	0.0
	여자	90	48.9	44.4	3.3	0.0	2.2	1.1	0.0
북한 정권 시기	김정일 집권기	73	49.3	45.2	4.1	0.0	0.0	1.4	0.0
	김정은 집권기	18	22.2	66.7	11.1	0.0	0.0	0.0	0.0
	중첩	34	58.8	29.4	0.0	5.9	5.9	0.0	0.0
경제 수준	상	9	77.8	11.1	11.1	0.0	0.0	0.0	0.0
	중	35	31.4	57.1	8.6	0.0	2.9	0.0	0.0
	중하	35	51.4	42.9	0.0	2.9	2.9	0.0	0.0
	하	46	52.2	41.3	2.2	2.2	0.0	2.2	0.0
부모 당원 여부	부모 모두	17	29.4	52.9	5.9	0.0	11.8	0.0	0.0
	부	58	50.0	43.1	1.7	3.4	0.0	1.7	0.0
	모	2	50.0	50.0	0.0	0.0	0.0	0.0	0.0
	없음	48	52.1	41.7	6.3	0.0	0.0	0.0	0.0

(4) 컴퓨터

북한의 학교 또는 집에서 컴퓨터를 사용하였다는 전체 응답률은 5.8%로 나타났다. 북한의 학교 또는 집에서 컴퓨터를 사용하였다는 응답은 남자(10.8%), 김정은 집권기(15.0%), 경제적 수준 상(33.3%), 부모님 모두 당원이 아닐 경우(9.8%)에 상대적으로 높게 나타났다. 성별 특성에 따른 남녀 별 차이(남자 10.8%, 여자 4.0%)가 두드러지게 나타났으며, 집권 시기별로도 차이가 나타났는데 김정일 집권기(2.5%)에 비해 김정은 집권기(15%)에 상당히 높게 관찰되었으며, 경제적 수준에 따른 집단 별 차이도 뚜렷하게 나타났다. 경제적 수준이 높은 상 집단(33.3%)이 다른 3개 집단보다 높은 비율로 관찰되었다. 경제수준 중 집단 11.0% 중하 집단 0.0%, 하 집단1.7%에 불과해 그 차이가 뚜렷하게 나타났다. 부모님 당원 여부에 따른 차이는 일정한 경향으로 관찰되지 않았다지만, 무당원일 경우 사용했다고 응답한 비율(9.8%)이 가장 높게 나타났다.

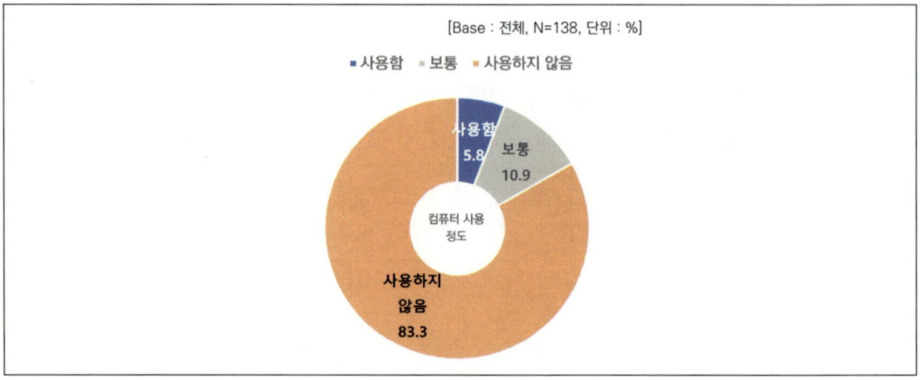

그림 Ⅳ-41. 북한에서 청소년기 컴퓨터 사용 정도

표 Ⅳ-40. 북한에서 청소년기에 컴퓨터 사용 정도

(단위: 명, %)

구분		사례수	컴퓨터 사용정도	
			사용하지 않음(①+②)	사용함(④+⑤)
전체		138	83.3	5.8
성별	남자	37	83.8	10.8
	여자	101	83.2	4.0
북한 정권 시기	김정일 집권기	79	89.9	2.5
	김정은 집권기	20	75.0	15.0
	중첩	39	74.4	7.7
경제수준	상	9	55.6	33.3
	중	36	72.2	11.1
	중하	35	77.1	0.0
	하	58	98.3	1.7
부모 당원 여부	부모 모두	22	77.3	0.0
	부	63	84.1	4.8
	모	2	50.0	0.0
	없음	51	86.3	9.8

※ 컴퓨터 사용 정도의 경우에서 보통으로 응답한 비율은 생략함.
※ ①(전혀 사용하지 않음)+②(별로 사용하지 않음)
④(조금 사용함)+⑤(자주 사용함) 척도 점수를 기준으로 제시

북한의 학교 또는 집에서 컴퓨터를 사용한 경험이 있는 응답자가 주로 사용한 용도(1순위 기준)에 대해, '게임, 놀이, 음악 및 영화(오락 등)'이 57.5%로 가장 높게 나타났으며,

다음으로 '공부 및 과제수행(예습 및 복습 등)'(27.5%), '채팅이나 문자(사진) 주고받기'(7.5%) 등의 순으로 나타났다. 주로 사용한 용도가 '게임, 놀이, 음악 및 영화(오락 등)'라고 응답한 경우, 남자(61.5%), 김정일 및 김정은 집권기(63.2%), 경제적 수준 하(75.0%), 부모님 모두 무당원(64.3%)일 때 상대적으로 높게 나타났다.

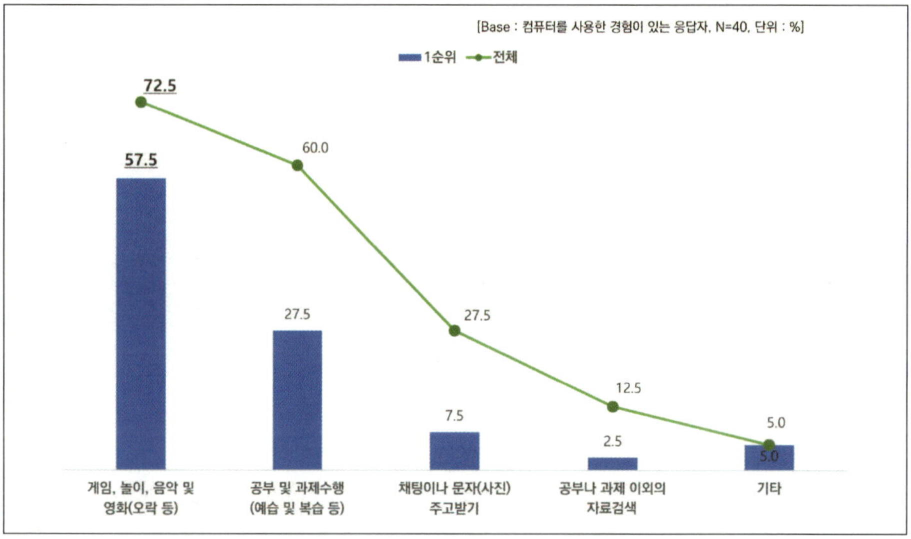

그림 Ⅳ-42. 컴퓨터를 주로 사용한 용도

(5) 손전화(핸드폰)

북한에서 손전화를 가지고 있었다는 전체 응답률은 18.1%로 나타났다. 응답률은 남자(24.3%), 경제적 수준 상(77.8%), 부모님 중 어머니가 당원일 경우(50.0%)에 상대적으로 높게 나타났다. 성별 특성에 따른 차이에서 남자(남자 24.3%)가 여자(15.8%)보다 높은 비율로 나타났으며, 집권 시기별로도 차이가 뚜렷하게 나타났는데 김정일 집권기(7.6%)에 비해 김정은 집권기(30%)에 상당히 높게 관찰되었으며, 경제적 수준에 따른 집단 별 차이도 뚜렷하게 나타났다. 경제적 수준이 높은 상 집단(77.8%)이 다른 3개 집단보다 높은 비율로 관찰되었다. 경제수준 중 집단 25.0% 중하 집단 20.0%, 하 집단 3.4%에 불과해 그 차이가 뚜렷하게 나타났으며, 경제수준에 따른 일관된 경향성이 관찰되었다. 부모의 당원 여부에 따른 집단 별 차이도 나타났는데 부모 모두 당원인 집단(22.7%)이 다른 2개 집단보다 다소 높은 비율로 관찰되었다. 아버지만 당원인 집단(19.0%)에 비해 무당원인 집단(13.7%)에서 보다 높은 비율로 나타났다. 어머니만 당원인 집단은 사례수(N=2)가 적어 해석 시 유의해야 한다.

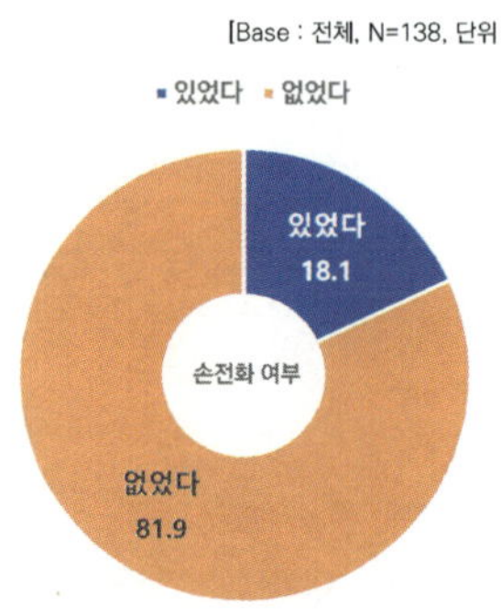

그림 Ⅳ-43. 북한에서 청소년기 손전화 보유 여부

표 Ⅳ-41. 북한에서 청소년기 손전화 보유 여부

(단위: 명, %)

구분		사례수	손전화 보유여부	
			예	아니오
전체		138	18.1	81.9
성별	남자	37	24.3	75.7
	여자	101	15.8	84.2
북한 정권시기	김정일 집권기	79	7.6	92.4
	김정은 집권기	20	30.0	70.0
	중첩	39	33.3	66.7
경제수준	상	9	77.8	22.2
	중	36	25.0	75.0
	중하	35	20.0	80.0
	하	58	3.4	96.6
부모 당원여부	부모 모두	22	22.7	77.3
	부	63	19.0	81.0
	모	2	50.0	50.0
	없음	51	13.7	86.3

북한에서 손전화를 사용한 경험이 있는 응답자가 주로 사용한 용도(1순위 기준)에 대해, '게임, 놀이, 음악 및 영화(오락 등)'이 48.0%로 가장 높게 나타났으며, 다음으로 '채팅이나 문자(사진) 주고받기'(20.0%), '공부 및 과제수행(예습 및 복습)'(20.0%) 등의 순으로 나타났다. 주로 사용한 용도가 '게임, 놀이, 음악 및 영화(오락 등)'라고 응답한 경우, 남자(66.7%), 김정일 및 김정은 집권기(53.8%)경제적 수준 상, 경제적 수준 중하(각 57.1%), 부모님 모두 당원이 아닐 경우(85.7%)에 상대적으로 높게 나타났다. 김정일 집권기(33.3%)에 비해 김정은 집권기(50%)에 손전화로 게임, 놀이, 음악 및 영화 등을 즐기는 용도가 높은 비율로 관찰되었으며, 공부 등 과제수행에도 이용했다는 응답률도 높게 나타났다(김정일 0%, 김정은 33.3%).

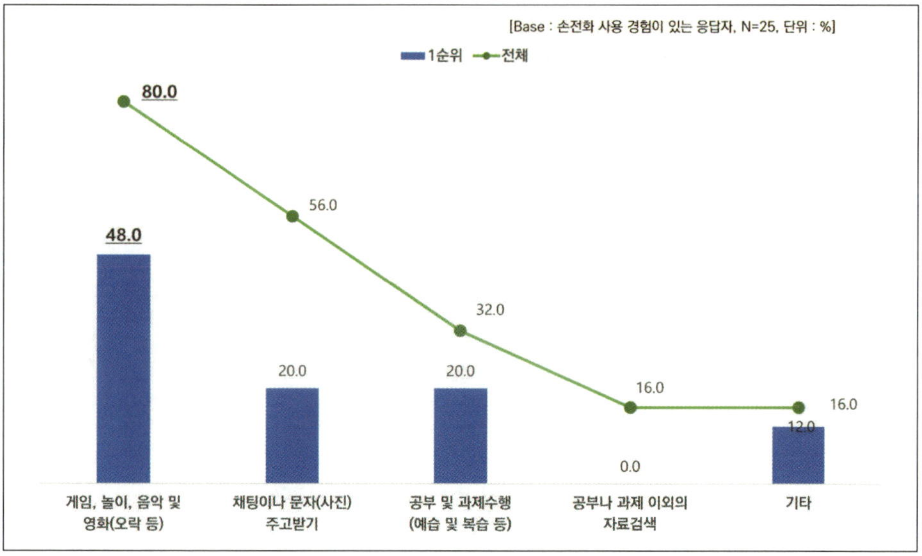

그림 Ⅳ-44. 손전화 사용용도

표 Ⅳ-42. 손전화 사용용도(1순위)

(단위: 명, %)

구분		사례수	손전화 사용용도				
			게임, 놀이, 음악 및 영화 (오락 등)	공부 및 과제수행 (예습 및 복습 등)	채팅이나 문자(사진) 주고 받기	공부나 과제 이외의 자료검색	기타
전체		25	48.0	20.0	20.0	0.0	12.0
성별	남자	9	66.7	11.1	11.1	0.0	11.1
	여자	16	37.5	25.0	25.0	0.0	12.5
북한 정권시기	김정일 집권기	6	33.3	0.0	33.3	0.0	33.3
	김정은 집권기	6	50.0	33.3	16.7	0.0	0.0
	중첩	13	53.8	23.1	15.4	0.0	7.7
경제 수준	상	7	57.1	42.9	0.0	0.0	0.0
	중	9	33.3	22.2	22.2	0.0	22.2
	중하	7	57.1	0.0	28.6	0.0	14.3
	하	2	50.0	0.0	50.0	0.0	0.0
부모 당원여부	부모 모두	5	80.0	0.0	20.0	0.0	0.0
	부	12	16.7	25.0	33.3	0.0	25.0
	모	1	0.0	100.0	0.0	0.0	0.0
	없음	7	85.7	14.3	0.0	0.0	0.0

6) 복지제도에 대한 인식

북한에서 청소년기 동안 받은 복지 혜택을 받은 경험에 대해, '교복 무상지급(새것+중고)'이 75.3%로 가장 높게 나타났고, 무상으로 지급받은 교과서의 경우 중고비율이 각 20.3%인데 반해 학용품과 교복은 각각 2.2%, 3.6%의 비율로 관찰되었다. '교복 무상지급'을 받은 경험이 있다는 응답은 남자(75.7%), 김정은 집권기(95.0%), 경제적 수준 중(88.9%), 부모님 모두 당원이 아닐 경우(82.3%)에 상대적으로 높게 나타났다.

북한에서 청소년기 동안 받은 복지 혜택을 받은 경험에 대해 치료 항목 중에서는 '진찰 및 치료 제공'이 57.2%로 가장 높게 나타났다. 치료 항목 중 '진찰 및 치료 제공'을 받은 경험이 있다는 응답은 여자(59.4%), 김정일 및 김정은 집권기(61.5%), 경제적 수준 하(63.8%), 부모님 중 아버지가 당원일 경우(69.8%)에 상대적으로 높게 나타났다.

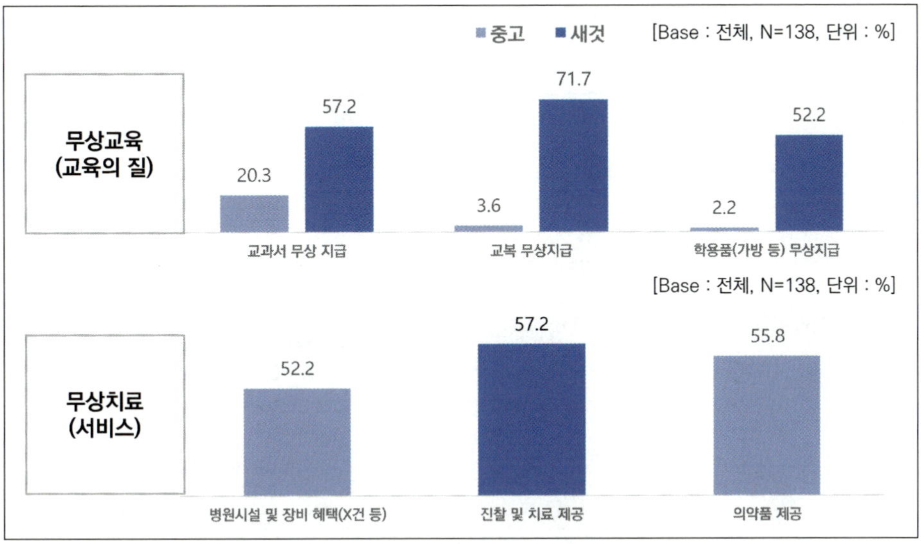

그림 Ⅳ-45. 북한에서 청소년기 동안 받은 복지혜택

표 Ⅳ-43. 북한에서 청소년기 동안 받은 복지혜택_교과서_교복_학용품

(단위: 명, %)

구분		사례수	교과서			교복			학용품		
			새것	없음	중고	새것	없음	중고	새것	없음	중고
전체		138	57.2	22.5	20.3	71.7	24.6	3.6	52.2	45.7	2.2
성별	남자	37	54.1	24.3	21.6	75.7	24.3	0.0	51.4	48.6	0.0
	여자	101	58.4	21.8	19.8	70.3	24.8	5.0	52.5	44.6	3.0
북한 정권 시기	김정일	79	43.0	30.4	26.6	62.0	34.2	3.8	43.0	53.2	3.8
	김정은	20	85.0	5.0	10.0	90.0	5.0	5.0	75.0	25.0	0.0
	중첩	39	71.8	15.4	12.8	82.1	15.4	2.6	59.0	41.0	0.0
경제 수준	상	9	77.8	22.2	0.0	77.8	22.2	0.0	22.2	77.8	0.0
	중	36	61.1	11.1	27.8	80.6	11.1	8.3	55.6	38.9	5.6
	중하	35	54.3	20.0	25.7	71.4	28.6	0.0	51.4	48.6	0.0
	하	58	53.4	31.0	15.5	65.5	31.0	3.4	55.2	43.1	1.7
부모 당원 여부	부모 모두	22	59.1	22.7	18.2	72.7	22.7	4.5	77.3	22.7	0.0
	부	63	57.1	27.0	15.9	69.8	30.2	0.0	47.6	50.8	1.6
	모	2	50.0	50.0	0.0	50.0	50.0	0.0	0.0	100.0	0.0
	없음	51	56.9	15.7	27.5	74.5	17.6	7.8	49.0	47.1	3.9

표 Ⅳ-44. 북한에서 청소년기 동안 받은 복지혜택_병원시설_진찰 및 치료_의약품 혜택

(단위: 명, %)

구분		사례수	병원시설 및 장비		진찰 및 치료		의약품 제공	
			있음	없음	있음	없음	있음	없음
전체		138	52.2	47.8	57.2	42.8	55.8	44.2
성별	남자	37	51.4	48.6	51.4	48.6	51.4	48.6
	여자	101	52.5	47.5	59.4	40.6	57.4	42.6
북한 정권 시기	김정일 집권기	79	50.6	49.4	58.2	41.8	55.7	44.3
	김정은 집권기	20	40.0	60.0	45.0	55.0	45.0	55.0
	중첩	39	61.5	38.5	61.5	38.5	61.5	38.5
경제 수준	상	9	44.4	55.6	33.3	66.7	33.3	66.7
	중	36	50.0	50.0	55.6	44.4	52.8	47.2
	중하	35	51.4	48.6	54.3	45.7	57.1	42.9
	하	58	55.2	44.8	63.8	36.2	60.3	39.7
부모 당원 여부	부모 모두	22	50.0	50.0	54.5	45.5	50.0	50.0
	부	63	63.5	36.5	69.8	30.2	66.7	33.3
	모	2	50.0	50.0	50.0	50.0	50.0	50.0
	없음	51	39.2	60.8	43.1	56.9	45.1	54.9

북한에서 청소년기 동안 받은 복지 혜택의 만족도에 대해, ‘교복 무상지급’이 27.9%로 가장 높게 나타났고, ‘학용품 무상지급’ 26.7%, ‘교과서 무상지급’ 25.2% 순으로 나타났으며, ‘교복 무상지급’에 대해 만족하였다는 응답은 남자(32.1%), 김정일 집권기(34.6%), 경제적 수준 중(40.6%), 부모님 중 아버지가 당원일 경우(34.1%)에 상대적으로 높게 나타났다.

북한에서 청소년기 동안 받은 복지 혜택의 만족도에 대해 치료 항목 중에서는 ‘병원시설 및 장비 혜택’이 11.1%로 가장 높게 나타났으며, 치료 항목 중 ‘병원시설 및 장비 혜택’에 대해 만족하였다는 응답은 남자(15.8%), 김정은 집권기(25.0%), 경제적 수준 중(33.3%), 부모님 모두 당원이 아닐 경우(20.0%)에 상대적으로 높게 나타났다.

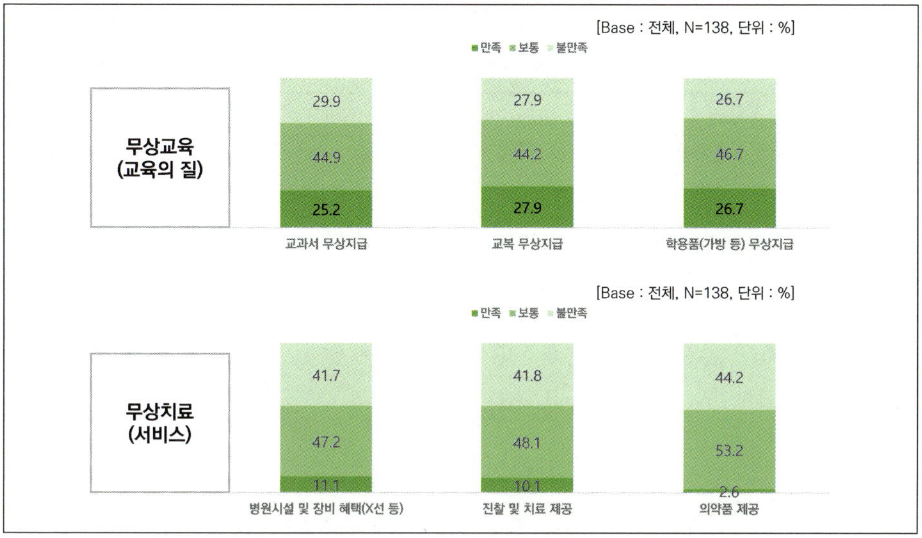

그림 Ⅳ-46. 북한에서 청소년기 동안 받은 복지 만족도

표 Ⅳ-45. 북한에서 청소년기 동안 받은 복지 만족도_교과서_교복_학용품

(단위: 명, %)

구분		사례수	교과서 불만족 (①+②)	교과서 보통 (③)	교과서 만족 (④+⑤)	사례수	교복 불만족 (①+②)	교복 보통 (③)	교복 만족 (④+⑤)	사례수	학용품 불만족 (①+②)	학용품 보통 (③)	학용품 만족 (④+⑤)
전체		107	29.9	44.9	25.2	104	27.9	44.2	27.9	75	26.7	46.7	26.7
성별	남자	28	35.7	39.3	25.0	28	28.6	39.3	32.1	19	42.1	31.6	26.3
	여자	79	27.8	46.8	25.3	76	27.6	46.1	26.3	56	21.4	51.8	26.8
북한 정권 시기	김정일	55	32.7	40.0	27.3	52	26.9	38.5	34.6	37	27.0	40.5	32.4
	김정은	19	26.3	47.4	26.3	19	31.6	47.4	21.1	15	33.3	46.7	20.0
	중첩	33	27.3	51.5	21.2	33	27.3	51.5	21.2	23	21.7	56.5	21.7
경제 수준	상	7	42.9	28.6	28.6	7	42.9	28.6	28.6	2	50.0	0.0	50.0
	중	32	28.1	34.4	37.5	32	25.0	34.4	40.6	22	18.2	45.5	36.4
	중하	28	25.0	64.3	10.7	25	16.0	68.0	16.0	18	33.3	55.6	11.1
	하	40	32.5	42.5	25.0	40	35.0	40.0	25.0	33	27.3	45.5	27.3
부모 당원 여부	부모 모두	17	17.6	64.7	17.6	17	17.6	64.7	17.6	17	29.4	52.9	17.6
	부	46	26.1	47.8	26.1	44	20.5	45.5	34.1	31	22.6	48.4	29.0
	모	1	100.0	0.0	0.0	1	100.0	0.0	0.0	27	0.0	0.0	0.0
	없음	43	37.2	34.9	27.9	42	38.1	35.7	26.2	42	29.6	40.7	29.6

※ ①(매우 불만족)+②(불만족)
④(만족)+⑤(매우 만족) 척도 점수를 기준으로 제시

표 Ⅳ-46. 북한에서 청소년기 동안 받은 복지 만족도_병원시설_진찰 및 치료_의약품 혜택

(단위: 명, %)

구분		사례수	병원시설			사례수	진찰 및 치료			사례수	의약품 제공		
			불만족 (①+②)	보통 (③)	만족 (④+⑤)		불만족 (①+②)	보통 (③)	만족 (④+⑤)		불만족 (①+②)	보통 (③)	만족 (④+⑤)
전체		72	41.7	47.2	11.1	79	41.8	48.1	10.1	77	44.2	53.2	2.6
성별	남자	19	47.4	36.8	15.8	19	47.4	36.8	15.8	19	47.4	52.6	0.0
	여자	53	39.6	50.9	9.4	60	40.0	51.7	8.3	58	43.1	53.4	3.4
북한 정권 시기	김정일	40	50.0	35.0	15.0	46	47.8	41.3	10.9	44	50.0	50.0	0.0
	김정은	8	25.0	50.0	25.0	9	33.3	33.3	33.3	9	33.3	44.4	22.2
	중첩	24	33.3	66.7	0.0	24	33.3	66.7	0.0	24	37.5	62.5	0.0
경제 수준	상	4	75.0	25.0	0.0	3	66.7	33.3	0.0	3	66.7	33.3	0.0
	중	18	22.2	44.4	33.3	20	20.0	50.0	30.0	19	36.8	57.9	5.3
	중하	18	33.3	66.7	0.0	19	31.6	63.2	5.3	20	30.0	70.0	0.0
	하	32	53.1	40.6	6.3	37	56.8	40.5	2.7	35	54.3	42.9	2.9
부모 당원 여부	부모 모두	11	36.4	63.6	0.0	12	33.3	66.7	0.0	11	36.4	63.6	0.0
	부	40	37.5	52.5	10.0	44	40.9	47.7	11.4	42	40.5	57.1	2.4
	모	1	100.0	0.0	0.0	1	100.0	0.0	0.0	1	100.0	0.0	0.0
	없음	20	50.0	30.0	20.0	22	45.5	40.9	13.6	23	52.2	43.5	4.3

※ ①(매우 불만족)+②(불만족)
④(만족)+⑤(매우 만족) 척도 점수를 기준으로 제시

7) 한류 및 사상교육

(1) 남한드라마·방송 시청 경험

북한에서 청소년기 남한 드라마나 방송을 시청한 경험이 있다는 응답은 62.3%로 나타났다. 북한에서 청소년기 남한 드라마나 방송을 시청한 경험이 있다는 응답은 남자(67.6%), 김정일 및 김정은 집권기(69.2%), 양강도(76.3%), 경제적 수준 상(100.0%), 부모님 중 어머니가 당원일 경우(100.0%)에 상대적으로 높게 나타났지만, 사례수(N=2)가 적어 해석 시 유의해야 한다.

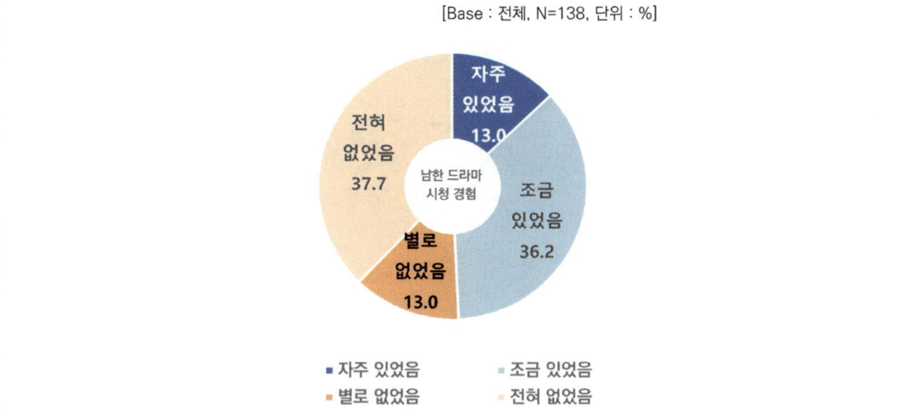

그림 Ⅳ-47. 북한에서 청소년기 남한 드라마나 방송 시청 경험

표 Ⅳ-47. 북한에서 청소년기 남한 드라마·방송시청 경험

(단위: 명, %)

구분		사례수	드라마·방송시청	
			경험 없음(①)	경험 있음(②+③+④)
전체		138	37.7	62.3
성별	남자	37	32.4	67.6
	여자	101	39.6	60.4
북한 정권시기	김정일 집권기	79	40.5	59.5
	김정은 집권기	20	40.0	60.0
	중첩	39	30.8	69.2
거주지역	평안도	8	62.5	37.5
	함경남도	20	35.0	65.0
	함경북도	48	50.0	50.0
	양강도	59	23.7	76.3
	기타	3	66.7	33.3
경제수준	상	9	0.0	100.0
	중	36	25.0	75.0
	중하	35	31.4	68.6
	하	58	55.2	44.8
부모 당원여부	부모 모두	22	36.4	63.6
	부	63	33.3	66.7
	모	2	0.0	100.0
	없음	51	45.1	54.9

※ ②(별로 없었음)+③(조금 있었음)+④(자주 있었음) 척도 점수를 기준으로 제시

(2) 남한 패션·스타일 모방 경험

북한에서 청소년기 남한 패션이나 스타일을 모방한 경험이 있다는 응답은 58.0%로 나타났다. 북한에서 청소년기 남한 패션이나 스타일을 모방한 경험이 있다는 응답은 남자(62.2%), 김정일 및 김정은 집권기(69.2%), 양강도(71.2%), 경제적 수준 상(88.9%), 부모님 중 어머니가 당원일 경우(100%)에 상대적으로 높게 나타났지만, 사례수(N=2)가 적어 해석 시 유의해야 한다.

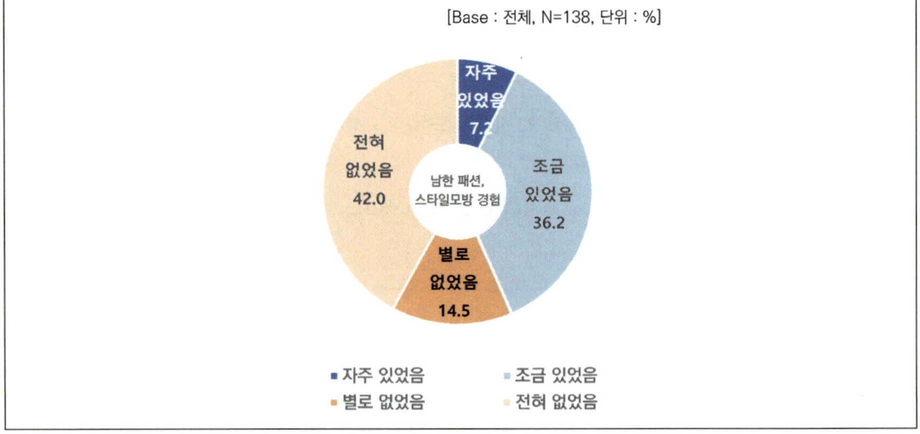

그림 Ⅳ-48. 북한에서 청소년기 남한 패션·스타일 모방 경험

표 Ⅳ-48. 북한에서 청소년기 남한 패션·스타일 모방경험

(단위: 명, %)

구분		사례수	패션·스타일	
			경험 없음(①)	경험 있음(②+③+④)
전체		138	42.0	58.0
성별	남자	37	37.8	62.2
	여자	101	43.6	56.4
북한 정권시기	김정일 집권기	79	46.8	53.2
	김정은 집권기	20	45.0	55.0
	중첩	39	30.8	69.2
거주지역	평안도	8	87.5	12.5
	함경남도	20	45.0	55.0
	함경북도	48	47.9	52.1

구분		사례수	패션·스타일	
			경험 없음(①)	경험 있음(②+③+④)
	양강도	59	28.8	71.2
	기타	3	66.7	33.3
경제수준	상	9	11.1	88.9
	중	36	33.3	66.7
	중하	35	34.3	65.7
	하	58	56.9	43.1
부모 당원여부	부모 모두	22	40.9	59.1
	부	63	34.9	65.1
	모	2	0.0	100.0
	없음	51	52.9	47.1

※ ②(별로 없었음)+③(조금 있었음)+④(자주 있었음) 척도 점수를 기준으로 제시

(3) 남한 노래·춤 모방 경험

청소년 시기에 북한에서 남한 노래나 춤을 모방한 경험이 있다는 응답은 63.0%로 나타났다. 청소년 시기에 북한에서 남한 노래나 춤을 모방한 경험이 있다는 응답은 남자(64.9%), 김정일 및 김정은 집권기(69.2%), 양강도(79.7%), 경제적 수준 상(88.9%), 부모님 중 어머니가 당원일 경우(100%)에 상대적으로 높게 나타났지만, 사례수(N=2)가 적어 해석 시 유의해야 한다.

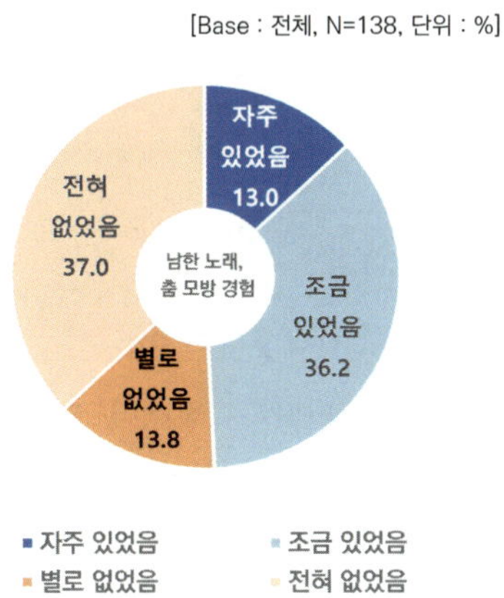

그림 Ⅳ-49. 북한에서 청소년기 남한 노래·춤 모방 경험

표 Ⅳ-49. 북한에서 청소년기 남한 춤·노래 모방경험

(단위: 명, %)

구분		사례수	춤·노래	
			경험 없음(①)	경험 있음(②+③+④)
전체		138	37.0	63.0
성별	남자	37	35.1	64.9
	여자	101	37.6	62.4
북한 정권시기	김정일 집권기	79	39.2	60.8
	김정은 집권기	20	40.0	60.0
	중첩	39	30.8	69.2
거주지역	평안도	8	87.5	12.5
	함경남도	20	35.0	65.0
	함경북도	48	47.9	52.1
	양강도	59	20.3	79.7
	기타	3	66.7	33.3
경제수준	상	9	11.1	88.9
	중	36	27.8	72.2
	중하	35	25.7	74.3
	하	58	53.4	46.6
부모 당원여부	부모 모두	22	40.9	59.1
	부	63	30.2	69.8
	모	2	0.0	100.0
	없음	51	45.1	54.9

※ ②(별로 없었음)+③(조금 있었음)+④(자주 있었음) 척도 점수를 기준으로 제시

(4) 남한 방송 처벌 목격 경험

청소년 시기에 한국 드라마(방송) 시청으로 인해 학교 내에서 처벌 받는 것을 목격한 경험이 있다는 응답은 40.6%로 나타났다. 청소년 시기에 한국 드라마(방송) 시청으로 인해 학교 내에서 처벌 받는 것을 목격한 경험이 있다는 응답은 남자(48.6%), 김정일 및 김정은 집권기(61.5%), 양강도(54.2%), 경제적 수준 상(88.9%), 부모님 중 어머니가 당원일 경우(100%)에 상대적으로 높게 나타났지만, 사례수(N=2)가 적어 해석 시 유의해야 한다.

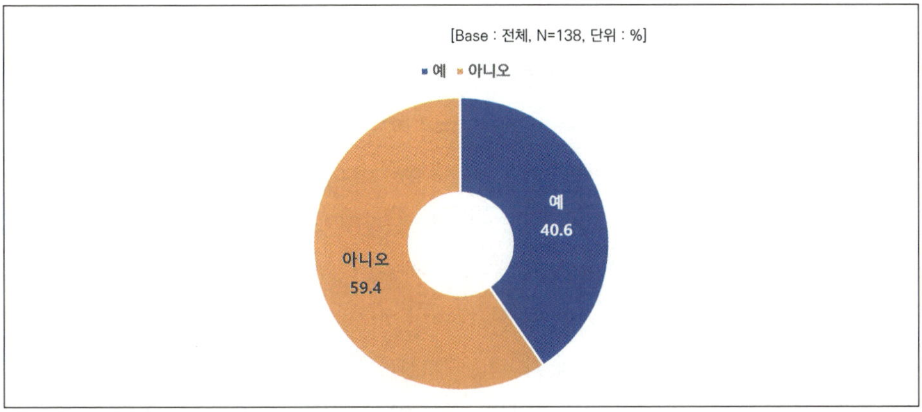

그림 Ⅳ-50. 한국드라마 시청으로 인해 학교 내에서 처벌받는 것을 목격한 경험

표 Ⅳ-50. 한국드라마 시청으로 인해 학교 내에서 처벌받는 것을 목격한 경험

(단위: 명, %)

구분		사례수	예	아니오
전체		138	40.6	59.4
성별	남자	37	48.6	51.4
	여자	101	37.6	62.4
북한 정권시기	김정일 집권기	79	35.4	64.6
	김정은 집권기	20	20.0	80.0
	중첩	39	61.5	38.5
거주지역	평안도	8	37.5	62.5
	함경남도	20	45.0	55.0
	함경북도	48	25.0	75.0
	양강도	59	54.2	45.8
	기타	3	0.0	100.0
경제수준	상	9	88.9	11.1
	중	36	47.2	52.8
	중하	35	31.4	68.6
	하	58	34.5	65.5
부모 당원여부	부모 모두	22	36.4	63.6
	부	63	42.9	57.1
	모	2	100.0	0.0
	없음	51	37.3	62.7

(5) 사상교육

북한에서 학교 수업 시 받은 사상교육이 북한에 대한 충성심을 기르는 데 도움이 되었다는 응답은 48.6%로 나타났다. 북한에서 학교 수업 시 받은 사상교육이 북한에 대한 충성심을 기르는 데 도움이 되었다는 응답은 남자가 64.9%, 여자가 42.6%로 나타나 성별 특성에 따른 차이가 뚜렷하게 나타났다. 집권 시기별로 차이가 나타났는데, 김정일 집권기(50.6%) 보다는 김정은 집권기(65.0%)에 높은 비율로 관찰되었다. 경제적 수준에 따른 응답비율은 상 집단(33.3%) 다른 3개 집단보다 낮은 비율로 관찰되었으며, 중 집단 (50.0%) 중하(54.3%)및 하(46.6%) 집단과의 차이는 미비하게 나타났으며, 일정한 경향성은 관찰되지 않았다. 부모의 당원 여부에 따른 집단 별 차이도 미비하게 나타났으며, 일정한 경향성은 관찰되지 않았다.

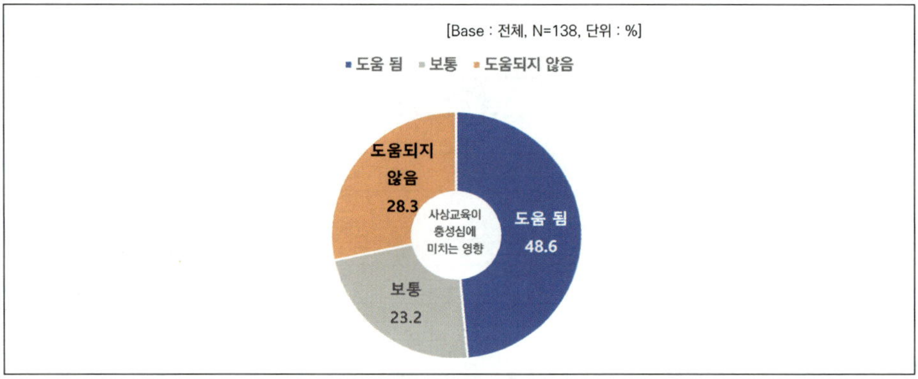

그림 Ⅳ-51. 사상교육이 북한에 대한 충성심을 기르는데 도움이 된 정도

표 Ⅳ-51. 사상교육이 북한에 대한 충성심을 기르는데 도움이 된 정도

(단위: 명, %)

구분		사례수	도움 되지 않음 (①+②)	보통 (③)	도움 됨 (④+⑤)
전체		138	28.3	23.2	48.6
성별	남자	37	16.2	18.9	64.9
	여자	101	32.7	24.8	42.6
북한 정권 시기	김정일 집권기	79	27.8	21.5	50.6
	김정은 집권기	20	25.0	10.0	65.0
	중첩	39	30.8	33.3	35.9
경제 수준	상	9	33.3	33.3	33.3
	중	36	25.0	25.0	50.0
	중하	35	14.3	31.4	54.3
	하	58	37.9	15.5	46.6
부모 당원 여부	부모 모두	22	18.2	27.3	54.5
	부	63	31.7	20.6	47.6
	모	2	50.0	0.0	50.0
	없음	51	27.5	25.5	47.1

※ ①(전혀 되지 않았음)+②(별로 되지 않았음)
④(조금 되었음)+⑤(매우 되었음) 척도 점수를 기준으로 제시

8) 북한청소년사업

다음 중 북한에서의 청소년 시기에 들어본 활동(사업)은 '파철, 파지 등 재활용품 수집'(97.8%) 이라는 응답이 가장 많았으며, 다음으로 '국가명절 및 기념일 행사'(92.8%), '학생동원사업'(91.3%), '소년절 행사'(91.3%), '토끼품평회(키우기) 및 토론회'(88.4%) 등의 순으로 나타났다. 청소년 시기에 들어본 활동(사업)이 '파철, 파지 등 재활용품 수집' 이라는 응답은 여자(98.0%), 부모님 모두 당원일 경우(100.0%),에서 상대적으로 높게 나타났다. 전반적으로 성별 차이가 뚜렷하게 나타났는데, 청소년 시기 북한 청소년 관련 활동에 대해 들어 본 적이 있는지에 대해 11개 활동 모두에서 남자보다 여자의 응답 비율이 높게 관찰되었다.

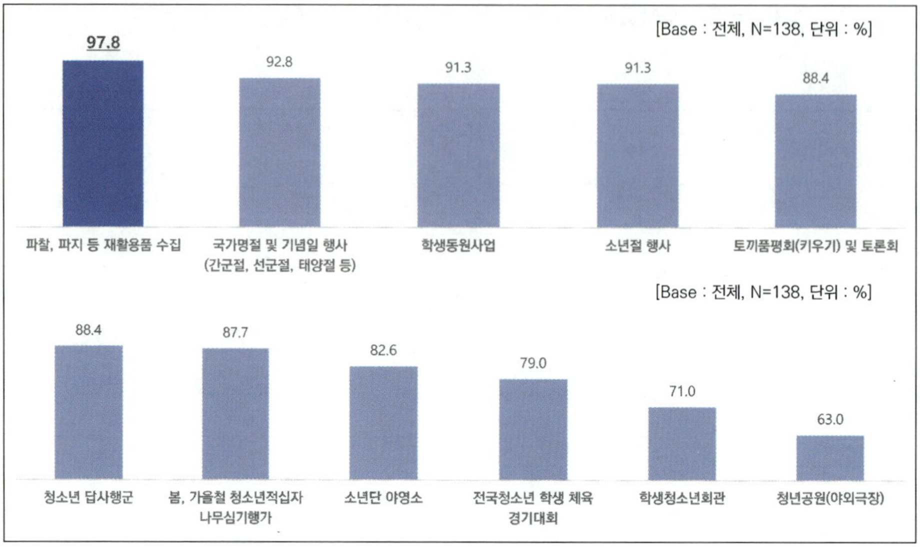

그림 Ⅳ-52. 북한에서 청소년 시기에 들어본 활동

표 Ⅳ-52. 북한에서 청소년 시기에 들어본 활동

(단위: 명, %)

구분		사례수	재활 용품 수집	국가 명절 및 기념일 행사	학생 동원 사업	소년절 행사	토끼 (키우기) 및 토론회	청소년 답사 행군	청소년 나무 심기 행사	소년단 야영소	전국 청소년 학생 체육 경기 대회	학생 청소년 회관	청년 공원 (야외 극장)
전체		138	97.8	92.8	91.3	91.3	88.4	88.4	87.7	82.6	79.0	71.0	63.0
성별	남자	37	97.3	83.8	86.5	83.8	83.8	78.4	81.1	75.7	70.3	54.1	51.4
	여자	101	98.0	96.0	93.1	94.1	90.1	92.1	90.1	85.1	82.2	77.2	67.3
부모 당원 여부	부모 모두	22	100.0	100.0	95.5	95.5	86.4	100.0	86.4	77.3	81.8	77.3	59.1
	부	63	98.4	87.3	88.9	95.2	87.3	90.5	88.9	92.1	82.5	77.8	73.0
	모	2	100.0	100.0	100.0	100.0	100.0	100.0	100.0	100.0	100.0	100.0	100.0
	없음	51	96.1	96.1	92.2	84.3	90.2	80.4	86.3	72.5	72.5	58.8	51.0

북한에서의 청소년 시기에 경험한 활동(사업)은, '봄, 가을철 청소년 적십자 나무심기행사'(96.7%)라는 응답이 가장 많았으며, 다음으로 '학생동원사업(농촌봉사 또는 노력동원)'(96.0%), '파철 파지 등 재활용품 수집'(95.6%), 국가명절 및 기념일 행사(89.8%), '소년절 행사'(88.1%) 순으로 나타났다. 북한에서의 청소년 시기에 경험한 활동(사업)이 '봄, 가을철 청소년 적십자 나무심기행사'라는 응답은 '남자와 여자'(96.7%) 모두 동일하게 나타났다. 몇몇 활동의 경우 성별 차이가 뚜렷하게 나타났는데, 청소년 답사행군과 소년단 야영소 활동의 경우 남자는 각각 75.9%, 67.9%로 여자의 67.7%, 48.8%로보다 높은 비율로 관찰되었다. 가적의 경제적 수준에 따른 차이도 나타났는데, 경제수준 상 집단에서 나무심기, 노력동원, 재활용용품 수집 및 토끼 키우기 경험 및 청소년 야영소 같은 활동에 대한 응답비율이 다른 경제 수준보다 낮게 관찰되었다. 경제수준 중 및 중하 수준 집단은 비슷한 비율로 관찰되었고, 경제 수준 하 집단의 경우 위 세 집단에 비해 높은 경험 비율이 있는 것으로 나타났다. 학생노력동원 활동의 경우 경제 수준 상 집단의 경험 비율이 88.9%인데 반해 경제 수준 하 집단은 100.0%로 나타났다.

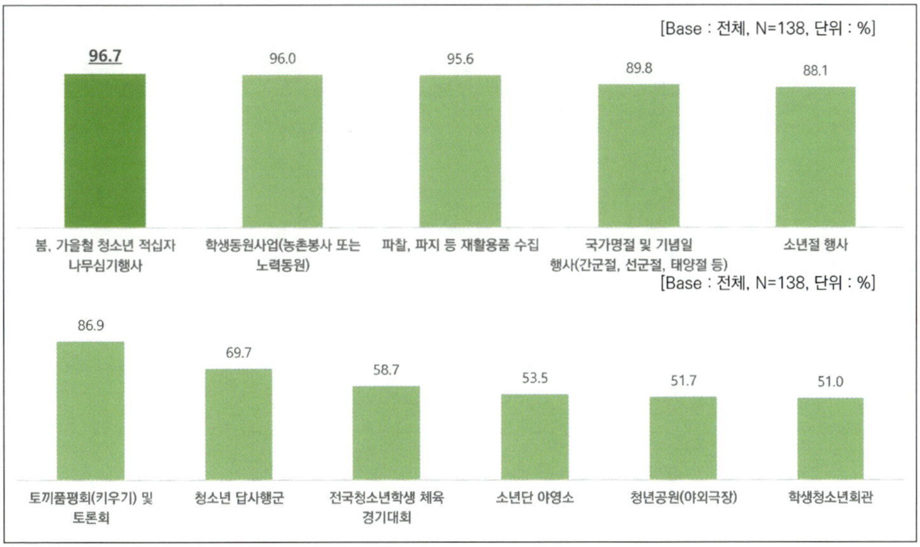

그림 Ⅳ-53. 북한에서 청소년 시기에 참여한 활동 경험 비율

표 Ⅳ-53. 북한에서 청소년 시기에 참여한 적 있는 활동

(단위: 명, %)

구분		나무심기 행사		학생노력 동원		재활용품 수집		국가 기념일		소년절		토끼키우기	
		사례	참여율	사례	참여율	사례	참여율	사례	참여율	사례	참여율	사례	참여율
전체		121	96.7	126	96.0	135	95.6	128	89.8	126	88.1	122	86.9
성별	남자	30	96.7	32	96.9	36	94.4	31	90.3	31	87.1	31	90.3
	여자	91	96.7	94	95.7	99	96.0	97	89.7	95	88.4	91	85.7
경제 수준	상	8	87.5	9	88.9	9	88.9	9	88.9	9	88.9	9	77.8
	중	33	97.0	34	94.1	35	97.1	32	96.9	32	87.5	30	83.3
	중하	31	96.8	33	93.9	34	94.1	35	85.7	33	90.9	29	96.6
	하	49	98.0	50	100.0	57	96.5	52	88.5	52	86.5	54	85.2

※ 각각 참여한 활동에 대한 개별 사례 모수에는 차이가 있음.

표 Ⅳ-54. 북한에서 청소년 시기에 참여한 적 있는 활동(계속)

(단위: 명, %)

구분		청소년 답사행군		전국체육경기 대회		소년단야영소		청년공원 (야외극장)		학생 청소년회관	
		사례	참여율	사례	참여율	사례	참여율	사례	참여율	사례	참여율
전체		122	69.7	109	58.7	114	53.5	87	51.7	98	49.0
성별	남자	29	75.9	26	53.8	28	67.9	19	57.9	20	45.0
	여자	93	67.7	83	60.2	86	48.8	68	50.0	78	50.0
경제 수준	상	9	77.8	8	50.0	8	75.0	6	50.0	4	25.0
	중	31	74.2	28	42.9	33	57.6	23	47.8	29	55.2
	중하	31	74.2	21	71.4	28	64.3	19	78.9	21	71.4
	하	51	62.7	52	63.5	45	40.0	39	41.0	44	36.4

* 주: 각각 참여한 활동에 대한 개별 사례 모수에는 차이가 있음.

3. 소결

실태조사결과를 통해 분석된 학업영역, 소조(동아리)활동, 청소년기 생활 영역, 학교생활, 복지 혜택, 개인 생활영역 및 청소년기 활동 등 7개 영역에 대한 조사내용은 다음과 같이 요약할 수 있다.

첫째, 학업영역에서 대부분 '고급중학교 졸업'이라는 응답이 가장 높은 비율로 관찰되었다. 북한의 경우 소학교(5년) 이후 초·고급중학교(6년제/우리나라 중고등학교에 해당)까지 의무 교육으로 실시된다는 측면에서 대부분 고급중학교까지 마친다는 사실을 알 수 있었다. 집권 시기별 차이는 특정시기에 탈북이주민이 집중적으로 분포한 결과이며 남녀 간의 학력 차이가 거의 관찰되지 않았다. 결석비율은 여자 보다 남자에게서 교급이 올라감에 따라 뚜렷이 감소하는 경향을 보였다.

둘째, 우리나라 동아리에 해당되는 소조 활동영역 중 체육에 대한 응답비율이 전체 과목 중 가장 높게 나타났으며, 남녀 간 뚜렷한 차이기 관찰되었는데 음악을 제외한 수학과학, 외국어와 정보기술교육 및 체육 및 무용 교과목에서 남자의 응답비율이 높게 나타났다. 소조 활동은 주로 학교에서 진행되었으며 체계적으로 진행되었다는 응답이 다소 높게 나타났고 남녀 모두에게서 자신의 역량과 재능 개발에 별로 도움이 되지 않았다고 응답한 비율이 높게 나타났다. 이를 입증하듯 소조활동에 만족하지 않았다는 응답도 높은 비율로 관찰되었다.

셋째, 청소년기 생활 영역 중 패거리(학교폭력) 피해 경험에 대해 조금 내지 자주 있는 것으로 응답한 비율이 16%, 목격 경험은 26.%(조금+자주)로 나타났으며 남녀 간 차이가 뚜렷하게 관찰되었는데 피해 및 목격 경험 모두에서 여자보다 남자에게서 높이 나타났다. 가해 학생에 대한 학교의 처벌에 대해, 조금과 매우 엄격하다고 응답한 비율이 38.4%로 남녀 간 거의 차이가 나지 않았다. 학생 시기에 패거리 활동을 하는 이유에 대해, '무엇인가를 보여주려는 과시욕 때문에'라는 응답이 가장 높게 나타났으며, 활동이유에 대해 남녀 간 성별 차이가 다소(5~7% 내외) 관찰되었다. 학생 때 담배를 피운 경험이 '있다'는 응답은 16.7%이며, 흡연시기는 '고급중학교'라는 응답이 47.8%로 가장 높게 나타났으며, 남녀 간 성별 차이가 뚜렷이 관찰되었는데 초급중학교 때 비율이 남자 53.8%, 여자 10.0%, 고급중학교때 비율은 남자 38.5%, 여자 60.0%로 관찰되었다. 전반적으로 학교 내에서 성교육은 실시되지 않고 있는 것으로 나타났다. 사교육(개인과의 교육)을 받은 경험은 전체 응답자 중 11%~15% 정도였으며 성별차이 보다는 경제 수준에 따른 차이가 두드러지게 나타났는데 경제 수준 상 집단의 경우 수학·과학 및 외국어 사교육을 받아본 비율이 66.7%와 77.8%에 달했고, 이를 증명하듯 다른 경제 집단의 경우 사교육(개인과외교육)을 못 받은 경험에 대해 '경제적인 어려움 때문에'라는 응답률이 가장 높게 나타났다. 사교육(개인과외교육)은 주로 '학교교원(교사)'에 받는 것으로 파악되었으며, 장래 혹은 진로나 직업 선택에 도움이 됐다는 응답률이 다소 높게 나타났으며 여자 보다 남자(63.6%)의 긍정 응답률이 월등히 높게 관찰되었다.

북한에서 진로나 직업 선택에 가장 큰 영향을 미치는 요인에 대해 전반적으로 '부모의 출신성분(토대)'와 '집안의 경제력'(33.3%) 순으로 나타났는데, 경제수준 상 집단의 경우 경제력에 대한 응답률이 부모의 출신성분보다 더 높게 나타났으며, 부모 모두 당원인 경우 부모의 출신성분에 응답한 비율이 가장 높게 관찰되어, 자신의 사회경제학적 변인이 큰 영향을 미칠 수 있다는 것을 알 수 있다.

북한에서 성공한 인생은 '돈을 많이 버는 것'이라는 응답이 가장 높게 나타났으며, 경제적 수준 상 집단에서 보다 높게 나타났다. 정권 집권기 별로 차이가 나는데 김정일 집권기의 경우 '돈을 많이 버는 것', 김정은 집권기에는 '국가에서 필요한 인재가 되는 것'에 대한 응답비율이 높았다.

북한에서 청소년기 인기 있는 직업군은, '당일꾼(정치 간부 등)'이라는 응답이 가장 높게 나타났으며, 해당 응답은 김정은 시기보다 김정일 시기에 높게 관찰된 반면 김정은 시기의 경우 외교관 및 통역관이라는 응답 비율이 압도적으로 높게 나타나, 집권 시기 별로 인기 있는 직업군에 대한 차이가 나타났다.

넷째, 학교생활 영역 중 교원의 전문 지식에 관한 질문에 대해 다소 부정적인 응답률이 높게 관찰되었지만 본받을 점이 있는가에 대해서는 상대적으로 긍정 응답률이 높았다. 교원들은 학생들을 차별 없이 대하였는가라는 질문에 관해 부정응답률이 긍정응답률 보다 두드러지게 높게 나타났으며, 학생들을 많이 체벌했다는 응답도 그렇지 않다는 응답보다 상당히 높게 나타났다. 교원의 처우개선, 학교환경개선, 좋은 일 하기 등의 명목으로 돈 또는 물건을 학교에 낸 경험은 자주 있었고, 경제 수준이 상 집단에서 상당히 높은 비율로 관찰되었다.

경제 동원 활동이 가계살림에 영향을 준 경험에 대해 상당히 부정적으로 영향을 미치고 있음을 알 수 있었으며 경제적 수준이 낮은 하 집단에서 상당히 높은 비율로 나타났다. 마찬가지로 경제 동원 활동이 학업에 영향을 준 경험에 대해 부정적인 영향 있다고 답변한 비율이 가장 높았으며 경제적 수준이 낮은 하 집단에서 가장 높게 나타났다.

학교 수업 전반에 관한 질문의 전체 평균 점수(5점 만점)는 2.98점으로 나타났는데, '숙제를 열심히 했었다'라는 응답이 가장 높게 나타났고, '수업시간에 배운 내용을 잘 이해했었다', '학교 수업시간은 재미있었다' 순으로 나타났다. 학교 수업에 관한 만족도는 김일성 시기보다는 김정은 시기 및 경제수준이 높을수록 높아지는 경향이 관찰되었다.

학교에 다닐 때 친구 관계에 대한 질문의 전체 평균 점수(5점 만점)는 3.42점으로 상당히 높게 나타났다. 대부분 친구들과 좋은 유대 관계를 맺고 있음을 알 수 있으며, '친구들과 잘 어울려 지냈다'라는 응답이 3.51점으로 가장 높게 나타났다. 친구들과 가장 즐겨한 놀이는, '고무줄넘기 및 공기놀이 등'이 가장 높게 나타났으며, 다음으로 '체육 활동' '주패, 화투, 장기 및 바둑 등', '전통놀이' 등의 순으로 나타났다. 놀이의 종류에 따라 다소 간 성별 차이가 관찰되었다.

다섯째, 청소년기 받은 복지혜택 영역 중 '교복을 새것으로 무상지급 받았다'는 비율이 가장 높았으며 '교과서 무상지급'과 '학용품 무상지급'은 비슷한 비율로 관찰되었다. 혜택을 받은 치료 항목 중 '진찰 및 치료 제공'이 가장 높게 나타났다.

복지 혜택의 만족도는 전반적으로 높은 부정 응답률을 보이고 있으며 '교복 무상지급'이 가장 높은 긍정 응답률을 보이고 있지만 30% 이하로 관찰되었다. 치료 항목만족도 중 '병원시설 및 장비 혜택'이 가장 높았지만 11.1% 나타나 전반적인 만족도 수준은 굉장히 낮음을 알 수 있다.

여섯째, 청소년기 경험한 개인생활 영역 중에서 TV를 시청하였다는 응답률은 40.0%로 미만으로 나타났다. TV 시청에 대한 응답률은 김정은 집권기, 경제적 수준 상인 집단에서 높은 비율로 관찰되었다. 학교 또는 집에서 컴퓨터를 사용하였다는 전체 응답률은 6% 미만으로 나타났다. 이 또한 집권 시기 및 경제적 수준에 따른 뚜렷한 차이가 나타났는데 김정일 집권기에 비해 김정은 집권기에 상당히 높게 관찰되었으며, 경제 수준 상 집단이 다른 3개 집단보다 상당히 높은 비율로 관찰되었다. 손전화를 가지고 있었다는 전체 응답률은 18.1%로 나타났다. 응답률은 경제적 수준 상인 집단과 김정일 집권기에 비해 김정은 집권기에 상당히 높게 관찰되었다.

주로 시청한 TV 프로그램(1순위 기준)은, '만화(아동영화)', '드라마(연속극)와 영화'순으로 나타났으며 그 외 프로그램 시청 비율은 미미했다. 집권 시기별로 만화의 경우 김정일 집권기에 드라마의 경우 김정은 집권기에 상당히 높은 비율로 관찰되었다. 학교 또는 집에서 컴퓨터를 주로 사용한 용도(1순위 기준)에 대해, '게임, 놀이, 음악 및 영화(오락 등)'이 가장 높게 나타났다. 손전화를 사용한 주로 사용한 용도(1순위 기준)에 대해, 마찬가지로 '게임, 놀이, 음악 및 영화(오락 등)'가 가장 높게 나타났다.

학교 안에서 물품을 사고 판 경험이 있다는 응답은 34.1%로 나타났으며, 응답자가 물품을 사고 판 이유에 대해, '필요한 물품 구입'이 가장 높게 나타났으며, '집안에 경제적 도움을 주기 위해서'와 '재미있어서' 간 응답률에는 큰 차이가 관찰되지 않았다. 물품을 사고 판 이유가 '필요한 물품 구입'이라고 응답한 경우 경제적 수준 하(92.9%) 집단에서 상당히 높게 나타났다. 북한에서 대부분의 청소년을 장마당을 이용한 경험이 있었으며, 장마당을 이용한 목적에 대해, '필요한 물품 구입'이 가장 높게 나타났으며, 다음으로 '집안에 경제적 도움을 주기 위해서'였다. '재미있어서'의 경우 거의 응답이유가 되지 않았다.

북한에 청소년기 남한 드라마나 방송을 시청한 경험이 있다는 응답률은 비교적 높게 나타났으며, 지역 별 및 경제적 수준에 따른 차이가 뚜렷하게 관찰되었다. 특히 양강도 지역과 경제적 수준이 상인 집단에서 매우 높게 관찰되었다. 마찬가지로 남한 패션이나 스타일을 모방한 경험이 있는지, 남한 노래나 춤을 모방한 경험이 있는지에 대한 응답률도 비교적 높게 나타났으며, 양강도, 경제적 수준이 상인 집단에서 매우 높게 나타났다. 한국 드라마(방송) 시청으로 인해 학교 내에서 처벌 받는 것을 목격한 경험이 있다는 응답은 40.6%로 나타났다. 마찬가지로 경험 비율이 높은 양강도(54.2%)와 경제적 수준이 상인 집단에서 높은 비율로 관찰되었다.

일곱째, 청소년기 활동영역 중 사상교육이 북한에 대한 충성심을 기르는데 도움이 되었다는 응답은 절반에 가까운 비율로 나타났다. 긍정 응답의 경우 여자보다는 남자에게서, 김정일 집권기 보다는 김정은 집권기에 높은 비율로 높게 나타나 성별 특성 및 집권기 별 차이가 관찰되었다. 또한 경제적 수준 상 집단이 다른 3개 집단보다 상당히 낮은 비율로 관찰되었다. 소년단 가입 시기는 '태양절(4.15)'에 가입하였다는 응답률이 가장 높게 나타났으며, '광명성절(2.16)' '소년절(6.6)' 순으로 나타났다. 가장 빠른 시기인 '광명성절(2.16)'의 경우 경제적 수준 상 집단에서 가장 높았으며, 부모 모두 당원인 집단과 아버지만 당원인 집단에서 무당원인 집단보다 높은 비율로 관찰되었다. 소년단 활동에 적극적으로 참여하였다는 긍정 응답률은 부정 응답률 보다 8.0% 높게 관찰되었으며 남자가 여자보다 김정일 집권기 보다는 김정은 집권기에 적극적으로 활동에 참여했다는 비율이 높게 관찰되었다. 경제적 수준 상 집단도 다른 3개 집단보다 높은 비율로 관찰되었다.

청년동맹 활동에 적극적으로 참여하였다는 긍정 응답률은 부정 응답률 보다 6.0% 높게 관찰되었으며 남자와 여자 사이의 성별 간 차이는 관찰되지 않았다. 김정일 집권기보다는 김정은 집권기에 활동에 적극적으로 참여했다는 응답이 30.0% 이상 높은 비율로 관찰되었다. 소년단 활동이 장래의 진학 및 진로에 도움이 되었다는 전체 응답률은 10.0% 이하로 나타났으며, 여자보다는 남자에게서, 김정일 집권기보다는 김정은 집권기에 높은 비율로 관찰되었으며, 경제적 수준이 상 집단이 다른 3개 집단보다 높은 비율로 나타났다.

청년동맹 활동이 장래의 진학 및 진로에 도움이 되었다는 응답은 전체 10.1%로 나타났다. 성별 특성이나 부모님 당원 여부에 따른 집단 간 차이는 크게 나타나지 않았지만, 경제적 수준이 높은 상 집단이 다른 3개 집단보다 높은 비율로 관찰되었다. 소년단 및 청년동맹 활동을 하는 동안 자아비판(호상비판) 때문에 정서적 어려움을 겪은 경험이 있다는 응답은 과반에 가까운 48.6%로 나타났으며, 정서적 어려움을 겪은 경험은 여자보다는 남자에게서, 경제적 수준 상 중 집단보다는 나머지 집단에서 상대적으로 높게 관찰되었다. 반대로 소년단 및 청년동맹 활동을 하는 동안 자아비판(호상비판)은 자신이 성장하는 데 도움이 되었다는 응답비율은 7.2%, 도움이 되지 않았다고 부정적으로 응답한 비율이 73.2%로 나타나 자아비판(호상비판)이 대부분 청소년기 성장에 부정적으로 영향을 미치고 있음을 알 수 있다. 긍정 응답은 여자보다는 남자에게서, 김정일 집권기보다는 김정은 집권기에 경제적 수준 상 집단(33.3%)에게서 높게 관찰되었다.

여덟째, 청소년 시기에 들어본 활동(사업) 중 '파철, 파지 등 재활용품 수집'은 거의 모두 알고 있었으며, '국가명절 및 기념일 행사', '학생동원사업', '소년절 행사'는 90% 이상이 인지하고 있었고 '토끼품평회(키우기) 및 토론회'도 90% 가가까운 비율로 들어본 경험이 있다고 응답하였다. 전반적으로 11개 활동 모두에서 남자보다 여자의 응답비율이 높게 관찰되었다. 청소년 시기에 경험한 활동(사업)은 '봄, 가을철 청소년 적십자 나무심기 행사'라는 응답이 가장 높았으며, '학생동원사업(농촌봉사 또는 노력동원)', '파철 파지 등 재활용품 수집', '국가명절 및 기념일 행사', '소년절 행사' 순으로 나타났으며, 거의 90%가 넘는 비율로 관찰되었다. 청소년 답사행군과 소년단 야영소 활동의 경우 남자가 여자 보다 높은 비율로 관찰되었으며, 경제 수준 상 집단의 경우 나무심기, 노력동원, 재활용용품 수집 및 토끼 키우기 경험 및 청소년 야영소 같은 활동에 대한 응답률이 다른 경제 집단 보다 낮게 관찰되었다. 학생노력동원 활동의 경우 경제 수준 상 집단의 경험 비율이 88.9%인데 반해 경제 수준 하 집단은 100.0%로 나타났다.

제5장 북한이탈 주민 면접 조사 및 북한출신 전문가 FGI 분석

1. 북한이탈 주민 면접조사 결과 분석
2. 북한 출신 전문가 FGI 결과 분석
3. 소결

5

북한이탈 주민 면접조사 및 북한출신 전문가 FGI 분석[87)]

1. 북한이탈 주민 면접조사 결과 분석

1) 면접조사 개요

북한 청소년의 일상 영역에서의 실태조사를 통해 파악하기 어려운 가정, 학교 및 지역사회 내에서의 경험과 욕구 및 요구를 심층적으로 이해하기 위하여 북한에서 김정일 및 김정은 집권기에 청소년기를 보낸 북한 이탈 주민 중 최근에 탈북한 청년층을 대상으로 개별 면접조사를 실시하였다. 면접조사의 면접내용은 실태조사결과를 바탕으로 보다 심도 있는 분석이 요구되는 영역에서 선정·구성하였다. 주 면접영역은 교육 및 진로, 소조활동 및 조직생활, 일탈행동, 경제활동, 여가놀이, 복지제도 인식, 한류 및 사상교육 그리고 북한 청소년 사업과 계층 간 차별에 대한 경험 등으로 구성되었다. 북한 이탈 주민이라는 특수성으로 인해 개별 정보의 접근이 제한되어 있고, 이로 인한 면접 대상자 선정의 어려움으로 인해 북한 이탈 주민 대상 지원 기관 및 조사업체의 협조 받아 눈눈덩이 표집방식(snowball sampling)으로 대상자를 섭외할 수 있었다.

면접조사는 한국청소년정책연구원 연구진의 배석 및 주도하에 개별 면접 방식으로 진행되었다. 면접 실시에 앞서 본 연구의 추진배경, 목적 및 기대효과를 충분히 설명하였으며 조사 참여 동의를 구한 다음, 연구 참여 동의서 및 개인정보수집 및 이용에 관한 동의서 등에 서명 날인을 받았다. 면접조사 대상자 전체인원은 10명으로 구성되었으며, 면접조사 일정은 2021년 8월 5일~8월16일까지 서울 모처 회의 전용 공간에서 실시되었고 1:1 개별 면접방식으로 총 10회, 회당 1시간~1시간 30분 정도 소요되었다. 주요 면접영역과 이를 통해 구성된 질문 항목을 바탕으로 면접을 실시하였다. 면접 과정 중 추가적인 요청이

87) 이장의 1절은 차승주(서울교육대학교 강사), 2절은 김경준(한국청소년정책연구원 선임연구위원), 3절은 차승주(서울교육대학교 강사)와 김경준(한국청소년정책연구원 선임연구위원)이 공동 집필하였음.

나 설명이 필요한 경우 진행자가 중간에 질문의 내용을 부연하는 하는 방식으로 면접 대상자의 이해를 도왔다. 매회 실시된 개별 면접 내용은 녹취되었으며, 전사 자료를 바탕으로 주요면접 영역과 주요 면접 내용에 대한 분석이 이루어졌다. 본 면접조사의 실시에 앞서 기관생명윤리위원회 승인(승인번호: 202206-HR-고유-013)을 2022년 6월 21일 취득하였다.

주 영역별 면접 내용은 교육 및 진로영역에서 북한에서 학력 수준에 따른 진로 직업 선택 시 영향, 전반적인 수업 내용과 수준, 그리고 교사 수준과 사교육 경험과 그 효용성 여부 그리고 진로 직업 대한 인식 등을 포함하고 있다. 소조활동 및 조직생활 영역에서는 소조활동의 실제적인 프로그램 및 진행 수준, 만족도 그리고 소년단 및 청소년 동맹활동의 기여 정도를 포함하고 있다. 일탈행동 영역에서는 패거리 문화에 대한 인식과 학교 내 폭력 경험, 처벌 여부 그리고 흡연에 대한 이식과 경험 그리고 처벌 여부 등으로 구성되어 있다. 경제활동 영역에서는 학교 내 경제동원활동이 가계와 학업 미치는 영향 및 학교 안과 장마당을 포함한 경제활동 경험과 내용 등으로 구성되어 있다. 여가놀이 영역에서는 주로 즐기는 놀이와 컴퓨터 및 손전화 활용 정도 및 주이용 목적 등을 포함하고 있다. 복지제도 인식영역에서는 무상으로 제공하는 교육 및 의료 복지혜택에 대한 인식 및 실제 체감하는 만족도 등을 구성되어 있다. 한류 및 사상교육 영역에서는 남한 드라마, 음악 및 방송을 통한 한류에 대한 체험 여부 및 인식, 처벌여부 그리고 사상교육의 효과 등을 포함하고 있다. 북한 청소년 사업영역에서는 북한 청소년 관련 사업인지 및 경험 여부를 물었으며, 끝으로 계층 간 차별 영역에서는 청소년기 계층 간 실제적 차별 경험 여부와 주된 차별 내용을 물었다. 실태 조사에서 파악하고자 했던 학교에서의 성교육 실시 여부에 대한 질문은 답변자의 100%가 '모두 받은 적이 없다'라고 응답하여 면접조사에서는 해당 질문을 포함시키지 않았다.

주요 면접영역과 세부 면접 영역과 그리고 면접내용에서 사용된 문항은 〈표 V-1〉에 제시되어 있다.

표 V-1. 주요 면접영역 및 내용구성

면접영역		면접내용
교육 및 진로	학력수준	북한에서 최종 학력 수준은 진로 직업 선택 시 어느 정도 영향은 미치는지? (예: 소학교/초급중학교/고급중학교/대학교 등)
	학교수업	전반적인 수업 내용과 수업 수준은 어떠한지? 만족정도는?
	교원(교사)	전반적인 교원의 수준은(지식적, 인격적 측면 등)? 교원 간 차이가 있는지? 교사로 부타 차별을 당한(목격)한 적이 있다면, 주로 차별하는 이유는 무엇인지?
	성교육	없음
	사교육 (개인과외교육)	사교육이 진로역량 개발 및 직업 선택 시 실제적인 도움이 되는지? 혹 도움이 된다면 어떤 측면에서? 주로 어떤 계층의 학생들이 사교육을 받는지? 주로 받는다면 어떤 교과목을 주로 받는지?
	진로직업 의식	북한에서의 인기 직업군은 무엇이며, 인기가 있는 이유는? 북한에서 성공한 인생은 무엇이라 생각하는지(청소년기)?
동아리 (소조) 및 조직 생활	소조활동	소조활동의 실제적으로 잘 운영 되었는지, 소조활동 프로그램 내용과 수준은 어떠했는지? 기억에 남는 소조활동은? 전반적으로 어느 정도 만족했는지?
	소년단 및 청년동맹	소년단 및 청소년 동맹활동의 긍정적 기여와 부정적 기여는 무엇인지? (활동정도 및 나름 의미 있는 활동이 있다면?)
일탈 행동	패거리 (학교폭력)	패거리 문화에 대한 인식은 어떠한지? 실제로 목격하거나 피해를 경험한 적이 있는지? 가해 학생에 대해 주로 어떤 처벌을 받는지(처벌내용 및 처벌 강도)? 패거리 활동을 하는 이유는 무엇이라 생각하는지?
	흡연	학생흡연에 대한 전반적 인식은 어떠한지? 흡연을 주로 하는 이유가 무엇인지, 학교에서 흡연예방을 위한 교육을 실시하는지? 흡연에 대한 처벌은 어떠한지(처벌내용 및 처벌강도)?
경제 활동	학교 내 경제동원활동	학교 내 경제동원활동이 가정의 경제와 학업에 어느 정도 영향을 미치는지? 교원의 처우개선, 학교환경개선, 좋은 일하기 등 명목으로 돈 또는 물건을 학교에 낸 경험 및 어느 정도 내야 하는지?
	학교 내 물품거래	학교 내 경제 활동 경험이 있는지, 그 이유는 무엇인지? 주로 어떤 품목의 물품을 거래하는지?
	장마당	학교 외 경제 활동 경험이 있는지(장마당 등에서)와 활동의 주 내용은? 장마당 활동을 한 이유는 무엇인지?
여가 놀이	친구관계	친구로부터의 도움정도, 친구와의 어울림 정도, 본인을 좋아하는 친구정도는?
	놀이	즐겨했던 놀이는?
	TV시청	TV 시청정도, 주로 시청한 TV 프로그램 유형 6가지
	컴퓨터 손전화(핸드폰)	컴퓨터 및 손전화 활용정도 및 주이용 목적은? 자유롭게 활용할 수 있는 정도와 제한점은?
복지 제도	무상교육 무상치료	무상으로 제공하는 복지혜택의 내용과 이에 대한 인식 및 실제 체감하는 수준은? 만족 수준 및 불만족 이유는?

면접영역		면접내용
한류 및 사상 교육	남한 드라마	남한 한류에 대한 실제적 인식과 이를 체험 여부는? 남한 드라마 등 매체를 시청(청취) 했을 때 처벌을 받은 적 혹은 목격한 적이 있는지와 처벌 수준은?
	남한 패션	
	남한방송 처벌	
	사상교육	사상교육의 내용과 실제 효과는?
북한 청소년 사업	북한 청소년 관련 사업 인지 및 경험 여부	본인이 참여한 북한 청소년 사업(활동) 중 기억에 남는 사업 혹은 체험 프로그램 있다면? 그리고 그 이유는?
계층 간 차별		청소년기 계층 간 실제적 차별을 경험(목격) 했는지와 주된 차별 이유와 차별의 내용은?
배경변인		성별, 태어난 때, 탈북시기, 북한에서 거주한 지역, 거주지 특성, 남한 입국 시기, 탈북 전 경제수준, 북한에서의 부모님 직업, 부모님 당원여부

면접참여자의 성별 구성은 남자 4명, 여자 6명이었으며, 북한 내 거주 지역은 평안도 1명, 함경남도 1명, 양강도 7명. 기타 1명으로 파악되어, 대다수가 백두산과 압록강이 인접한 양강도처럼 중국과의 국경을 맞닿아 있는 지역출신이 많음을 알 수 있다. 이를 입증하듯 지역 별 거주 유형으로는 산촌지역 7명, 도시지역 3명, 농촌지역 1명으로 나타났다. 북한에서 거주 기간 동안 본인의 경제적 수준을 묻는 질문에서 경제수준 상 3명, 중 4명, 중하 2명, 하 1명으로 나타나, 중 이상의 경제수준을 보였다. 북한에서의 기본토대의 바탕이 되는 부모님의 당원 여부를 묻는 질문에서 부모 모두 당원인 경우 1명, 부만 당원인 경우 5명, 부모 모두 무당원인 경우는 4명으로 파악되었다. 면접대상자에 대한 기본정보는 그림과 〈표 V-2〉에 제시되어 있다.

표 V-2. 면접대상자 일반현황

구분		빈도(명)	비율(%)
성별	남자	4	40.0
	여자	6	60.0
거주 지역	평안도	1	10.0
	함경남도	1	10.0
	함경북도	0	0.0
	양강도	7	70.0
	기타	1	10.0

구분		빈도(명)	비율(%)
거주 지역 유형	도시지역	3	30.0
	농촌지역	1	10.0
	산촌지역	6	60.0
	기타지역	0	0.0
경제적 수준	상	3	30.0
	중	4	40.0
	중하	2	20.0
	하	1	10.0
부모님 당원 여부	두분 모두	1	10.0
	부	5	50.0
	모	0	0.0
	없음	4	40.0

면접참여자의 인적 정보 현황을 살펴보면 연령 범위는 18~35세까지 분포되어 있으며 31~35세 구간에 5명, 23~26세 구간에 4명 그리고 10대 후반에 1명이었다. 탈북 시기는 2014년 1명, 2015년 1명, 2016년 1명, 2017년 2명, 2018년 3명, 2019년 2명으로 나타났다. 대한민국에는 대부분 2017~2019년도 경 입국한 것으로 나타났다. 면접참여자의 최종학력의 경우 1명의 초급중학교 중퇴자를 제외하고는 9명 모두 중학교 6학년제(고등중학교)를 졸업하였으며 그 중 2명은 고등전문학교를 졸업했고 1명을 대학교를 졸업한 것으로 관찰되었다. 면접 참여자 중 30대의 경우는 김정일 집권 시기에, 20대의 경우는 김정일 및 김정은 집권 시기에, 10대는 김정은 집권 시기에 북한에서 학교를 다닌 것으로 나타났다. 면접에 참여한 북한 이탈 주민의 실명은 개인정보 보호차원에서 알파벳으로 표기하였으며, 실제 연령과 정확한 탈북 및 입국 시기도 기본정보 수준에서 파악할 수 있도록 개인 식별정보를 최대한 단순화하여 표기하였다. 면접대상자에 대한 개인별 인적 정보는 〈표 V-3〉에 제시되어 있다.

표 Ⅴ-3. 면접대상자 인적정보

연번	이름	성별	연령	최종학력	탈북시기	입국시기	출신 지역
1	A	여	3○세	중학교 6년 졸업	201○년	-	
2	B	여	3○세	고등전문학교 졸업	201○년	-	
3	C	여	1○세	초급중학교 중퇴	201○년	201○년	
4	D	여	3○세	중학교 6년 졸업	201○년	201○년	
5	E	여	3○세	중학교 6년 졸업	201○년	201○년	
6	F	남	2○세	대학교 졸업	201○년	201○년	
7	G	여	3○세	중학교 6년 졸업	201○년	201○년	
8	H	남	2○세	고등중학교 졸업	201○년	201○년	
9	I	남	2○세	고등중학교 졸업	201○년	201○년	
10	J	여	2○세	고등전문학교 졸업	201○년	201○년	

2) 면접조사 결과 분석

(1) 교육 및 진로영역

① 진로선택 시 학력수준보다 토대가 가장 중요한 요소

북한은 유치원 높은 반 1년부터 우리의 고등학교에 해당하는 고급중학교 3년까지의 교육이 의무교육이기 때문에 대부분의 북한 주민들은 초·중등교육을 의무적으로 이수하게 된다. 또한 2018년에 4년제 이상 고등교육기관으로의 진학률이 26.8% 정도인데[88], 이 자체도 우리에 비해 높은 수준은 아니지만 이마저도 일하면서 배우는 고등교육기관과 원격교육 등을 포함하여 산출된 수치로 추정되므로 실질적인 고등교육 진학률은 이보다 더 낮을 수 있다. 따라서 특수 직종 또는 특별한 자격이나 기술이 필요한 전문직을 제외한 일반적인 직장에 들어가는 데에는 대학 졸업 여부가 크게 중요하지 않다. 북한에서 학력수준이 진로 및 직업 선택 시 미치는 영향에 대하여 대부분의 응답자들 역시 진로 및 직업의 선택에 있어서 학력 수준이 영향을 미칠 수는 있으나 가장 중요한 요인은 아니라고 응답하였다. 물론 대학 졸업장이 반드시 필요한 직업이 있고, 학력이 높을수록 직업 선택

88) UNESCO Institute for Statistics(2018). Democratic people's Republic of Korea(Education and Literacy). http://uis.unesco.org/country/KP?wbdisable=true에서 2022. 10. 14. 인출

시 유리할 수 있다. 그러나 북한 사회의 특수성 상 대학 졸업 여부보다는 오히려 출신 성분이나 경제력, 인맥 등이 진로 및 직업의 선택 시 훨씬 더 중요한 영향을 미칠 수 있으며, 이는 대부분의 응답을 통해서도 확인할 수 있다.

(사례 1) 제가 생각하기로 저는 학교를 졸업하고 대학을 졸업했다 하더라도 그러니까 흔히 지금 말하는 토대라고 하죠. 토대라고 하면 알아들으시겠는지 모르겠는데. 그러니까 이게 부모라든지 그러니까 이런 줄기가 좋아야 돼요. 백두산 줄기라고 하면 내가 고급중학교를 안 졸업한다고 하더라도 좋은 직업을 잡을 수 있는 거죠. 그걸 많이 봐요.

(사례 7) 그러니까 첫째는 아버지 직업 따라서 영원히 거기서 같이 가는 것도 있고. 아빠가 농장원이었으면 농장 생활 같이 해야 되고요. 그런 게 있었어요. 저희는 백두산 쪽이랑 산림은 나무 이런 거 한다면 거기 같이 다녔어야 되고요. 첫째 아버지의 직업이 중요했고요. 경제적 그런 것도 있죠.

② 지역과 학교별 교사 수준 차이 심각

2000년대 이후 북한 교육정책의 핵심 목표이자 기조는 경제난으로 무너진 교육의 정상화와 교육을 통한 경제위기의 극복이며 이를 통해 사회통합과 체제를 유지하는 것이라고 볼 수 있다. 그러나 북한 스스로도 "아직 나라의 전반적인 중등일반교육은 혁명적 요구, 발전하는 시대의 요구에 따라서지 못하고 있다"고 평가할 정도로 북한 교육의 물질적 토대는 여전히 부족하고, 여러 면에서 북한이 지향하는 세계적 수준에는 미치지 못하고 있다.[89] 이는 면접조사를 통해서도 확인할 수 있었는데, 수업 내용과 수준에 대해서 전반적으로 만족스럽지 못했다는 응답이 많았다. 응답자의 답변을 통해서 전반적으로 지역과 학교에 따라서 교사들의 수준 차이가 컸음을 알 수 있다. 특히 접경지역의 농촌이나 산촌의 경우, 교원 수급이 원활하지 않아 정규 교육과정을 이수한 교사가 아닌 단기과정 또는 통신과정을 통해 양성된 교사가 배치되고 있음을 알 수 있다. 응답자의 대부분이 이런 교사들의 경우 능력과 자질이 부족했다고 대답했다.

(사례 2) 그 당시 기준도 저희 그냥 그 어린 마음에도 우리끼리 하는 얘기 있었어요. 저희도 공부를

89) 교육신문(2017. 4. 20일자, 2면). 전반적12년제의무교육을 실시함에 대한 법령집행총화에 대하여(최고인민회의 제13기 제5차회의에서 한 교육위원회 위원장 겸 보통교육상 김승두대의원의 보고

잘해서가 아니고 시험 기간에 진짜 달달 외워서 시험을 보거든요. 그 선생님도 그냥 달달 외워서 그냥 선생님이 됐구나. 궁금하면 여쭤볼 수 있잖아요. 이게 왜 이렇게 됐는지 그리고 그거에 대한 문제를 풀이해서 우리한테 설명을 해야 되는데 '임마. 뭘 그렇게 깊이 하려고 해' 이런 식. 그래서 그냥 우리끼리 선생님 없을 때 '저 선생님도 그냥 달달 외웠나봐'

(사례 6) 그렇죠. 베테랑들이죠. 다. 각 학교에서도 되게 천재라고 하는 선생들을 선출해서 1중학교에 가는 거다 보니까.

(사례 10) 그런 분들도 계셨고요. 심지어는 1년제 단기 강습소를 나와서 교사하시는 분들도 계세요.

③ 교원으로부터 차별받게 되는 것은 경제적인 이유(뇌물)

학교에서 교원들로부터 차별받게 되는 이유는 공부를 못해서가 아니라 학생들이 교원들에게 돈을 주지 않는다든지 돈을 주는 액수가 적다든지 등의 경제적인 이유가 가장 큰 것으로 나타나고 있다. 이로 미루어볼 때, 북한 학교가 학생들의 학습에 상대적으로 소홀히 하고 있음을 추측할 수 있다.

(사례 3) 네. 그리고 학교에 교실마다 선생님한테 돈 잘 내는 애들 편애하고 다른 애들은 차별하고. 그래서 저도 다른 반으로 옮겼었던 적이 있어요. 선생님들 명절되거나 또 운동회 이런 거 하면 거의 북한을 거의 선생님들한테 애들 잘 봐달라고 돈 주는데 그 액수에 따라서 조금 애들 차별하고. 그래가지고 그 돈 때문에 차별하는 것 같아요.

(사례 4) 네. 그게 제일 큰 것 같아요. 그런 거는 선생님은 개인적으로 좋아는 하는데 예를 들어 등산이라든가 명절 같은 때 북한 문화는 선생님 도시락을 사 가는데 공부 못해도 얘는 집이 잘 사니까 도시락을 이만큼 해서 선생님한테 가져다 바쳐요. 선생님들도 잘 사는 집 애를 좋아하게 되었어요.

④ 수학, 영어, 예체능 중심의 사교육

고난의 행군 시기 이후 북한에 제1중학교가 본격적으로 확산되고 자리잡게 되자 남한 못지않은 북한 학부모들의 교육열은 사회주의 국가인 북한에 결국 사교육을 등장시켰다. 사회주의 국가에서 가장 국가 주도적이고 절대적으로 공적 영역이어야 할 교육이 이제 사적 영역과 공유되기 시작했다는 것이다(이교덕, 임순희, 조정아, 이기동, 이영호, 2007:

152). 그러나 본 면접조사에 응한 응답자의 경우, 대부분 사교육을 받은 경험이 없다고 답했다. 이를 통해 사교육 역시 계층과 지역에 따라 경험하는 수준이 다름을 알 수 있다. 사교육을 받은 경험이 있는 응답자의 경우, 아코디언과 노래를 배웠다는 응답과 수학과 물리를 배웠다는 응답이 있었다. 유일하게 수학과 물리를 배웠다는 응답자의 경우 평양 출신의 리과대학 졸업자였다. 다만 응답자 본인이 직접 사교육을 받은 경험은 없어도 친구들이 사교육을 받는 것을 목격했다는 응답은 많았다.

(사례 5) 네. 제가 어릴 때 아코디언을 개인 과외 교육 받았어요. 어릴 때 받고 그리고 커서도 학교 다니면서도 보면 개인 과외 받는 사람들 친구들 되게 많아요. 조금 그래도 자녀에게 뒷받침해줄 수 있는 부모님들은 거의 다 해주셨어요.

(사례 6) 여기서 말하면 소문난 과외 쌤들이 있어요. 근데 저희 같은 경우는 저희 담임 선생님이 너무 잘했기 때문에 다닌 거지만 저희 지역이 평성이랑 같이 붙어 있거든요. 평안남도 평성시랑 같이 붙어 있는데 평성시에 소문난 수학이면 수학에 소문난 선생님이 있으면 저희보다 돈 없는 친구들은 그쪽으로 가서 받고. 거기는 조금 비싸거든요.

⑤ 당 일꾼이 가장 인기 있는 직업

북한의 공간(公刊) 문헌을 살펴보면 김정일 시대에는 군인이, 김정은 시대에는 과학자가 청소년에게 제시되는 이상적인 준거집단으로 강조된다. 그러나 본 면접조사에 응한 응답자들은 북한에서 인기 있는 직업으로 의사, 당 간부, 경찰(보위부), 군인을 가장 많이 선택했고, 무역이나 예능 분야의 직업을 선택한 응답자도 있었다. 아버지가 농장원이어서 자녀만큼은 연구원이 되기를 바랬다는 응답자도 있었는데, 이를 통해 북한 사회도 소위 화이트 칼라 직업에 대한 선망이 있음을 유추할 수 있다.

(사례 4) 군복. 별 박으면 돼요. 북한은 사회주의라 하니까 개인이 나서서 직접 돈 벌이 하는 건 다 불법이잖아요. 그런데 그걸 감싸주는 사람들이 보위부, 안전원 이런 사람들이다 보니까 내가 예를 들어 약초를 중국에다 넘기려고 하는데 들켰어, 들켰는데 이런 내 주변에 안전원이라든가 보안원들한테 담배라든가 이렇게. 여기는 안 통해 그런 게. 한 보루 이렇게 주게 되면 그냥. 그리고 그런 사람들도 저희 같은 애들을 좋아해요. 그래야 자기가 피울 게 있고 먹을 게 있고 하니까.

(사례 10) 일단은 원하는 게 되게 추상적이긴 한데 제가 원하는 게 되려면 일단은 권력하고 연계도 있어야 되고 경제적인 독립도 있어야 되고 그런 부분이고. 또 커리어도 있어야 되고 그래가지고.

⑥ 고위 간부가 되는 것이 성공하는 인생

성공한 인생에 대해서는 대학에 가고, 입당하는 것이라는 응답도 있었던 반면에, 중국에 가는 것, 모란봉악단과 같은 곳에 들어가는 것이라는 응답도 있었다. 무엇보다 "아파트에서 살고 백미에 서너 가지 반찬을 먹으며 자녀들에게 사교육을 받게 해줄 수" 있을 정도로 경제적 부를 이루거나 토대가 좋은 부모를 만나는 것을 성공이라고 생각한다는 응답을 통해 최근 북한 사회에서 경제적 부가 사회적 성공을 가늠하는 중요한 기준이 되고 있음을 유추할 수 있다.

(사례 7) 정복 입은 사람 정복. 왜 그런 게 있냐면 권력이 있고요. 북한 말로 배급이라고 하죠. 그게 다달이 들어오니까 먹을 걱정은 없는 거예요. 안정된 생활을 하니까. 지나가는 차 하나 타자고 해도 정복 입으면 바로 세워주고 이래요. 돈 없어도. 저희는 담뱃값 불고 해서 안 세워주거든요. 그런 권력 쪽에서도 그렇고 다달이 배급 들어오고 이러니까 그런 걸 저는 제일 꿈꿨죠.

(사례 9) 북한의 당간부 되는 게 북한에서 가장 인기 있는 직업이죠. 우리 한국에서 하고 달리 의사나 이런 거는 아주 낮게 보거든요. 그래서 당간부 돼서 보안원 북한에. 우리 대한민국의 경찰 같은. 보안원 되면 높은 거고요.

(2) 소조활동과 조직생활

① 지역별, 학교별, 경제수준별 소조활동의 차이

소조활동은 일반적으로 매일 방과 후 2~3시간 동안 소수의 학생을 대상으로 소조를 만들어 분야별로 교원의 지도를 받는 것이다. 소조의 종류는 교과, 음악, 미술, 체육 등 매우 다양하다. 소조활동을 비롯한 다양한 과외활동은 학교 이외에도 학생소년궁전, 학생소년회관, 도서관, 소년단 야영소 등 '과외교양기지'들을 거점으로 이루어진다(통일부 통일교육원, 2021: 253~255). 소조활동에의 참여 경험에 대한 응답을 통해 북한에서 소조활동이 의무는 아니며, 학교마다 소조를 운영하는 수준과 방식도 큰 차이가 있음을 알 수 있다. 학교 내에 물리 소조, 수학 소조, 컴퓨터 소조, 음악 소조, 미술 소조, 농구 소조, 태권도 소조, 축구 소조, 토끼 소조 등이 운영되었던 학교도 있는 반면에, 특별히 운영하는 소조 활동이 없었던 학교도 있음을 알 수 있다. 또한 소조활동에 참여하는 데에도 어느 정도 경제적인 부담이 있었기 때문에 원한다고 해서 누구나 참여할 수 있는 것은 아니었고, 소조활동에 참여하는 학생들이 오히려 소수에 해당함을 알 수 있다.

(사례 3) 음악 소조도 있었고. 수학. 저는 수학 다녔었는데 수학도 있었고. 미술도 있었어요. 그렇게 3개. 저희 학교는 3개 있었어요. 아무것도 안 하는 친구들이 한 90% 될 것 같아요.

(사례 10) 저희 학교는 좀 시골 쪽이어서 웬만하면 다 오전에 수업하고 오후에는 작업하러 나가야 되거든요. 그래서 모든 소조들이 그렇게 활발한 활동을 안 했어요.

② 소조활동은 노력 동원이나 작업을 피하기 위한 수단

소조활동에 참여하지 않는 학생들은 많은 경우 방과 후에 각종 노력 동원이나 작업에 참여해야 했는데, 이러한 동원에서 면제될 수 있다는 점이 재미가 없어도 또는 경제적으로 다소 무리를 해서라도 소조활동에 참여하는 중요한 이유 중의 하나이다. 학교에서 정상적으로 운영하는 소조활동이 없더라도 2월 16일, 4월 15일 또는 6월 6일 등의 기념행사를 준비하기 위해 필요할 때마다 예술소조를 조직하여 운영하기도 하고, 특정 소조를 특화시켜 운영하는 학교도 있음을 알 수 있다.

(사례 1) 저희는 소조활동 같은 게 따로 있지는 않았지만 김정일의 생일이나 김일성 생일 그다음에 6월 6일이라고 해서 조선소년단창립절이에요. 그때라든가 그러면 매 학급마다 그런 걸 해요. 예술소조처럼 저희가 공연을 한 두 종목씩 내놔야 돼요. 노래 한 곡에 춤이라든지 그렇게 해서 학교 전체가 콘서트를 여는 거죠. 그런 걸로는 활발히 진행됐었어요. 그렇게 하고 그게 수업이 끝나면 저녁에 수업 저희가 다 끝나고 나면 6시 될 때도 있어요. 빨리 끝날 때는 4시 될 때도 있고. 그러면 수업 끝나고 소조활동처럼 하는 거죠.

(사례 9) 안 하는 친구들은 집에 갈 수도 있고요. 평균 기간에는 집에 가고 대체로 여러 가지 작업 같은 것 많이 해요. 학교에서 일할 거 있으면 그 친구들한테 다 시켜요. 풀 뽑기라든가 청소 같은 거를 그 친구들이 많이 합니다.

③ 부정적인 기억이 많았던 소년단 및 청년동맹활동

북한 주민의 공식 조직생활은 소학교 2학년(만 7세) 때 소년단 입단으로부터 시작된다. 북한의 모든 아동들은 소년단 활동을 통하여 북한 사회에서 가장 강조되는 집단주의 생활양식과 조직생활의 규범을 습득하고, 사회적으로 주입되는 가치들을 내면화하게 된다. 소년단 입단식은 김정일 생일(2월 16일)과 김일성 생일(4월 15일), 소년단 창건 기념일(6월 6일) 등 연 3회에 걸쳐 진행된다. 소년단원의 징표는 빨간 넥타이와 소년단 휘장이다. 소년단과 청년동맹[90]은 연령에 따라 의무적으로 가입하는 조직으로, 소년단 생활은 초급중학교 3학년(만 13세)까지 이어지고, 고급중학교(만 14세)에 이르면 청년동맹에 가입하게 된다(통일부 통일교육원, 2021: 210~212). 소년단 및 청년동맹 활동과 관련하여 먼저 소년단 가입 시기를 묻는 질문에 대하여 2월 16일에 가입했다는 응답이 가장 많았고, 4월 15일에 가입했다는 응답이 뒤를 이었다. 3차 가입 시기인 6월 6일에 가입했다는 응답자가 한 명도 없다는 점이 인상적이다. 소년단 및 청년동맹의 긍정적 기여에 대한 질문에는 조직생활 중 간부를 했던 경험이 있는 응답자 외에는 대체로 의미 있는 답변이 나오지 않았다. 반면에 부정적인 기여 또는 기억에 대한 응답은 많았는데, 생활총화 그 중에서도 특히 자아비판(호상비판)을 해야만 했던 것과 각종 동원과 과업, 경제적 부담이 주된 이유였다.

(사례 6) 근데 거기서도 제가 어떻게 했는데 엄마가 돈을 써서 분단위원장 앞에 나가서 대열 앞에 나가서 대열을 이끄는. 근데 되게 기억에 남았던 게 사진도 그때 찍고 이랬고. 그리고 서열 밖에서 뭔가 활동한다는 게 되게 본인한테는 되게 뿌듯한 게 있거든요.

(사례 7) 청년동맹은 맹비라는 거 내요. 한 달에 돈을 몇 백 원씩 이런 거 내는 거예요. 소년단 때는 아주 중요하게 했는데. 조금 커서는 그게 경제적으로 집이 어렵다 보니까 학교생활에 잘 참가를 안 했어요. 학교생활 진짜 시간을 바쳐야 되는 거죠.

90) 북한에서 청년동맹의 명칭은 정치적 상황과 지도부의 필요에 의해 변화를 겪었다. 1946년 창립 당시 청년동맹의 공식 명칭은 '북조선민주청년동맹(민청)'이었다. 이는 1964년에 '조선사회주의로동청년동맹(사로청)'으로 변경된다. 이후 1996년부터 '김일성사회주의청년동맹(김사청)'으로 명명하다가, 2016년 8월부터 '김일성-김정일주의청년동맹'으로 명칭을 변경하였다. 현재의 명칭인 '사회주의애국청년동맹'은 2021년 4월 청년동맹 제10차 대회에서 개칭되었다.

(3) 일탈행동

① 패거리(학교폭력)문화에 대한 인식

패거리 문화에 대해서 응답자들은 대체로 성별 또는 경제적 수준, 거주지역이나 출신학교 등을 중심으로 끼리끼리 모여서 어울리는 것이라고 이해하고 있었다. 패거리끼리 패싸움을 하는 경우도 있긴 하지만, 여럿이서 한 명의 학생을 집단적으로 괴롭히는 경우는 거의 없으며 이런 행동에 대한 처벌은 엄격하다는 응답이 대부분이었다. 처벌이 심한 제1중학교 보다는 일반중학교에서의 패싸움이 더 많았다고 한다.

(사례 5) 모르겠어요. 그냥 한두 패 정도 있는 것 같긴 한데. 폭력 그룹이 아니고 지네들끼리 놀다가 우리 패에 있는 애를 네가 때렸으면 또 개네랑 이렇게 하는 것 같긴 한데.

(사례 6) 엄격하게 처벌을 했어요. 그게 그때 당시에도 또 불량 이런 게 패싸움이 뭔가 자본주의 그런 생활 패턴으로 돼 있기 때문에. 일반 중학교는 정말 많았어요.

② 패거리활동에 대한 다양한 처분

그러나 실제로 퇴학당한 경우는 보지 못했는데, 설령 퇴학 위기까지 가더라도 학부모가 개입하여 돈으로 해결하기 때문이다. 패거리의 폭력 행위에 대한 처벌 강도는 학교마다 상이했는데, 운동장을 몇 바퀴 돌거나 화장실 청소를 하거나 교사에게 꾸중을 듣는 처벌부터 산을 계속 뛰거나 교사에게 매를 맞는 경우도 있었고, 학교 무대에 올라가서 자아비판(호상비판)을 당하며 아주 망신을 당했는데 심할 경우에는 학부형들, 도당 간부들, 시당 비서까지 다 나와 가지고 그 앞에서 해당 학생들을 욕하기도 했다. 또 군대 갈 때 생기부에 다 남기고, 심하면 군대를 못 가게 할 정도로 패를 엄격하게 단속하기도 했다.

(사례 1) 별로 안 좋죠. 그 패거리가 있으면 학교에서 난리 나요. 학교 호상비판이라고 저희는 흔히 그렇게 말을 하거든요 북한에서는. 호상비판이라는 게 다른 사람을 비판한다는 뜻이에요 지금 와서 보면. 그런데 그 사람이 무대에 올라가서 아주 진짜 망신을 당해요. 그러니까 학교에서 회의를 열어요. 학교에 예를 들어 학생 수가 500명이라고 하면 그 500명 앞에서 걔네를 다 내다 세워요 앞에다가. 그러니까 너무너무 창피한 거죠. 그렇게 폭력 그런 걸 하면 그만큼 처벌이 엄격해요.

(사례 2) 처벌이 없어요. 그냥 손 들고 이렇게 하고 뭐 한 시간 있으면 끝인 거죠. 왜냐하면 선생님들도 이제는 성인이 거의 돼 가니까.

③ 패거리 활동은 위계 문화의 일종

청소년 시기에 패거리 활동을 하는 이유는 멋져 보이거나 센 척 하고 싶어서 또는 자기편을 만들기 위해서라는 응답이 많았다. 북한 사회가 워낙 주먹이 센 사람이 더 살기 쉽기 때문에, 자연스럽게 주먹이 센 사람 주변에 친구들이 몰려서 살 궁리를 한 것 같다는 답변도 있었다. 사회 전반에 만연한 군사문화와 그로 인한 위계 문화가 청소년 시기부터 자연스럽게 체화되고 있음을 유추해 볼 수 있다.

(사례 7) 무조건 말로 안 해요. 여기서는 말로 안 하고 무조건 가면 그냥 척 하면 머리부터 꽂고. 주먹이 세야 되고. 저도 엄마한테서 배운 게 그냥 '주먹 세야 돼.' 이런 거 배워가지고. 지금도 같을 거예요.

(사례 8) 그런데 우리는 맞고 들어오면 더 해요. 선생님이 맞고 들어온다면 안 된다고.

④ 흡연에 대한 부정적인 인식

청소년의 흡연에 대해서는 대부분의 응답자가 사회적으로 매우 부정적으로 인식했으며 처벌 또한 매우 엄격했다고 답했다. 또한 여학생들이 담배를 피우는 경우는 없고, 남학생들만 저지르는 일탈이자 비행임을 알 수 있다. 담배 피우는 학생들은 망나니고, 가정교육을 잘 못 받았다고 생각할 정도로 청소년의 흡연은 정말 하면 안 되는 것이라는 인식이 팽배했다. 그럼에도 불구하고 중학생 이상의 남학생들은 대체로 담배를 많이 피웠는데, 선생님이 흡연에 대해 엄청 엄격해서 담배 피우는 남학생들을 못 봤다는 일부 응답도 있었다.

(사례 4) 저희 학교에서 2년 묵은 애였었는데 걔가 담배를 피워가지고 선생님한테 걸려가지고 저희가 보는 앞에서 그냥 죽도록 맞았어요. 그걸 보고 애들이 안 피워요.

(사례 5) 담배 피우고 안 피우고는 확실히 제가 봤을 때는 제 느낌이에요 그냥. 가정적인 환경이, 가정 교육이 되게 중요하긴 하다고 저는 생각을 해요. 가급적으로 보면 부모 없는 아이들이, 아빠 없는 아이들이 담배 피우는 애들 많이 봤고. 또 아빠 엄마 있어도 또 형아들이

있는 애들이 또 많이 봤고. 버릇 없이 큰 애들이 나쁜 짓 많이 하는 것 같은 그런 느낌은 있었어요.

⑤ 흡연에 대한 엄격한 처분

만일 담배를 피우다가 선생님한테 걸리면 반성문을 쓰고 자아비판(호상비판)을 받거나 장작으로 맞기도 했고, 제1중학교 같은 경우는 퇴학을 당하기도 했다. 심한 경우에는 담배를 까서 학생 입에다 넣거나 물에다가 타서 마시게 하기도 하고 담배로 학생의 손잔등을 지져놓기도 했는데, 이런 처벌을 받더라도 학생은 물론 학부모도 항의하지 못했다. 담배에 대해서는 그만큼 엄격했고, 그것이 사회적으로도 용인되는 분위기였음을 알 수 있다.

(사례 7) 걸려서 담배를 까서 입에 다 넣었어요. 지져놓고. 그래도 부모들이 뭐라 안 해요. 다 큰 애들이라. 근데 자기도 이거 선생님 지져놨다고 말 못해요. 아빠 담배 훔쳐가지고 나와서 파우는 거라. 자기도 말 못하는 거죠.

(사례 8) 엄청 혼났어요. 친구들 가방 다 뒤져서 담배 싹 다 꺼내서 담배가 이만큼 나오고. 근데 담배 그거를 다 먹으라고 했어요 저한테. 그래서 먹으려고 했는데 또 먹으려고 하니까 그걸 진짜 먹냐고 하면서 때리는 거예요.

⑥ 전무한 흡연교육

청소년 흡연에 대한 부정적 인식과 엄격한 처벌이 만연한 것과는 대조적으로 학교에서의 금연 교육은 전무했다는 것이 공통적인 답변이었다. 그냥 학생이 담배 피우면 안 된다, 성인이 돼서 피워야 된다는 말은 흔히 했고 비사회주의 교육의 일환으로 담배 피우면 불량 학생이다 정도의 교육은 했지만 청소년 흡연 자체가 있어서는 안 되는 일이기 때문에 금연 관련 교육 자체를 실시하지 않았다.

(사례 2) 그런 거 없어요. 저는 한 번도 받아본 적이 없는 것 같아요.

(사례 10) 담배에 대한 교육이 아니고요 비사 교육을 해요. 비사가 줄임말인데 비사회주의 교육. 그때 청소년들은 담배 피우면 불량 학생이다 정도로 몇 줄 정도로.

(4) 경제활동

① 가정과 학업에 부담되는 학교 경제동원활동

북한은 공식적으로 12년제 무상의무교육제도를 실시하고 있다고 주장하고 있지만, 가지각색의 명목으로 학부모들에게 요구하는 돈이 너무 많아 경제적 부담 때문에 학교에 나오지 못하는 학생들도 많고, 차라리 법을 바꿔 일정 금액을 수업료로 납부하도록 하는 것이 훨씬 좋겠다고 말하는 학부모들도 많다. 학교가 학부모들에게 요구하는 금액은 학교마다 또는 지역마다 차이가 있겠지만 대체로 한 달에 몇 백 원에서 많게는 몇 천원에 이르는 것으로 추정된다.91) 학교 내 각종 경제 동원활동이 가계와 학업에 어느 정도 영향을 미치는가에 질문에 대하여 대부분의 응답자가 상당히 많은 영향을 미치고 가계와 학업에 큰 부담을 준다고 대답했다.

(사례 3) 자꾸 학교에서 명분을 만들어서 자꾸 돈을 내라고 하니까. 오늘 학교 불을 밝혀야 되니까 배터리를 사야 되니까 1만 원씩 가져와라, 김정은 원수님, 김정일 원수님 뭐 이런 배우는 공간을 지어야 되는데 거기에 돈을 가져와라. 엄청 돈 내라는 게 거의 하루가 멀다하게 많으니까 못 내는 애들도 엄청 많고 그것 때문에 벌세우고 학교 수업 들을 때 앉지 못하게 하고 서서만. 그래서 거의 경제적으로도 많이 어려움을 느끼고. 또 애들을 약간 수업 받을 때 돈 못 낸 학생들은 일어서게 한다거나 해가지고 많이 창피를 줬어요.

(사례 4) 그런 경우가 많았어요. 예를 들어 볼 차다가 창문 유리가 깨져도 부담해야 되고. 그리고 학교 꾸리기 무슨 색깔을 칠한다 하면 또 애들 싹 다 불러다가. 그냥 다 애들한테서 다 빨아서 그거 하는 거니까. 잘 사는 집 애들 같은 경우에는 괜찮은데 또 어렵게 사는 애들은 그게 어려운 거예요. 애들은 바치고 싶은데 부모님이 안 주는 거예요. 그러니까 애들은 주눅 들고 이러니까, 그런 거는 진짜 싫어했어요.

---

91) 학교에 내야하는 학부모 부담액에 대해서는 자료마다 다르게 밝히고 있다. (사)좋은벗들은 2004년 10월 현재 학생 1인당 1년에 1천 원 정도의 찬조금을 낸다고 밝히고 있다.(김정숙,「오늘의 북한, 북한의 내일」, 서울: 정토출판, 2006, p.121) 반면에 북한에 현재 살고 있는 사람들이 중국을 통해 기사를 보내와 만든다고 하는『임진강』에서는 다음과 같이 소개되고 있다. "로동자 월급이 2천 원, 많아야 3천 원인데, 그것도 탈가말가인데 중학생에게 요구하는 세외부담액은 한 아이당 한 달에 만 원도 더 나갔다. 월급의 3배, 5배 이상이었다. 게다가 집에 아이가 둘, 셋이면?…" (임진강출판사,『임진강』, 제3호(2008년 8월), 서울: 임진강출판사, p.132) 1년에 1천 원 정도라는 액수는 학교행정에서 요구하는 금액만을 계산한 것이고, 한 달에 만원이 넘는다는 액수는 학교행정에 내는 금액 이외에 소년단이나 학교 청년동맹에 요구하는 금액까지 모두 합쳐서 학부모 입장에서 주관적으로 느끼는 액수인 것으로 판단된다. 더욱이 북한 역시 최근 출산율 저하로 학령기 아동 및 청소년의 수가 줄고, 경제적 부담 때문에 학교를 가지 않는 학생들이 생기면서 결국 남아있는 학생들의 부담이 더욱 커지고 있는 상황이다.

② 다양한 이유로 학교 내 물물교환 경험

한편 대부분의 응답자가 학교 내에서 친구들끼리 물물 교환을 해본 경험이 있었다. 서로 필요한 물건을 바꾸는 경우가 가장 일반적인 형태였는데, 재미로 하는 학생들도 있는 반면에, 집안 형편이 어려워서 엄마가 파는 물건을 가져와 파는 경우도 일부 있었다. 반면에 학교에서의 물물교환 경험이 전혀 없는 응답자도 있었다.

(사례 1) 그거는 예를 들어서 내가 필요 없는 연필 같은 게 하나 남잖아요. 그러면 걔한테 지우개가 예쁜 게 있어요. 그러면 그걸 이렇게 물물교환을 하는 거죠. 팔고 사고는 잘 안 되고 물물교환은 많이들 하죠.

(사례 5) 재미로 하는 애들도 있고 내 집이 진짜 어려워 그러면 장마당에서. 엄마들이 시킬 수도 있어요.

③ 장마당 이용의 주된 이유는 생계 마련과 먹거리 구매

청소년기에 장마당을 이용하는 경우는 크게 두 가지였다. 하나는 장마당에서 장사를 하는 엄마를 돕기 위해 방과 후에 시장에 가거나 엄마 대신 경제활동을 해야만 해서 학교에 거의 가지 못하고 직접 장사를 하는 경우인데, 산나물을 뜯어와서 팔거나 야채 또는 음식 등을 팔곤 했다. 다른 하나는 쇼핑하기 위해 장마당에 가는 것인데, 물건 구입보다는 친구들과 간식거리를 사 먹으러 가는 경우가 많다. 청소년들에게 인기 많은 먹거리는 인조고기밥, 두부밥, 찰떡, 순대 등이다.

(사례 3) 많아요. 학생들인데 나물도 팔고 그런 학생들이 많아요.

(사례 9) 어린 친구들은 돈이 그렇게 많지 않다 보니까 제일 먼저 학급에서 하는 애들 보면 음식 같은 거 팔고요. 그리고 어디 지방 같은 데 돌아다니면서 싼 가격에 사다가 여기 와서 비싼 가격에 팔고. 약초나.

(5) 여가놀이

① 컴퓨터 교육에 열악한 학교 환경

북한은 소학교 4학년부터 정보기술(콤퓨터) 과목을 정규교육과정에 편성하여 가르치고 있다. 이에 대부분의 응답자가 컴퓨터를 이용해 봤고, 학교에서 컴퓨터 교육을 받은 경험도 있었다. 그러나 학교에서의 컴퓨터 교육이 실질적으로 도움이 되었다는 응답은 전무했다. 학교 교육과정에 컴퓨터 과목도 있고 컴퓨터실도 있긴 했지만 컴퓨터가 거의 다 폐기 수준이라서 실습을 하지 못했거나 컴퓨터는 여러 대 있었어도 전기가 부족해서 켤 수가 없었다. 따라서 대부분의 컴퓨터 교육은 이론 수업이거나 종이로 된 자판으로 연습하는 수준이었다. 학교에 컴퓨터 소조가 있더라도 컴퓨터가 귀하다 보니 실습실을 쉽게 열어주지 않았다. 그래서 교장 자녀들이나 연줄 있는 학생들만 컴퓨터를 만질 수 있을 뿐 대부분의 학생들은 만질 기회조차 거의 없었다. 한 응답자는 저녁마다 학급이 돌아가면서 학교를 지키는 날이 있는데, 그때 컴퓨터 선생님과 친해져서 컴퓨터실에 몰래 들어가서 놀 수 있었다고 답했다.

(사례 2) 저희 때는 컴퓨터라고 해서 자판기인데 자판이 아니고 종이로 된 자판으로 해서. 그리고 16비트를 해서 뒤에 볼록하게 나오는 거. 한 번이나 켜봤나? 불이 일단 안 와서. 컴퓨터는 여러 대 있었던 것 같아요. 근데 전기가 안 와 가지고 딱 진짜 한 번 켜봤어요. 화면이 어른어른 왔다갔다.

(사례 10) 경비를 서요. 저녁마다 학급이 돌아가면서 학교 지키는 날이 있는데 그때 컴퓨터 쌤이랑 이렇게 친해가지고 그 컴퓨터실 몰래 들어가서 컴퓨터 놀다가 나오고.

② 일상화된 컴퓨터 게임

한편, 국제전기통신연합(ITU) 발표에 따르면 북한의 100명당 핸드폰 가입자 수는 2009년 0.28명에서 2017년 14.98명까지 늘었다. 유니세프(UNICEF) 조사에 따르면 2018년 북한의 도시부 핸드폰소유 세대 비율은 80.4%, 지방은 50.6%다.[92] 청소년기에 손전화를 소유했던 응답자는 없었지만 부모님이나 주변 어른들의 손전화를 사용해 본

92) 뉴시스(2020.12.09.일자). "북한도 '배달앱' 시대…스마트폰 인기 게임은 '태권도 대결'", https://newsis.com/view/?id=NISX20201208_0001262764&cID=10301&pID=10300에서 2022. 10. 14.일 인출

적이 있는 응답자는 있었다. 대부분의 응답자가 고급중학교 졸업 후에 손전화를 소유하거나 이용해 보았다고 답했다. 손전화 역시 게임을 하기 위해 이용한 적이 있다는 응답을 통해 북한의 청소년들 역시 게임을 즐기고 있음을 알 수 있다.

최근 시 단위에 설치된 미래원에서 돈을 내고 컴퓨터를 이용하거나 시간당 북한 돈 약 1,500원을 주고 컴퓨터를 배울 수 있다는 응답도 있었다. 또 2006년~2007년경 평양에 PC방이 생겨서 친구들과 밤새 게임을 하기도 해서 부모님들이 단속을 많이 했다는 응답자도 있었는데, 당시 비용은 약 1,500원이었고, 이러한 PC방은 후에 자본주의 문화로 간주되어 없어졌다. 복수의 응답자가 컴퓨터로 게임을 했다고 답했는데 이를 통해 북한 청소년들 사이에 컴퓨터 게임이 상당히 일상화되어 있음을 유추할 수 있다. 집에 개인용 컴퓨터가 있었던 응답자는 단 한 명이었지만, 잘 사는 학생들은 거의 집에 노트북을 가지고 있었고 특히 대학생들은 개인 컴퓨터, 주로 노트북을 대부분 가지고 있다.

(사례 4) 저희는 없었어요. 저희 오빠네 반에 잘 사는 집이 있었는데 그 집에 가면 컴퓨터가 있었는데 오빠들이 가서 계속 게임만 했어요.

(사례 6) 펜티엄2, 펜티엄3가 가장 조금 좋았던 거고. PC방이 있어가지고 그때. 저희 때 있어요. 근데 나중에 그게 자본주의 방식이라고 그래가지고 없어지긴 했는데. 망게임인데 인터넷이 안 되잖아요. 그래서 대부분 허브가 있어요. 10개 정도의 컴퓨터를 연결할 수 있는 핀이 있는데.

③ 손전화를 통한 게임 이용

청소년기에 손전화를 소유했던 응답자는 없었지만 부모님이나 주변 어른들의 손전화를 사용해 본 적이 있는 응답자는 있었다. 대부분의 응답자가 고급중학교 졸업 후에 손전화를 소유하거나 이용해 보았다고 답했다. 손전화 역시 게임을 하기 위해 이용한 적이 있다는 응답을 통해 북한의 청소년들 역시 게임을 즐기고 있음을 알 수 있다.

(사례 3) 제 거는 아닌데 엄마 거라든지 사촌 언니 거 빌려가지고 게임하고 그랬어요.

(사례 9) 손전화는 제가 고등학교 졸업할 때 북한에서 조금 그래도 인기, 조금이 아니라 완전히 인기 있는 사람들, 아버지들만 가지고 다녔어요.

(6) 복지제도

① 허울뿐인 무상교육

북한에서는 해방 직후부터 보통교육의 무상의무교육제를 실시하여 인민들의 교육기회를 확대하고자 했다. 북한은 여전히 국가사회보장인 식량배급제, 교육·의료부문의 무상공급제는 그대로 유지한다고 밝히고 있지만 회복되지 않는 불안정한 경제상황으로 인해 국가가 복지를 책임지고 보장해주지 못하기 있으며 이로 인해 개인의 능력이나 노동에 따른 복지수준의 격차가 커지고 있는 실정이다.93) 무상교육의 경우, 교과서와 교복은 무상으로 받았는데 교과서는 새 책을 받을 때도 있었고 중고를 받을 때도 있었지만 교복은 거의 새것을 받았다는 응답이 많았다. 한편, 교과서나 교복 모두 무상이 아니라 국정가격으로 구입했다는 응답자도 있었다. 학용품은 다 본인 부담이어서 학생들마다 사용하는 학용품의 질이 다 달랐다는 것이 공통적인 대답이었다.

(사례 3) 네. 주긴 하는데 그 질이 엄청 나빠지고 못 사는 애들은 그냥 있긴 하는데 거의 대부분 다시 개인이 만든 교복을 사서 입어요.

(사례 10) 어려운 친구들은 가격대가 낮은 국산 개인이 만든 걸 쓰면 집안 살림이 괜찮은 애들은 중국 거 쓰거든요. 그건 개인이 만든 게 아니라 공장에서 나온 거잖아요.

② 열악하고 뇌물이 필요한 의료환경

무상의료의 경우, 병원에 가서 진료를 받기도 하지만 주변에 의사가 있어서 집으로 왕진을 와주기도 했다. 구역별로 진료소가 있어서 진료를 받거나 약을 처방받는 등의 기본적인 의료 서비스에는 거의 모든 지역에서 큰 문제없이 접근 가능한 것으로 보인다. 다만 약이나 주사 등의 의약품은 대부분 개인이 비용을 지불하여 별도로 구입해야 한다. 병원에서 약을 주는 경우도 있긴 하지만 눈치가 보여 답례를 하거나 인맥이 필요하다는 응답도 있었다. 병원에 입원하게 될 때에도 입원 자체는 비용이 안 들지만 주사약을 개인이 직접 사가지고 와야만 의사들이 놔주었고, 잘 돌봐달라고 의사들에게 뇌물을 주기도 했다. 약이나 주사 등의 의약품을 어차피 개인이 구매해야 했기 때문에 아프면 시장에서 알아서

93) 김연정, 남현주(2013). 북한 복지체제의 성립과 변동-복지제공 주체의 변화를 중심으로, 『아시아문화연구』 제31집, 가천대학교 아시아문화연구소, pp. 122-123, 125.

약을 사 먹거나 집에서 가족들끼리 주사를 놓는 경우도 있다. 엑스레이를 찍으려면 교환명령서를 가지고 군 병원이나 도 병원에 가야 했다. 그런데 엑스레이를 찍기 위해 필요한 전기가 없으니까 발동기를 돌려야 해서 휘발유 1kg을 갖고 가야 할 정도로 의료 환경이 굉장히 열악했다. 아이를 출산할 때에도 산부인과에 가서 다 사비로 기구를 빌리고 그 기구를 개인이 쓸 줄 모르니까 쓸 줄 아는 사람인 의사가 도와줬을 뿐이다. 그때에도 의사에게 담배와 같은 뇌물을 주어야 했다. 그래서 집에서 출산하는 사람도 많다. 반면에, 평양의 경우에는 구역 병원이 있는데 엑스레이도 다 구비하는 등 의료 시설이 좋았다. 한편, 한 응답자는 진찰하고 약 처방해 주고 주사 놔주는 것이 다 무상이기에 병원에 갈 때 돈을 챙겨주진 않았으나 다만 자주 가면 의사에게 미안해서 집에 있는 물건을 가져다 준다든가, 먹을 걸 가져다 준다든가, 담배를 가져다 주었다고 답했다. 또한 병원에서 처방서를 주면 약방에 가서 돈을 안 주고도 가져올 수 있었고, 수술도 무상으로 할 수 있었지만 의사들에게 식사 대접이라도 못하면 병원에 있는 내내 눈치가 보였다고 하면서 사람이 앓을 때는 의사들이 차별하는 것 같지 않았다고 답했다. 특히 전염병이 돌 때마다 병원에서 와서 무료로 학생들에게 주사를 놔주었고, 맞기 싫어서 달아나는 아이들은 다음 날에 또 와서 놔주었다고 답했다. 이를 통해 평양을 제외한 거의 모든 지역의 의료 환경은 굉장히 열악하나, 전염병 대처에 관한 증언을 통해 예방의학이 북한 의료체계의 특징이며 어느 정도 유지되고 있음을 알 수 있다. 또한 지역별로 무상의료의 수준과 의료 서비스에 대한 만족도가 상이함을 유추할 수 있다.

(사례 2) 북한에서 엑스레이 찍어본 적이도 없어요. 엑스레이가 도병원인가에 있긴 있었는데 근데 이걸 찍으려면 전기가 와야 되는데 전기가 없으니까 발동기를 돌리려면 휘발유 1kg 갖고 가야 해요. 의료 환경이 굉장히 열악해요. 근데 산부인과는 진짜 여기 병원처럼 깔끔하게 인테리어 돼 있고 의료기구도 깔끔하게 되어 있어요. 산부인과만. 제 아이를 임신해서부터 날 때까지 다 사비로 가서 그냥 기구를 빌리고 그 기구를 우리가 쓸 줄 모르니까 쓸 줄 아는 사람이 도와줬을 뿐예요. 그것도 의사 선생님한테 담배 비싼 거 맨날 한 갑씩 찔러주면서. 진료 봐준다고 감사하다고. 주변에도 보면 부모님이 아시는 분이 의사던가 이런 분들은 그냥 개인적으로 진료받기도 하고. 그래서 집에서 출산하는 분도 많아요.

(사례 5) 집에서 맛있는 저녁 식사해서 같이 식사하고. 갈 때 뭐라도 엄마가 챙겨주는 것 같고. 이렇게 인간적으로 조금 친하게 지내다 보면 언제든 11시든 12시든 그 집 가서 문 두드리면 와서 아픈 사람 있으면 해주고 했으니까.

(사례 10) 진료소는 자주 가요. 일단 사는 구역별로 진료소가 하나씩만 있었다. 엑스레이 찍으려면 교환명령서를 가지고 군 병원에 가야 해요. 진료소에서는 응급이 아니면 약을 잘 안 줘서 그런 감기약 일반약은 안 줘요.

(7) 한류 및 사상교육

① 남한 매체 시청의 지역 계층, 개인별 차이

많은 북한 주민들이 중국으로부터 유입되어 시장에서 암거래로 유통되는 CD(DVD), USB 등을 통하여 남한의 대중문화를 접하고 있다. 최근에는 판형콤퓨터(태블릿PC)와 손전화기(핸드폰) 사용이 공식적으로 허용되면서 남한의 대중문화를 보다 쉽게 접할 수 있게 되었고, 당국의 엄격한 단속과 처벌에도 불구하고 북한 사회 내부에서 한류는 여전히 확산되고 있는 추세이다. 이러한 상황은 응답자의 대부분이 청소년기에 남한 음악이나 방송을 들은 적이 있었다는 점에서도 확인할 수 있다. 물론 남한 문화를 접하는 수준은 지역과 계층, 개인이 처한 상황 등에 따라 상이함을 알 수 있다.

한국 음악인지 모르고 그냥 계몽가요인 줄 알고 듣기도 했다. 남한 노래를 들으면서 북한 노래와는 달리 자기 본인의 생각을 노래로 할 수 있고 사상이 안 들어갔다는 느낌 등을 받았다. 한국 노래를 들으면서 괜찮은 곳이라고 생각했다. 친한 친구하고 같이 들으면서 '여기 너무 궁금하지 않니? 가보고 싶다'는 생각을 하기도 했다. 드라마의 경우, 남한 드라마나 영화를 상당히 많이 본 응답자도 있었지만, 반면에 본 적 없다는 응답자도 있었다. 특히 신파군 출신의 한 응답자는 감시가 엄했던 지역의 특수성으로 인하여 다녔던 학교에 한국 드라마를 보는 학생들이 없었다고 답했다. 이를 통해 남한 문화를 접하는 수준이 지역마다 상이함을 알 수 있다.

(사례 1) 청소년기에 북한에서 남한 음악을 들은 적 있어요. 주위에 남한 드라마를 보다가 걸려서 고발당한 사람을 직접 보지는 못했지만 듣기는 했어요. 한국 드라마를 보다가 걸리면 수용소에 끌려가지만 백이 있는 사람들은 괜찮아요. 학생 때는 호기심도 많고 어릴 때니까 노래를 들으면서 그 나라의 문화를 읽게 됐던 것 같아요. 그래서 북한에서 한국을 개 같은 나라라고 가르쳤어도 한국 노래를 들으면서 괜찮은 곳이라고 생각했어요. 친한 친구하고 같이 들으면서 '여기 너무 궁금하지 않니? 가보고 싶다'는 생각을 하기도 했어요. 한국 드라마나 음악을 엄격하게 통제하기는 하는데 사람들이 몰래 많이 봐요. 특히 젊은 친구들은 자본주의에 대한 호기심이 굉장히 많아요.

(사례 9) 청소년 때는 한국 음악이라는 건 모르고 그냥 계몽가요를 저희는 들었어요. 찔레꽃이라든가. 한국 드라마는 못 봤어요. 주위에 한국 드라마나 한국 음악을 몰래 듣거나 보는 친구들이 저희 학교 때는 없었어요. 드라마 보다가 들키면 처벌이 엄중하다는 소리는 많이 들었어요. 그냥 끌려가섯 죽도록 매 맞고 돈 있는 사람은 돈 고여서 나오고 없는 사람은 그냥 교화 몇 년 이렇게 보통 1년, 3년 살아야 한다고 알고 있었어요. 다녔던 학교에는 한국 드라마를 보는 애들이 없었어요. 학교마다 지역이 달라서. 저희는 신파군이다 보니까 저희 동네는 노동자 한 명에 당일꾼이 3명이어서 자유가 없었어요.

② 남한 매체 시청에 대한 처벌 강화

남한 드라마나 영화를 본 적 있다고 대답한 응답자의 대부분은 그런 것을 보다가 걸리면 엄하게 처벌받는다는 것을 알았고, 처벌당하는 것을 목격하거나 들은 적이 있었으며 심지어 본인이 걸려서 뇌물을 준 적도 있다고 답했다. 한국 드라마나 음악을 엄격하게 통제하기는 하지만 특히 젊은 친구들은 자본주의에 대한 호기심이 굉장히 많아서 몰래 많이들 본다. 주로 집에서 가족들과 보거나 친한 친구들과 함께 또는 친구들 사이에 서로 CD를 빌려서 보는 경우가 대부분이었다. 한국 드라마를 보다가 걸리면 수용소에 끌려갈 수 있지만 연줄이나 돈이 있는 사람들은 괜찮다. 대부분의 응답자가 '천국의 계단'을 봤다고 답한 점이 인상적이다. 또한 복수의 응답자가 김정일 시대에는 단속이 심하지 않았는데 김정은 시대 이후 관련 법이 만들어지고 통제가 심해졌다고 답했다.

(사례 2) 천국의 계단이랑 가을동화 보고 왔어요. 재밌게 봤어요. 숨 죽이고 봤어요. 볼륨이 굉장히 낮으니까 귀 쫑긋하고. 그걸 보다 걸리면 처벌받는다는 것을 알면서도 보았어요. 처벌당하는 걸 목격한 적도 있어요. 영화를 봐서 추방되어 시골에 가는 경우도 있고, CD알 무색알 이런 거 받으면 무조건 사형이에요. 무색알 받아오면 뭔 영화를 어떤 거 찍어낼지 모르니까. 무색알은 굉장히 크게 처벌했던 것 같아요. CD알 딱 잡히면 출처부터 캔다. 어디서 왔는지. 그 출처로 인해서 완전 시골에 가는 친구도 있었어요.

(사례 4) 처음으로 한국 영화를 본 게 중학교 2학년 때였고, 부모님 보니까 그냥 봤어요. 가을동화, 천국의 계단. 그런데 진짜 신기한 게 제 기억에 김정일 때는 문을 열어놓고 봤어요. 진짜. 정말 그때는 단속을 그렇게 안 해가지고 그냥 낮에도 그냥 문 다 열어놓고 봤는데, 김정은 시대 들어가서 법이 만들어지고 통제가 심해졌어요.

(사례 6) 남한 드라마를 본다든지 남한 노래 들으면 처벌된다는 그 사실을 알고 있었는데, 그때는 처벌이 좀 약했어요. 김정일 때 초기에는 좀 약했는데 어느 시기 정도에 CD가 막 전파되고 그리고 USB나 SD 카드가 쫙 퍼지니까 그다음부터 점점 세지기 시작했어요.

③ 남한 매체 시청의 탈북에 대한 영향력

남한 음악을 듣거나 드라마와 영화를 본 것이 탈북을 결심하는데 영향을 미쳤는지에 대한 질문에 전혀 영향을 미치지 않았다는 응답보다 상당히 많은 영향을 주었다는 응답이 더 많았다. 북한은 먹고 사는 것조차도 너무 어려운데 한국 드라마를 보면 엄청 멋있고 잘 살고 하니까 나도 저기 가서 저렇게 잘 살고 싶다는 생각이 들었고, 그래서 드라마를 볼 때마다 어떻게 해서든 북한을 벗어나서 남한으로 가야겠다는 생각이 들었다는 응답도 있었다.

(사례 7) 한국 드라마 같은 걸 본 게 탈북을 해야겠다는 생각을 하는데 엄청 많이 영향을 준 것 같아요. 북한은 먹고 사는 것조차도 너무 어렵고 한데 드라마를 보면 엄청 멋있고 잘 살고 하니까 나도 저기 가서 저렇게 잘 살고 싶다 이런 생각이 들게 된 것 같아요.

(사례 10) 지역마다 다른데 저희 지역은 국경 인접 지역이어서 한국에 대해서 다 알고 있어요. 그래서 다들 그런 드라마를 볼 때마다 빨리 가고 싶다는 그런 생각을 다 가지고 있어요.

(사례 6) 저의 삶에서는 드라마 본 것이 탈북에 1도 영향을 미치지 않았어요. 음악 들어온 것도 영향을 미치지 않았어요.

④ 사상교육의 효과에 대한 상반되는 평가

한편, 김정은 시기 교육제도 개편 이후에는 영어 교육과 컴퓨터 교육을 강조하고 있지만, 여전히 정치사상 교육이 강조되고 있다. 북한 학생들은 교과목뿐 아니라 학교에서 이루어지는 모든 활동을 통해 북한 당국이 강조하는 집단주의 가치관을 내면화하고, 당과 수령을 향한 충실성 등 정치사상교양을 실시한다(통일부 통일교육원, 2021: 251). 최근 북한의 정치사상교양은 '5대 교양'의 형태로 이루어지고 있는데, 여기에는 '위대성교양', '김정일애국주의교양', '신념교양', '반제계급교양', '도덕교양'이 포함된다. 이러한 사상교육의 효과에 대해서는 효과가 없다고 생각한다는 응답보다 그 영향이 지배적이며 북한 체제 유지에 영향을 미쳤다고 생각한다는 응답이 더 많았다.

사상교육은 내 조국밖에 없다는, 무조건 우리나라를 위해서 살아야 된다, 무조건 충성을 다해야 한다는 그런 내용으로 어렸을 때부터 받았고, 그냥 일상이었기에 세뇌가 안 될 수가 없다. 물론 사상교육의 효과는 사람에 따라 다 다르다. 앞에서는 '네' 하지만 뒤에서는 친구들끼리는 '본인들이나 잘 지키지 왜 우리한테 자꾸 뭐래?' 하면서 다른 소리를 하기도 하고 가끔 반감이 들 때도 있는데, 다만 표현하지 못할 뿐이다. 특히 직장생활이나 군 생활을 하다 보면 배워주는 내용과 실제 체험하는 내용이 다르다는 것을 알게 되고 그때부터 생각이 바뀌게 된다. 또한 사상교육은 주로 종교를 믿으면 안 된다, 남한 드라마를 보면 안 된다와 같은 내용인데, 먹고 살기도 힘든 상황에서 그런 말이 귀에 들어올 여유가 없다는 것도 사상교육이 효과가 없다고 생각하는 이유 중 하나이다.

(사례 9) 사상교육이 완전 잘 되어 있다고 볼 수 있어요. 사상교육은 내가 말 떼면서부터 받는 것 같아요. 나는 내 조국밖에 없다는, 무조건 우리나라를 위해서 살아야 된다는 그런 내용이에요. 사상교육은 어렸을 때부터 받았고, 그냥 일상이었어요.

(사례 1) 사상교육은 일상화되어 있고 세뇌를 많이 시켜요. '우리는 무조건 충성을 다해야 된다', '이 나라에 충실해야 된다', '미국은 승냥이, 남한은 개 같은 나라' 이런 내용이 기억에 남아요. 그런데 그렇게 생각하는 사람들도 있긴 하겠지만 가끔 반감이 들 때도 있긴 해요. 다만 표현하지 못할 뿐이에요.

(사례 2) 사상교육의 효과는 다 잘라요. 앞에서 '네네' 하고 뒤에서 다른 소리 하고. 이젠 대부분 다 그런 것 같아요. 옛날 아빠 때나 그냥 '어 진짜' 이랬지 지금은 그냥 '뭐라는 거야?' 해요. 우리 친구들끼리는 또 뭐라고 교육하고 하면 '본인들이나 잘 지키지 왜 우리한테 자꾸 뭐래?' 하면서. 대부분 반기는 다 있는 것 같아요.

(사례 7) 사상교육이 저 같은 경우에는 효과가 없다고 생각해요. 다른 친구들도 거의 뭐 받아들인 척은 하고 있지만 효과가 없는 것 같아요. 먹고 살기도 힘든데 그런 말이 귀에 들어올 여유가 없어요. '사상교육은 주로 종교를 믿으면 안 된다', '드라마나 국가에서 허락해 주지 않은 걸 보면 안 된다' 거의 그런 내용이에요. 호상비판 이런 것도 해요.

(8) 북한 청소년 사업

① 인상적인 청소년활동

청소년기에 본인이 참여한 사업 또는 활동 중에서 기억에 남는 활동에 대한 응답은 상당히 다양했다. 북한의 학생들은 대부분의 경우 학교생활 중에 모내기, 김매기 등 다양한 생산노동에 의무적으로 참여해야 하며, 상급 학교로 올라갈수록 동원 기간이 길어지고 동원되는 부문도 다양해진다(통일부 통일교육원, 2021: 266~267). 또한 소년단과 청년동맹을 통해 학생소년예술선전대활동, 가창대활동, 학생소년취주악대활동 등을 하거나 겨울 철답사행군과 같이 답사나 야영, 견학을 가기도 한다. 이러한 공통점을 제외하면, 지역이나 계층 등 개인이 처한 환경에 따라 청소년 시기에 경험한 내용과 그에 대한 기억이 상이함을 알 수 있다.

먼저, 한 응답자는 중학교 시기는 학교에서 요구하는 각종 경제적 과업을 수행하기가 너무 힘들어서 별로 기억에 남는 게 없다고 회상했다. 또 다른 응답자는 해마다 참여했던 식수절 행사와 2월 16일 즈음에 진행된 배움의 천리길에 참여했던 경험을 떠올렸는데, 배움의 천리길에 선발되었을 때에는 명예롭기도 하고 새 옷을 맞출 수 있어서 좋았으나 혹한의 날씨에 너무 고생을 해서 힘들었던 기억으로 남는다고 답하기도 했다. 학교에서 해보지 못한 새로운 경험을 학급 친구들과 함께 집단적으로 해볼 수 있고 친구들과 친해질 수도 있어서 비록 힘들고 배고프긴 했지만 농촌지원 활동이 가장 기억에 남는다고 답한 응답자가 있는 반면, 농촌으로 동원 나가는 것이 가장 싫었다는 응답도 있었다. 붉은 청년근위대 훈련이 기억에 남긴 하지만 싫었다는 응답도 있었다. 학교 경비를 서면서 친구들과 밤새 놀았던 경험을 좋은 기억으로 떠올린 응답자도 있었고, 체육행사나 4·15 예술공연에 참여한 것을 재미있었던 기억으로 떠올린 응답자도 있었다. 야영 또는 답사의 경험이 기억에 남는다는 응답도 있었다.

(사례 2) 기억에 남았던 활동은 식수절은 해마다 무조건 하고, 2월 16일이면 김정일 탄생인가 뭔가 해서 백리길인가 천리길인가 걸어서 백두산까지 가는 건데, 갔다 오면 볼따귀, 귀 다 얼었어요. 엄청 추워서. 진짜 갔다 와서 한 달은 앓은 거 같아요.

(사례 7) 청소년 시기에 했던 다양한 활동 중에서 학교 경비가 있는데 애들을 이렇게 조를 나눠가지고 순번 돌려가면서 학교를 지켜야 된다고. 그래서 담요, 베개 가지고 가서, 간식도 사가지고 가서 밤을 새면서 놀았던 것이 가장 기억에 남아요.

(사례 10) 일단 농촌 지원이 고등학교 때는 한 달 또는 40일씩 가 있거든요. 그게 제일 힘들고. 그건 힘들어서 기억에 남는 거고. 좋은 쪽이라고 하면 답사나 휴양소. 가서는 좀 힘든데 뭔가 갔다 오고 나면 좋은 추억인 것 같아요.

(9) 계층 간 차별

① 경제적 이유가 학교에서의 계층 간 차별의 가장 큰 이유

북한은 1958년부터 1960년대 말까지 모든 주민들을 핵심계층, 동요계층, 적대계층 크게 3계층으로 구분하고 이를 다시 51계 부류로 세분화했다. 핵심계층은 일제 강점기, 빈농 출신이나 항일 빨치산 가족, 한국전쟁 참전용사 가족 등 특수층 주민이다. 북한 전체 주민의 30%를 차지하고 있는 핵심계층은 식량배급과 주거, 취업, 교육에 있어서 특권을 누리고 상법이나 중죄를 저지르지 않는 한 지위를 유지하며 후손에게도 이어진다. 동요계층은 중소상인, 수공업자, 일반 노동자, 사무원 등 북한 사회 체제의 기본 군중으로 전체 인구의 50%를 차지하고 있다. 가장 하위 계층인 적대 계층은 아무리 머리가 좋고 공부를 잘해도 노동당에 입당할 수도 없고, 군대도 못 가는 등 기본적인 사회 진출이 원천적으로 봉쇄될 뿐만 아니라 자식에게도 차별이 대물림된다. 이와 같은 북한의 경직된 계층구조는 사회주의 체제를 지탱해가는 핵심적인 통제 수단이며, 많은 북한 주민들에게 부당한 차별의 근원이기도 하다.[94] 청소년기에 계층 간 차별을 경험했는지에 대한 질문에 대부분의 응답자가 선생님들이 학생들을 차별적으로 대하는 경우가 있었지만, 본인이 직접 차별을 경험한 적이 있다는 답한 응답자는 없었다. 응답자들이 생각한 차별의 원인은 주로 경제적인 이유였다.

명절이나 생일 때 학부모가 선생님을 잘 챙기면 그 자녀에게 더 관심을 가진다거나 파철이나 토끼 가죽 등을 잘 내는 학생들을 많이 예뻐해 주기도 했다. 똑같이 과제를 안 해왔는데도 교사에게 뇌물을 많이 주는 학생들은 봐주는 반면, 다른 학생들은 벌 세우고 때리는 식으로 편애하기도 했다. 또 학교에서 임원을 뽑을 때에도 교사 입장에서 경제적인 지원을 많이 받을 수 있는 학생을 교사가 선발했다. 따라서 부모가 어떤 위치에서 어느 만큼 자녀를 경제적으로 지원해 주느냐가 매우 중요하다. 공부 잘하는 학생들을 더 예뻐하는 경우도 있긴 했지만 성적보다는 역시 경제적인 이유가 차별의 가장 큰 원인이었다.

94) KBS WORLD(2019. 01. 10일자). "북한의 계층구조". http://world.kbs.co.kr/service/contents_view.htm?lang=k&board_seq=355458에서 2022. 10. 14.일 인출

(사례 1) 명절이나 생일 때 선생님을 잘 챙기면 선생님이 다른 애들보다 조금 더 관심을 가지는 것 같아요.

(사례 2) 대부분의 교사가 학생들을 차별했다고 생각해요. 차별하는 이유는 선생님에 대한 학부모의 경제적 지원 여부 또는 학급에 대한 경제적 지원 여부에요. 그런데 목돈을 찬조하는 부모들의 자녀들은 당연히 선생님들 가로 안에 있어요. 성적은 상관없어요. 엄마 아빠가 어떤 위치에서 어느 만큼 나를 서포트 해 주느냐에 따라서 학교에서 예쁨 받을 수 있어요.

(사례 7) 선생님한테 돈 잘 내는 애들 편애하고 다른 애들은 차별해요. 그래서 저도 다른 반으로 옮겼었던 적이 있어요. 차별을 하는 이유는 아무래도 돈 때문인 것 같아요. 명절 되거나 또 운동회 이런 거 하면 선생님들한테 애들 잘 봐달라고 돈 주는데 그 액수에 따라서 애들 차별하고, 그 돈 때문에 차별하는 것 같아요. 공부 때문에 차별당한 적은 없는데 돈 때문에 선생님하고 다퉈지고 옮겼던 적 있어요. 다른 애들은 과제 안 해오면 때리는데 선생님한테 뇌물을 많이 바치는 애들은 과제 안 해도 거의 때리지도 않고 잘 봐줬는데 다른 애들은 벌세우고 때리고 그래요.

2. 북한 출신 전문가 FGI 결과 분석

1) 조사개요

북한청소년정책과 남북청소년 교류·협력 방안에 대한 북한 출신 전문가들의 인식을 조사하기 위하여 북한 출신 학자를 대상으로 초점 집단 인터뷰(FGI)를 실시하였다. 인터뷰는 2022년 8월 18일(목)과 8월 19일(금) 이틀에 걸쳐서 총 9명을 대상으로 하였으며, 5명과 4명으로 나누어서 2차례에 걸쳐서 각각 2시간 내외로 주어진 주제에 대해서 연구자가 사회를 보고 상호 의견을 교환하는 방식으로 진행하였다. 인터뷰(FGI) 참여자는 대학교수, 연구원, 대북 관련 언론인, 비영리단체 기관장 등 북한 출신 전문가로 구성하였으며, 탈북이전에는 지도원, 공무원, 대학교수 등이었다. 성별로는 남자 2명, 여자 7명이고, 연령대로는 40대 2명, 50대 4명, 60대 3명이었다.

표 V-4. 전문가 FGI 참여자

연번	이름	성별	연령	주요 경력	
				탈북 이전	탈북 이후
1	A	여	60	지도원	대학 교수
2	B	여	48	지도원	연구원
3	C	여	51	전문학교 졸업	대학 교수
4	D	남	60	축산공무원	사단법인 연구소장
5	E	남	55	준박사 졸업	북한 관련 개인 연구자
6	F	여	53	지도원	대북 언론사 기자
7	G	여	53	근로단체 선동부	대학 교수
8	H	여	66	대학 교수	대학 교수
9	I	여	48	공장 직원	비영리단체 기관장

인터뷰 대상인 북한 출신 학자는 일차적으로 북한 관련 대학교와 연구기관의 추천을 받았으며, 본 연구진이 개별 연락하여 인터뷰에 동의를 한 대상자를 최종적으로 선정하는 절차를 거쳤다. 면접 내용은 참여자의 동의하에 녹취되었으며, 전사 자료를 바탕으로 주요 면접 영역과 면접 내용에 대한 분석이 이루어졌다. 본 면접조사의 실시에 앞서 기관생명윤리위원회 승인(승인번호: 202206-HR-고유-013)을 2022년 6월 21일에 취득하였다.

2) 조사결과 분석

(1) 남·북한에서의 청소년의 정의

청소년에 대한 정의는 그 사회가 처한 상황에 따라서 혹은 정책적 목적에 따라서 달리할 수 있어서 모든 사회에 일률적으로 적용하기는 쉽지 않다. 남·북한 청소년을 비교하고자 하는 것은 향후 그 사회를 이끌어 갈 후계세대에 대한 관심과 남북 간의 상호 동질성 회복과 교류협력을 위한 지원을 목적으로 한다는 측면에서 살펴볼 수 있다.

남한사회에서 청소년은 사회적으로 어린이와 성인 사이의 중간 시기에 해당하고, 보통 중·고등학생 또는 중·고·대학생 정도까지를 말하며, 대표적인 청소년 법률인 청소년기본법에서는 9세에서 24세의 연령에 해당하는 사람을 말하고 있다.[95] 하지만 청소년기본법

95) 국회법률정보시스템. 청소년기본법. http://likms.assembly.go.kr/law/lawsLawtInqyDetl1010.do에서 2022. 1. 21. 인출

상에서 규정한 9세에서 24세까지의 청소년 연령 규정이 모든 법에 일률적으로 적용되는 것이 아니라 법률에 따라서 다소 다르게 되어 있다. 또한 소년법에서의 '소년'은 19세 미만인자를 말하고[96], 청년기본법에서의 '청년'은 19세 이상 34세 이하인 사람을 말하고 있어서[97] 청소년 연령이 소년 및 청년 연령과 일부 중복되어 사용되고 있다.

북한의 경우에는 청소년을 법률이나 사전적으로 정의하고 있지는 않고 있고, 소년, 청년, 소년학생, 청소년학생, 청년대학생 등으로 사용하고 있으며, 크게 학교생활과 조직생활을 기준으로 파악할 수 있다. 즉, 학교 기준으로는 남한과 같이 협의적으로는 소학교(6~10세), 초급중학교(10~13세), 고급중학교(14~16세) 학생이 청소년에 해당하는데, 소학교 학생은 소년학생으로, 초급중학교와 고급중학교 학생은 청소년 학생으로 사용하기도 하며, 보다 넓게는 전문대학(17~20세) 및 대학(17~22세)에 다니는 학생, 즉 청년 대학생까지를 포함한다고 할 수 있다. 또한 조직생활을 기준으로 보면, 소년단에 들어가서 생활하는 시기(7~14세)에서부터 청년동맹에 참여하는 시기(14~30세)까지를 포함한다고 할 수 있다.

(사례 6) 전체적으로 보면 청소년 하면은 교육부 대상이 있고. 똑같은 청소년 대상을 놓고 교육부도 대상하고. 조직 생활도 그 근로단체 사로청, 청년동맹, 소년단 조직. 두 개로 나누면 될 것 같아요. 교육부하고 조직 생활 그리고 또 하나는 사회적인 측면에서. 교육부가 보는 청소년하고, 청소년 똑같이 있고 조직 생활 각 근로단체가 보는 청소년이 있어요. 그리고 사회적으로 보는 예를 들면 부모가 보는 자녀. 그냥 이런 측면으로 세 가지로 보면 될 것 같아요.

(사례 8) 청소년은 북한에서 그 청년이란 말도 쓰고 소년이란 말도 쓰고 이거 합친 말로 청소년이라는 말도 씁니다. 근데 청소년은 거의 다 끝에 뭐가 붙는가 하면 청소년 학생 이런 말이 제일 많이 붙고요. 그래서 북한에서 소년과 청년을 가르는 기준은 북한 사전에는 딱 이렇게 규정된 게 없는데 북한 사람들은 뭘 가지고 가르는가 하면, 소년단에 들어가는 연령은 소년이라고 그러고 사로청 지금은 청년동맹이라고 하는데 청년동맹에 들어가면 청년이라고 해요. 그래서 소년단에 9살부터, 7살부터 들어가. 7살부터 14살까지가 소년단이고 14살 이후부터는 30살까지 아니 원래 사로청 이게 30살까지 들어가게 됐는데

96) 국회법률정보시스템. 소년법. http://likms.assembly.go.kr/law/lawsLawtInqyDetl1010.do에서 2022. 1. 21. 인출

97) 국회법률정보시스템. 청년기본법. http://likms.assembly.go.kr/law/lawsLawtInqyDetl1010.do에서 2022. 1. 21. 인출

본인들이 더 연장하는 경우도 있지만 공식적으로는 30살이에요. 그러니까 그때까지가 청년인데 청소년 청년 중에서 제일 많이 있는 게 학생이에요. 그러니까 이렇게 북한 신문이나 잡지를 보게 되면 청소년 학생들이 이런 말이 많이 들어갑니다. 남쪽하고 약간 좀 유사한 것은 청소년 학생이고. 여기서 지금 말하는 청소년 학생인데 이것도 좀 애매합니다. 왜냐하면 북한의 대학생들은 30살까지 넘어가는 사람도 많거든요. 북한은 제대군인 대학생들이 상당히 많기 때문에 제대군인 학생들은 30살까지 하는 경우도 많아서. 직장이나 군대에서 다시 대학에 오는 경우가 상당히 되기 때문에 그런 경우도 있어서 남한하고 북한하고 딱 매치시키기는 좀 어렵습니다.

청년동맹의 경우에는 보통 14세부터 30세까지의 연령대가 포함되는데, 유급 청년동맹 간부들의 경우에는 특별히 40세나 45세까지 활동하고 있는 것으로 알려져 있어서 예외적인 사항이 되고 있다.

(사례 5) 제가 북한에서 오기 전에 청년동맹 사업을 해봤기 때문에 정확히 아는데 30살까지는 일반 청소년들, 청년들까지 포함됩니다. 그런데 청년동맹 안에 간부들이 있거든요. 예전에 당원인 경우에도 이제 청년동맹 간부들도 내려오는 게 유급, 비급이 있거든요. 근데 유급 청년동맹 간부들은 40살까지, 30살부터 40살까지 할 수 있고 심지어 45살까지도. 왜냐하면 동맹 김일성 사회주의 청년동맹 위원장이 44살까지 했거든요. 그런 나이 문제가 지금 북한 중앙당 고위급에서는 많이 논란이 됐던 걸로 알고 있습니다.

(2) 북한 당국의 북한청소년에 대한 관심과 정책 목표

북한 당국에서의 청소년에 대한 관심은 청소년을 혁명의 후비대 혹은 혁명의 전사로 양성하기 위하여 개인보다는 조직이나 집단을 먼저 생각할 줄 알고, 지·덕·체를 겸비한 인간으로 키우는 것이 정책의 목표가 되고 있다. '온실의 화초가 되지 말라'는 김일성의 말에 따라서 지식뿐만 아니라 사회 발전에 실제로 기여할 수 있도록 현장에서 육체적인 노동도 감당할 줄 아는 청소년 양성을 목표로 하고 있다.

(사례 4) 북한 당국이 청소년에 대한 관심은 이제 앞에서도 이야기했지만 혁명의 후비대를 양성하는. 좋게 평가를 해 주면 정신, 육체적으로 건강하게 자랄 수 있도록 하는 게 굉장히 중요한데. 여기서 정신이 자기 개인보다는 이제 조직이나 집단을 먼저 생각할 줄 아는 그런 이제 인간으로 키우는 거죠. 여기서 목표는 이제 지덕체를 겸비한. 이제 그러니까

지식과 도덕, 체력을 다 같이 겸비한 그런 사람으로 키우는 게 아마 청소년 정책의 목표라 고 이야기할 수가 있겠습니다.(중략) 김일성이가 항상 이야기를 했거든요. 온실의 화초가 되면 안 된다. 그래서 그런 명목으로 이제 애들 농촌 지원을 엄청 시키죠. 그러니까 이것을 비판적으로 보면 소년 노동을 통해서 애들을 혹사한다고 비판할 수가 있고요. 한국하고 비교해 놓고 보면 한국에 보통 10대, 20대 삽질, 호미질하면 깜짝 놀라죠. 휴대폰은 이제 뭐 훌쩍나게 잘하는데. 근데 저는 개인적으로 봤을 때 휴대폰도 잘해야 하지만 삽질 호미질도 하는 건 필요하지 않나, 하는 생각이 듭니다.

(사례 9) 혁명 전사로 키워야 한다는 게 첫 번째예요.

북한 정권의 시기에 따라서 목표에 대한 표현을 달리해 왔지만, 크게 봐서는 정책 목표는 체제 유지를 위한 인력 양성이라는 점에서 차이가 없는 것으로 보고 있다. 즉, 김일성 시기에는 사회주의, 공산주의 과업의 승계자가 목표였지만, 김정일 때는 김일성주의자가 목표가 되었고, 김정은 때는 사회주의 문명 강국을 위한 인재양성이 목표가 되고 있다.

(사례 1) 그게 그건데 이제 쭉 시대적으로 언어만 바뀌었어요. 똑같은 그런 정부가 하려는 목적이 있는데. 3대 세습해 오면서 시대마다 시대어가 바뀐 거예요. 김일성 때는 '사회주의, 공산주의 과업의 승계를 위해서'. 그리고 이렇게 '사회적 애국주의로 교양하고 철저한 우리가 이렇게 주체혁명 위업의 계승자' 이렇게 해. 김정일 때 와서는 김일성주의자. 주체혁명 이후. 이 사회주의, 공산주의가 쓱 사라지고. 또 김정은 때 와서도 김정은은 조금 더 청년 중시. 따로 딱 떼어냈더라고요. 그래도 청년 중시지만 따로 떼는 건 없었어요. 근데 이번에 따로 떼 내고. 그래도 똑같아요, 그 안에서 말하는 거 보면. 지금은 '사회적 문명 강국을 위한 인재'. 이렇게 이름을 다 살짝살짝 바꿨지만 결과는 체제 유지를 위한 인재를.

하지만 정책 목표를 좀 더 자세히 살펴보면, 시대적 상황을 반영하여 지·덕·체를 갖춘 공산주의 혁명 인재 양성에서부터 자주성과 창조성을 가진 공산주의 혁명 인재 양성, 김일성·김정일 주체형의 인재 양성, 사회주의 애국 청년 양성으로 바뀌어 온 것으로 보고 있다.

(사례 5) 그 전에는 '지덕체를 갖춘 공산주의 혁명 인재'가 핵심이었어요. 그 이후에는 '자주성과 창조성을 가진 공산주의 혁명 인재'예요. 이것이 지금 사회주의 애국 청년이 이게 뭘 말하는가 하면 김일성·김정일주의의 핵심은 공산주의 주체형의. 그러니까 일반 공산주의

가 아니라 공산주의자를 이제 북한 당규에서도 좀 뺐거든요? 그래서 주체형의 혁명에 주체사상을 지금 강조했단 말이에요. 사실 김일성 주의, 김정일 주의에서는 1인 독재 시스템을 강화하는 방향으로 목적이 바뀌었죠. 다시 사회주의 애국 청년으로 바뀌었다는 것 자체는 북한이 지금 이전처럼 체제를 강건적인 어떠한 배급제나 일정한 1인 독재 시 체제를 강화할 수 있는 몇 가지 북한 사회 주민들을 결속시키기 위한 또는 어떤 자기네들이 독재 시스템을 강화하는 방향으로 가는 것을 강압적인 방향에서는 조금 더 이제 너무 강압적이었다가 이제 터져 나갈 것 같으니까 이완시키는 방향으로. 지금 애국 청년 다시 말해서 애국이라는 밑바탕에는 비사회주의라는 측면이 있습니다.

(3) 북한청소년 정책 비교

김일성, 김정일, 김정은 시기의 정책에 대한 차이는 투자의 측면, 학교비용 부담의 측면, 교육의 강조점 측면, 놀이방식의 측면 등에서 다음과 같은 차이가 있다. 먼저 투자의 측면에서 비교해 보면, 김일성 시기에 가장 많은 투자를 했고, 김정일 시기에는 보여주기식의 투자를 했으며, 김정은 시기에는 청소년행사를 4·15행사에서 6·6절 행사로 옮겨서 독자적으로 크게 하는 것을 볼 때 청소년들의 지지도를 이끌어내기 위한 투자의 성격을 가지고 있는 것으로 파악되고 있다.

(사례 4) 김정일이가 후계자로 나서서 진행했을 때. 평양학생 소년궁전도 만경대에다 짓고. 김일성도 1고등, 2고등으로 나누고 뭐 이런 식으로. 이제 만들기는 했지만 그래도 투자하는 김일성 시대 제일 많이 하지 않았나 하는 생각이 들고요. 김정일 시대는 그냥 보여주기식 투자가 아니었나 하고. 김정은 시기 와서 좀 다른 점은, 애들한테 지지도를 끌어내기 위한 투자의 성격이 좀 다분하지 않냐. 김정은이 왜냐하면 제가 이제 6·6절 행사를 굉장히 크게 하는 거 보고 그런 느낌이 들었거든요... 6월 6일이 소년단 창립절인데 그러니까 태양절에 4·15의 청소년 행사로 하면 청소년 행사가 4.15라는 김일성의 탄생일이라는 여기에 묻혀버리거든요. 근데 6·6절에 하면 그런데도 독자성이 살아나요.

학교교육 비용 부담의 측면에서는 김일성 시기에 교복, 교과서 등이 무상으로 지급되어 학생들에게 부담이 없었지만, 김정일 시대부터는 유료화 되어 학생들의 비용부담이 점점 더 확대되어 왔으며, 최근의 김정은 시기에는 새로운 요구가 추가되어 무상교육이라는 혜택이 거의 사라졌다는 인식을 가지게 되었다는 것이다.

(사례 6) 청소년이라는 범주를 교육으로 봤을 때에 김일성 시대에는 일단 교육선물이 있었어요. 교복 선물, 교과서. 다 무상 교육 제도가 일단 시행이 됐고 어떻게 보면 공부만 하면 될 수 있는 시기였거든요. 그러다 김정일 시대 넘어오면서 98년도부터 그때부터 선물 교복이 없어지고 내고 사 입었어요. 유료제가 생겼거든요. 그런데 그때 유료제는 그때만 해도 그렇게 부담되는 가격은 아니었어요. 그런데 최근에 어떤 현상이 일어났냐 하면 일단 공교육은 살아 있는데 똑같이 적용되는데 김일성 시대에는 공교육에 부담이 안 됐죠. 학생들이 가서 공부만 하면 됐어요. 부모들도 김정일 시대부터 부담이 내려오기 시작하다가 지금은 예를 들면 지금 9월이면 개학 시작하거든요. 지금부터 횟가루 칠하기 교실 꾸리기 100% 학생들에게 부담이 됩니다.

교육의 강조점에 있어서는 김일성 시대의 경우에는 사회주의 이념에 기반한 평등 교육을 강조한 반면, 김정일 시대에는 소조활동과 예술 투자를 확대하면서 예술 중심의 교육을 강조하게 되었고, 김정은 시대에는 과학기술 중심의 교육을 강조하는 것으로 변화한 것으로 보고 있다. 하지만 과학기술 중심의 교육이라는 것이 일반 청소년들의 성장과 발전을 위한 것이라기보다는 미사일, 해킹 등 전쟁이나 부정적인 목적을 위해 사용하고 있는 것으로 보고 있다.

(사례 5) 김일성은 천리마 운동을 중심으로 사회주의를 북한에 정착시킨 당사자로서 그때 당시는 사회주의 공산주의 이념이 전 구성원을 중심으로 만연되고 있고 또 전 세계적으로도 공산주의가 나름대로 극대화되고 있는 상황이었으니까. 핵심은 평등 아닙니까? 그래서 제가 보기에는 하향 평준화라고 그럴까요. 그런 방식으로 청소년 정책까지도 포함돼서 일어났고... 그럼에도 불구하고 그 안에서 특별한 인재들에 대한 교육을 칼리지화하고 있었다는 거죠. 아까 말했던 음악 소조 그다음에 수학 소조, 영어 소조 있었단 말이야. 그런 거를 하면서도 동시에 이제 이런 것들은 김정일 때부터 일어났어요. 사실은 특히 예술 중심이 특별히 투자가 많이 됐죠.... 83년 3월 23일 국가과학원 김정일하고 김일성이 동시에 방문하면서 지금까지는 예술에 투자했지만 과학을 중시하겠다고 해서 1고등이 나오기 시작했어요. 그때부터 사실은 큰 변화가 일어난 것 같고. 그러면서 사실은 과학기술 중심으로 간다고 했지만, 아직까지. 그런데 김정은이 와서는 과학기술 중심으로 간 건 확실한 겁니다. 김정은 한 때는 없어졌다가 지금은 그나마 과학기술 중심으로 특히 미사일 그다음에 해킹 뭐 이런 걸 발달시키면서 발전시키면서 그걸 키울 수 있는 애들을 아예 애 때부터 뽑거든요.

놀이방식에서도 과거 정권와 최근 정권 사이에 차이가 나타나고 있는 것으로 보고 있다. 예전 정권에서는 아이들의 놀이가 미제 타도, 미국 놈 때리기 등 군사 중심의 놀이가 주를 이루었다면, 최근에는 이런 방식의 놀이가 누가 봐도 눈살을 찌푸리는 방식이었다는 반성에서 어느 정도 상식적으로 이해할 수 있는 놀이방식으로 변화하고 있다고 한다.

(사례 4) 놀이 방식의 이제 다양성 변화가 이제 정책에서도 많이 있어요. 옛날에는 이제 군사 놀이하고 미국 놈 때리기. 이름이고 집단정신이야 뭐 미제 타도, 이런 것 쪽으로 이제 많이 했다면. 지금은 이제 조금씩 말 이제 누가 봐도 눈살을 찌푸릴 수 있는 이런 머리들은 이제 다 안 하는 방식으로 많이 이제 변화하고 있더라고요.

(4) 최근의 북한청소년정책

최근 김정은 시기의 북한청소년정책의 특징을 살펴보면, 청년중시 정책, 이슈 중심의 정책, 한류 단속의 정책 강화, 과학기술 및 엘리트 중심의 교육정책을 지향하고 있는 것으로 파악되고 있다.

① 청(소)년을 중시하는 정책

김정은 시기 들어서 청년을 중시하는 정책을 해 왔지만 그 내면을 살펴보면, 그러한 정책을 하지 않으면 체제 유지의 위협을 강하게 느끼기 때문이라고 보고 있다. 김일성과 김정일 시기의 경우에는 북한 정권의 공적을 직접적으로 보고 자란 세대들이기 때문에 우상화에 대해서 별 문제 없이 받아들여 왔던 측면이 있었지만, 김정은 시기의 청소년들은 직접 보고 들은 것이라기보다는 책이나 남을 통해서 간접적으로 알게 된 것이기 때문에 우상화에 대한 세뇌 효과가 그리 크기 않고, 잘못하면 반발심이 크게 될지 모른다는 위기의식에서 불가피하게 청년을 강조하는 정책을 펴고 있는 것이라고 파악하고 있다.

(사례 9) 김일성이 김정일이 살아 있을 때 살아있는 사람의 말과 그거 때문에 그거 보고 배우고 따라라 하니까 그래야 하는가 보다 하고 했어요. 근데 지금 태어나는 친구들 말이에요. 김정은이 김일성과 김정일에 대한 걸 계속 하는데 얘 네는 죽은 사람이야, 지금 태어난 아이들이 그렇잖아요. 죽은 사람을 가지고 계속 그 사람이 그걸 업적을 기리니까 머릿속에 뭐가 있겠어요. 떠오르겠습니까? 우리는 살아있을 당시에 그냥 그 사람들이 계속 우상화 시키니까 그래야 되는가 보다 했지만, 보이지 않아. 그런데 실질적으로 나라는 그 지난

교과서들 내용들 다 보면 옛날에 그렇게 우리가 어떻게 좋았는지, 지금 보면 어 이건 종이장의 글이고. 현실은 자기들도 다 아는 현실이 다 시장에서 사 먹고 이렇게 하는데 그게 와 닿겠습니까? 그러니까 북한 김정은이 얼마나 무섭겠어요. 불안하고. 그 아이들한테 세뇌를 잘 시켜서 뭔가 계속 대를 이어 말마따나 대를 이어 나라에 충성하게 해야 되겠는데. 그러니까 그 아이들한테 특별히 그 죽은 귀신들에 대한 걸 이렇게 하려니까 애쓸 수밖에 없는 거예요.

② 이슈 중심의 정책

북한의 청소년정책은 청소년을 위한 실질적인 성과를 목표로 하는 정책이라기보다는 국제적으로 관심과 이슈를 끌기 위한 보여주기식 정책이 이루어지고 있다고 보고 있다. 그 이유로는 정책의 초점이 일반 청소년보다는 엘리트 중심의 일부 청소년에게 있고, 청소년정책에 투자할만한 예산도 부족하다는 데에 있다.

(사례 5) 눈에 보이는 성과는 없는 것 같고. 그니까 표면적으로 이제 국제적인 이슈를 끄는 데는. 바뀌는 것 같지만 실질적인 내부적으로 할 수가 없죠. 돈이 투자돼야 되는데. 그렇죠, 북한의 현 상황에서는. 단지 그 원산소년단 야영소 지금 그것도 김여정이가 직접 책임지고 나가서 시킬 정도로. 원산소년단 야영소 김여정이랑 김여정 남편이랑 가서 했어요. 실제로 제가 확실한 이건 확보한 팩트인데 그것도 이제 김정은이가 아까 같은 원산소년단 야영소 몇 년도죠? 2013년부터 16년까지 완성했는가요? 그런데 그 자체도 그만큼 북한에서 그야말로 이슈를 끌어내기 위한 일정한. 실제 원산소년단 야영소는 일반 학생들이 가기 어렵거든요. 평양이나 각 도에서 특별히 김일성 청소년상 받은 정도?

③ 한류 단속 정책 강화

최근의 북한의 청소년정책에서는 한류를 단속하기 위한 정책이 강화되고 있다. 북한 당국에서는 한류의 확산을 막기 위해서 도청국도 만들고 수시로 검열도 강화하고 있으며, 반동사상문화배격법 등과 같은 법률을 제정하여 강력하게 단속하고 있는 것으로 나타나고 있다.

(사례 5) 애들 한류 이걸 막기 위해서 어마어마한. 그러니까 가령 실례를 들어서 국가안전보위부 도청국이 아예 한 개 청사로만 보통강 구역에 새로 만들어져 있거든요. 거의 그러니까 국가안전보위부 본청사의 3분의 2 정도. 그게 거기에서는 그만큼 북한에서는 통제와 이런 거를 더욱 강화시킬 수 있다는 방향으로 가고 있고. 특히 청소년들이죠.

(사례 6) 최근에는 거기다가 반동사상문화배격법까지 나왔습니다. 누가 한국영화 보겠어요? 청소년들이 싸이 춤을 추는 것도, 청소년이 추지 않겠어요. 이게 왜 한국 춤 배워 주는 전문강습 학원 있지 않습니까? 이게 하나가 겹치면 보통 다 학습하는 아이들이 청소년 학생들이에요. 다 학생들. 뭐 장가간 25살, 6살 청년들이 그런 춤을 출 새가 어디 있어요? 그러니까 이 학생들이 반동사상 문화 배급까지 나오면서 100% 소년교화소 가는 거죠.

하지만 북한 당국의 한류 확산 금지를 위한 강력한 제재 조치에도 불구하고 북한 주민들 사이에서는 한류를 접하는 것은 이제 거의 일상화 되어 있으며, 북한 당국의 검열을 피할 수 있도록 하는 새로운 프로그램까지 개발하여 적극적으로 대응하고 있으며, 혹시 단속에 걸리게 되면 청소년의 경우에 소년교화소로 가게 되는데, 이 경우에도 대개 돈만 주면 풀려나고 있어서 북한 당국이 한류의 확산을 막는 것은 결코 쉽지 않을 것으로 보고 있다.

(사례 1) 제가 이제 어떤 그것 때문에 이제 북한에서 2016년에 20년 전에 온 분들 몇 명, 2015년이 지나서 이런 분들 몇 명 이렇게 면담을 해봤는데. 그냥 한류를 보는 거가 생활화 돼 있어요. 일상화. 그니까 어떻게 하냐면 그 검열이 오면 보다가 이제 내려왔을 때 다른 걸 이렇게 북한의 영화가 나올 수 있게 한대요. 그렇게 하고 이제 평양에서도 그냥 보다가 붙들렸잖아요. 이렇게 재판까지 받아도 돈만 들어가면 다 나온대요. 그러니까 돈만 들어가면 다 나오고.

(사례 4) 물망초 프로그램이라고. 학생이 만들었는데. 그 프로그람 이름이 물망초예요. 북한에서 물망초는 간첩이거든요.

④ 과학기술 및 엘리트 중심의 교육정책

북한청소년 교육은 과학기술교육, 엘리트 중심의 교육, 모델 교육으로 보고 있다. 김정은 시대 들어서 과학기술에 초점을 두고 정보기술학교와 기술학교, 그리고 전자도서관을 전국으로 확산하고 있으며, 일반 청소년보다는 수재 양성에 목표를 두고 서열화를 추진해 오고 있다고 한다. 또한 북한 교육은 체제 유지를 위해서 모델 중심의 교육을 지향하고 있는데, 이러한 모델 교육이 교육의 서열화를 부추키고 있어서 일반 청소년의 경우에는 상대적인 비교를 통해서 자존감을 떨어뜨리게 하는 원인으로 작용하고 있으며, 대학 진학도 매우 힘든 것으로 파악되고 있다.

(사례 3) 저는 이제 김정은 정책은 분명히 조금 바뀌었다고 생각을 해요. 왜냐하면 과학기술 정책으로 이제 말씀 다 하셨다시피 지능 교육으로 바뀌었기 때문에. 지금 전국에 제 정보통에 의하면 정보기술 학교가 11개 정도, 그 다음에 기술학교가 시군에 다 있대요, 한 개씩. 그냥 만들어라, 이렇게 지시를 했대요. 그러니까 과학기술에 포커스를 두고 있다는 것은 굉장히 또 맞는 것 같고.... 김정은의 교육은 수재 양성의, 서열화. 기준을 두고 있기 때문에 이런 부분에서 일반적인 청소년들은 굉장히 대학 진입해 올라가는 건 먼 산 쳐다보기고. 그 다음에 아무리 공부를 잘해도 그것에 대한 문턱을 넘는다는 게 이게 수준이 떨어지는데 어떻게 문턱을 넘을 수 있겠어요.

(사례 7) 기술을 김정은 시대에서 중시하면서 각 도의 전자도서관을 다 만들어버렸어요.

(사례 3) 북한은 모델 교육이에요. 1부터 100까지 다 모델 교육이거든요. 모델을 따라. 체육도 모델을 따라, 중앙대 그 선생이 올라서는 그 마당에 이런 그게 있죠. 그 턱 거기에 학생을 올려 세워요. 모델을. 그래서 그 학생을 따라하게 만들거든요. 교실에서도 교과서를 읽어도 다른 반에서 모델을 데려와서 그 읽는 걸 보고 국어를 읽으세요. 제가 그걸 많이 했거든요. 그런 교육을 계속 해요. 그래서 항상 모델, 서열화시켜서 자존감을 떨어뜨리게 만드는 거죠.

(5) 남·북한 청소년 교류·협력 방안

남북청소년의 교류협력 방안으로는 체육·문화교류, 남북 지역 간 청소년 교류, 대학간 IT 교류, 경연대회 등 교육교류, 민속놀이 교류, 청소년시설 및 지도자 교류 등이 필요한 것으로 나타났다.

① 남북청소년 체육·문화교류

남북청소년 교류협력 방안으로 가장 쉽고 빠르게 접근할 수 있는 것은 체육 및 문화교류라는 것에 대부분의 참석자들이 동의하는 것으로 나타났다. 체육문화 교류는 사상이나 정치적인 목적을 배제할 수 있기 때문에 남북 간의 동의가 쉬우며, 이러한 교류를 기초로 해서 학술교류, 관광교류 등으로 점차적으로 확대해 나가는 것이 바람직하다는 의견이다.

(사례 7) 제일 빠른 게 체육, 문화. 제일 근거리에서 거부감 없이 통할 수 있는 게 체육이나 문화 활동인 것 같아요. 그럼 그 걸로부터 시작해서 나중에 학술 교류까지. 아니면 관광. 같이

협력 이런 게 좀 이어졌으면 좋겠어요. 북한이 솔직히 말해 이렇게 무슨 스키장이나, 관광 이런걸 만들었다 해도 남한처럼 이 운동하고 싶어 운동장이 시원치 않아요. 그러면 대여처럼 이렇게 북한 이거 체육 우리가 뭐 공짜로 대여해주겠으니까 너네 와서 운동해라. 이러면서 서로 알아가면서. 좀 이렇게 끌어냈습니다. 그러니까 자기들이 없는 거니까 그거는 사상에 침투되는 게 아니니까 좀 말이 듣지 않겠나 하는 생각이 들고.

② 남북 지역 간 청소년 교류

남북 청소년 교류를 통해서 남북 청소년들 간에 친화적인 정서를 갖게 하는 것이 필요한데, 남북 지역 간 청소년 교류가 상당한 의미가 있을 것으로 보고 있다. 공통적인 특성을 가지고 있거나 상호 도움을 제공할 수 있는 남과 북의 각 지자체 간의 교류를 통해서 남과 북의 청소년들이 공감과 친교를 할 수 있는 활동을 함으로써 상호 친화적인 정서가 높아질 수 있다고 보고 있다.

(사례 1) 한국의 국교나 교류하는 분들이 이제는 우리가 지방에도 초점을 맞추면서 끌려가지 않고 할 것이다. 이것도 지금 시작하는 거면. 예를 들어 평양 청소년이 있으면 청진 청소년이 있고, 함흥 청소년도 있고 사룡청소년도 있고. 이렇게 하시면 어떨까.

(사례 9) 지역별로 있잖아요. 예를 들면 북한의 어느 지역과 뭐 여기 어느 지역이 또 있을 수 있잖아요. 비슷한 특성이 있는 지역이 있을 수도 있어요. 그랬을 때 고향 방문. 서로가 비슷한 또래 애들끼리 모여 앉았을 때 앉아가지고 우리 고향에는 어떤 사람이 있고 어떤 게 있고 이런 거. 그걸 이제 서로 이제 뭐라고 뭐랄까 교류할 수 있는 그런 장 그러면 친해질 수가 있잖아요. 일단은 북한은 굉장히 아이들이 자랄 때부터 계속 정치적인 세뇌를 많이 그렇게 하다 보니까 그런 것이 일단 좀 해소시켜야 되겠죠. 편하게 그냥 친화적으로 가깝게 서로 친할 수 있는 또래 아이들의 정서라든가 비슷한 시기에 유행되는 뭔가를 공통점으로 해서 할 수 있는 그런 쪽으로 이렇게 뭔가 진행하는 게. 고향 방문단. 예를 들면 쉽게 말하면 북한의 어느 평양과 예를 들면 서울의 어느 학교 이렇게.

③ 대학간 IT 교류, 경연대회 등 교육교류

정치적인 영향이 비교적 적은 교육 분야의 남북교류의 가능성도 높게 보고 있다. 특히, 북한에서도 잘 하고 있다고 하는 분야를 중심으로 교류를 하면 보다 가능성이 높다고 한다. 가령 IT를 중심으로 서울대와 리과대, 혹은 카이스트와 평양과학기술대학 등의 교류가 가능하다고 한다. 한편, 남과 북에서의 직접적인 교류가 어려울 경우에는 중국과 같은 제 3국에서의 학술 세미나, 토론회 등도 가능할 것으로 보고 있다. 또한 어려서부터 암기에 익숙한 북한 사회 청소년들의 특성을 살려서 문답식 경연, 수학 영재 경연 등 엘리트 청소년에서부터 시작해서 점차적으로 일반 청소년까지로 교류를 확대해 나가는 것이 필요한 것으로 나타났다.

(사례 5) IT 같은 건 사실 하면 진짜 좋은데. 평양 과학기술대학 같은 것도. 서울대하고 리과대하고 아니면 카이스트하고 평양과학기술대학이라던지 이렇게. 할 수는 있죠. 충분히 할 수 있고. 또 좋아하겠죠. 그런데 실질적으로 우리가 중장기적으로 할 수 있는 거는 지금으로서는 그렇게 많지 않지 않을까.

(사례 7) 네. 그리고 제 생각 그 생각도 들어요. 제가 제일 생각하는 게 학술 연구 같은 거. 사실 북한하고 남한하고 제일 안 돼 있잖아. 그게 그러면 이런 것도 제3국에서 중국 같은 데서 할 수 있거든. 잘 하면 토론회 이런 거. 세미나 같은 거. 그러면서 서로. 유리하다 하면 북한도 자기네들 이득이 들어온다 하면 좀 어떻게 협력하지 않겠냐. 지금 당장 딱 막고 있는데 그거는 괜히 괜한 자존심 싸움인 거 같고. 조금 열 수 있다면 딱 그가 거기 안 된다면 조금 애들 와서라도 3국에서 좀 어떻게 할 수 있는 길이 열렸으면 좋겠어요.

(사례 3) 북한은 어릴 때부터 외우는 암기를 너무 많이 해서 문답식 경연은 세계에 나가서 1등인 애가 있잖아요. 그러니까 그 정도로 북한 애들은 머리 이렇게 수재 교육도 많이 시켜서 머리 좋은 애들이 많아요. 그래서 앞으로 우리가 교류한다면 그런 문답식 경연 같은 거. 수학 영재 풀기 같은 거. 이런 것들을 교류하면서 그 정책이 수재에 맞춰 있으면 우리도 영롱한 이런 지능이 빠른 애들을 맞춰서 레벨을 이렇게 맞춰가면서 하나 둘 서민 교육 중심으로 포커스를 돌려두면 어떨까 하는 그런 바람이다. 북한이 좋아하는 교육에 포커스를 맞춰서 그것부터 문을 여는 게 어떨까.

④ 민속놀이 교류

제기차기, 연날리기 등 공동으로 할 수 있는 민속놀이를 발굴하여 이를 중심으로 하는 교류를 하면, 남북 청소년들이 보다 흥미를 갖고 부담 없이 참가할 수 있으며, 남북 청소년 서로 간에 친밀감을 높일 수 있을 것으로 생각하고 있다. 또한 민속놀이 중간에 북한에서도 관심 있어 하는 예술활동도 추가적으로 포함하는 것도 가능하다고 보고 있다.

(사례 4) 놀이 전문가. 아니면 이제 청소년 민속 이제 다양한 놀이들이 있잖아요. 그니까 그런 것들을 발굴하는 전문가. 그래서 그런 놀이 대회 예를 들면 그렇게 똑똑치 못해도. 연 만들어서. 그리고 자기가 만들어 잘 먹는 거. 먹는 대회. 이런 것들. 그런 과정을 통해서 이제 정신적으로 좀 편해지게 할 수 있다는. 이 놀이가 예를 들면 정신 수양이나 스트레스 해소에 주는 이런 쪽으로 해서. 그 걔네도 이제 민속놀이 많이 해서 제기차기 같은 이런 것들을 가지고 이제 여러 놀이 문화를 가지고 겨룰 수가 있죠. 그런 놀이도 괜찮고. 예술 쪽으로 조금 발달이 되었으니까 그런 것도 좀 살짝 끼워서하면. 영화 이런 거 교류하는 것보다는 애들 가지고 하는 게 남북이 친해지기도 제일 쉽고. 가들도 그렇게 부담 안 가고. 뭐 놀이 하면서 주체사상 교육을 할 수는 없으니까. 그런 식의 방식을. 근데 걔네도 자기네 자신 있거든요. 제기차기는 그러니까 뭐냐 하면 여기도 잘하는 애가 있겠지만 자기는 겪어보지 않았으니까 잘할 수 있다고 생각을 하는 거예요. 이런 것들을 이제 교류협력의 프로그램으로 놓으면 괜찮지 않을까 하는 생각이.

⑤ 청소년시설 및 지도자 교류

남북통일 이후의 상황을 가정한 장기적인 시각에서 볼 때, 남북청소년들이 가지고 있는 문제를 해결하고 다양한 능력을 개발하기 위한 청소년시설 및 청소년지도자간의 교류가 필요한 것으로 보고 있다. 남과 북의 청소년시설의 공통점을 공유해서 청소년을 성장·발전시켜 나갈 수 있는 방안을 찾는 것이 의미가 있고, 또한 북한에서 당면하고 있는 마약중독 등과 같은 청소년문제에 대해서 전문적인 접근이 가능할 수 있도록 하는 청소년전문가 교류 등도 필요한 것으로 나타났다.

(사례 6) 시설적인 측면에서는 여기는 청소년 수련관이 있듯이 북한에는 야영소가 있거든요. 물론 야영소가 선택된 학생들만 가지만은 이게 앞으로 어떤 개혁 개방 됐을 때에 청소년 수련관과 소년단 야영소의 공통점이 있습니다. 이게 운영되는 공통점 여기서는 청소년 지도사를 키운다면 여기도 역시 뽑혀서 온 이 학생들이 어떤 그런 능력 향상을 시키거든요. 이것도 서로 같이 어떤 그 시설의 어떤 공통점을 찾아서 공유해보면 어떻지 않을까.

(사례 1) 청소년 정책에서 북한의 지금 마약 중독에도 좀 이렇게 어떻게 지원할 건가. 이게 좀 심각하거든요. 그리고 그것에 대해서도 좀 이렇게 그게 아예 그거에 대해 접근할 수 있는 전문 뭐 이런 것도 아무것도 없는 것 같은데 그런 프로그램은 그냥 원하겠지.

3. 소결

1) 북한이탈 주민 면접조사 결과

북한에서 청소년기를 보낸 청년층 북한 이탈주민을 대상으로 북한에서의 일상적인 삶의 영역인 가정, 학교 및 조직생활 등에서 그들이 체험한 다양한 삶의 모습을 심층면접을 통해 살펴보았다.

먼저 교육영역에서 수업 내용과 수준은 지역별로 교사들의 수준 차이가 컸음을 알 수 있었다. 교원 수급이 원활하지 않아 단기과정 또는 통신과정을 통해 양성된 교사가 배치되고 있음을 알 수 있다. 2000년대 이후 경제난 이후 북한 교육의 물질적 토대와 당 차원에서 지원은 여전히 부족하고 이러한 영향이 교육의 정상화에 걸림돌로 작용한 것으로 알 수 있다. 아이러니하게 고난의 행군 시기 이후 북한에 제1중학교(중등과학영재학교)가 본격적으로 자리 잡게 되면서 사회주의 국가인 북한에 결국 사교육의 붐이 조성되었다. 사교육이 진로선택 도움이 되는지 다소 의문을 갖고 있었지만, 대부분 사교육을 받은 경험이 없다고 답해서 사교육의 효과에는 다소 해석의 여지가 있으며, 무엇보다 경제적 수준이 높은 일부 계층에서 주로 사교육이 이루어지고 있어 계층과 지역에 따라 경험하는 수준이 다름을 알 수 있다. 사회주의 국가에서 국가의 공적영역이어야 할 교육은 이제 사적 영역과 공유되기 시작했다는 것이며, 대부분 이를 선망하고 있음을 알 수 있었다. 그렇지만 대부분의 응답자들은 진로 및 직업의 선택에 있어서 학력 수준이 영향을 미칠 수는 있으나 출신성분이나 경제력, 인맥 등이 진로 및 직업의 선택 시 더 중요한 영향을 미칠 수 있다는 사실을 알 수 있었다. 가장 인기 있는 직업으로 당 일꾼(군 간부)을 꼽고 있는데, 북한에서 성공한 인생으로 고위 간부, 의사, 무역일꾼 등을 들 수 있다. 집권 시기별로 김정일 시대에는 군인이, 김정은 시대에는 과학자가 청소년에게 제시되는 이상적인 준거집단으로 강조되었다. 무엇보다 대부분 경제적 부를 이루거나 토대가 좋은 부모를 만나는 것이 성공의 전제조건으로 중요한 기준이 되고 있음을 알 수 있다. 상기결과는 실태조사 해당 영역에서 유사한 결과를 보야 주고 있다.

둘째, 우리나라의 방과 후 활동 혹은 동아리 활동과 유사한 소조활동은 북한에서 의무로 참여해야 하는 것은 아니지만 대부분 참여 경험이 있었으며 학교마다 소조를 운영하는 교과목, 수준 및 운영 방식에 큰 차이가 있음을 알 수 있다. 주 교과목은 물리 소조, 수학 소조, 컴퓨터 소조, 음악 소조, 미술 소조, 농구 소조, 태권도 소조, 축구 소조, 토끼 소조 등이 있었다. 소조활동 또한 어느 정도 경제적인 부담이 있었기에 경제적 수준이 높은 가정에서 참여할 수 있는 기회가 많았으며 빈곤층의 경우 상대적으로 참여기회가 적어 이러한 미참여 학생의 경우 노력 동원이나 작업에 참여해야 했는데 경제적으로 다소 무리를 해서라도 소조활동을 참여하는 중요한 이유 중의 하나였다. 소년단 및 청년동맹 활동의 긍정적 기여에 대해 간부를 했던 일부 응답자 외에는 의미 있는 답변이 나오지 않았으며, 부정적 영향 혹은 싫은 기억으로 응답한 경우가 많았는데, 생활총화 중에서도 특히 자아비판(호상비판)을 주된 이유로 들고 있다. 실태조사에서도 이와 유사한 결과를 보여 주고 있다.

셋째, 일탈행동 중 패거리는 친한 친구 중심으로 끼리끼리 모여서 어울리는 것이라고 이해될 수 있으며, 패거리 여럿이서 한 명의 학생을 집단적으로 괴롭히는 학교폭력 가해사례 같은 경우는 거의 없었다. 패에 의한 싸움이 자본주의 문화로 인식되었기 때문에 폭력 등 문제를 일으켰을 경우 전반적으로 처벌이 강하다는 경향이 있었다. 패에 의한 싸움이 자본주의 문화로 인식되었기 때문에 패를 엄격하게 단속하기도 했다. 패거리 활동을 하는 이유는 청소년기의 발달적 특성을 그대로 보여 주듯 멋져 보이거나 센 척 하고 싶어서 또는 자기편을 만들기 위해서라는 응답이 많았다. 청소년의 흡연에 대해서는 대부분의 응답자가 사회적으로 매우 부정적으로 인식했으며 처벌 또한 매우 엄격한 일탈이자 비행임을 알 수 있다. 사회주의 국가지만 흡연을 학생으로서의 본분에 어긋난다는 생각이 사회에 통념화 되어 있음을 알 수 있다. 담배를 피우다가 선생님한테 걸리면 반성문을 쓰고 자아비판(호상비판)을 받거나 정직으로 맞기도 했으며 심한 신체적 체벌까지 받기도 했지만 학생은 물론 학부모도 항의하지 못했다. 담배에 대해서는 그만큼 엄격했지만 학교에서의 금연 교육은 전무했다. 사회주의 국가에서 학생흡연은 자체가 있어서는 안 되는 일이기 때문에 금연 관련 교육 자체를 실시하지 않는다고 하였다.

넷째, 학교 내 각종 경제 동원활동은 가계와 학업에 큰 부담을 주고 있으며, 집안의 경제력에 따른 큰 편차가 있음을 알 수 있다. 경제 형편이 어려운 학생들은 학교에서 요구하는 물품을 내지 못해 지속적으로 지적받고 생활총화 때 비판을 받는데 이러한 스트레스는 학교를 안 나가게 되는 요인으로 작용한 경우가 많았다. 경제 형편이 좋은 학생들은 농촌 동원 나갈 때 쌀, 기름 등을 지원해주고 자녀를 농촌 동원에 안 보내는 경우도 있었다. 실태조사 결과도 이와 유사한 사례를 보여 주고 있다. 학교 내에서 친구들끼리 물물 교환은 서로 필요한 물건을 바꾸는 경우가 가장 일반적인 형태였지만 집안 형편이 어려워서 물건을 가져와 파는 경우도 일부 있었다. 장마당을 이용하는 경우는 유사했는데 부모 대신 경제활동을 해야만 하거나 다른 하나는 재미나 간식 등을 사먹기 위해 장마당에 가는 경우가 있었다. 전반적으로 경제 수준에 따른 면접의 내용도 일정한 경향이 관찰되었으며, 집안의 경제수준에 따른 영향력이 크게 작용했다.

다섯째, 여가놀이의 경우 대부분의 응답자가 컴퓨터 교육을 받은 경험이 있었지만 컴퓨터가 거의 다 폐기 수준이라 실습을 하지 못했거나 종이로 된 자판으로 연습하는 수준으로 실제로 도움이 된 경우는 없었다. 최근 시 단위에 설치된 미래원에서 돈을 내고 컴퓨터를 이용할 수 있었지만 그 혜택은 미비했다. 2006년~2007년경 평양에 생겼던 PC방은 자본주의 문화로 간주되어 없어졌다. 컴퓨터로 주로 게임을 했다는 내용이 많았는데 북한 청소년들 사이에 컴퓨터 게임이 상당히 일상화되어 있음을 유추할 수 있으며, 잘 사는 학생들은 거의 집에 노트북을 가지고 있었다. 청소년기에 손전화를 소유했던 응답자는 없었고 대부분 고급중학교 졸업 후(성인기)에 손전화를 소유했다고 답했다. 손전화 역시 게임을 하기 위해 이용한 적이 있다는 응답률이 높아 실태조사와 그 결과가 거의 일치하였다.

여섯째, 복지제도 영역 중 교복은 새것을 받았다는 응답이 많았지만 교복의 질이 매우 나쁘거나 디자인이 예쁘지 않아 새로 구입하여 입은 학생들도 많았다. 그러나 집안 형편이 어려운 학생들은 그냥 입기도 하고, 언니들 것을 물려받아 입는 학생들도 많아, 경제 수준에 따른 차이를 유추 할 수 있다. 교과서의 경우 무상이 아니라 국정가격으로 구입했다는 경우도 있었고 중고로 물려받은 경우도 많았다. 학용품은 다 본인 부담이어서 가정 경제 수준에 따라 사용하는 학용품의 질이 달랐다는 내용이 많았다. 무상의료의 경우 구역별로 진료소가 있어서 진료를 받거나 약을 처방받는 등의 기본적인 의료 서비스는 큰 문제가 없었지만, 약이나 주사 등의 의약품은 대부분 개인이 비용을 지불하여 구입해야 했다. 입원 자체는 비용이 안 들지만 주사약을 개인이 직접 사가지고 와야만 했고, 엑스레이를 찍으려면 교환명령서와 함께 발동기를 돌리기 위한 휘발유를 갖고 가야 할 정도로 의료 환경이 굉장히 열악했으며, 잘 돌봐달라고 의사들에게 식사를 대접하거나 물품을 제공하는 사례가 많이 관찰되었다. 지역별로 무상의료의 수준과 의료 서비스에 대한 만족도가 상이함을 유추할 수 있으며, 사회주의 체제의 무상 복지 혜택이 나름 작동하고 있지만 부족한 물자난과 당 차원에서 충분한 지원이 이루어지지 않아 복지 및 의료 상황이 다소 심각한 상황에 처해있고 가정 경제적 수준에 따른 차이가 있음을 알 수 있다.

일곱째, 한류와 사상교육 영역에서 대부분 한국 드라마나 음악을 엄격하게 통제하기는 하지만 청소년기 자본주의에 대한 호기심이 굉장히 많아서 몰래 많이들 보거나 듣고 있으며 드라마나 영화의 경우 보다가 걸리면 엄하게 처벌받는다는 것을 알았고, 수용소에 끌려갈 수 있지만 뒷배나 돈이 있는 사람들은 괜찮다고 응답하였다. 주로 집에서 가족들과 보거나 친한 친구들과 함께 또는 친구들 사이에 서로 CD를 빌려서 보는 경우가 대부분이었다. 김정일 시대에는 단속이 심하지 않았는데 김정은 시대 이후 관련법이 만들어지고 통제가 심해졌고. 이러한 한류경험이 대부분 탈북을 결심하는데 상당히 많은 영향을 주었다. 사상교육은 그 영향이 지배적이며 학교생활에서 조직생활 중 집중적으로 이루어지며 북한 체제 유지에 많은 영향을 미쳤다. 무조건 조국에 충성을 다해야 한다는 내용으로 일상수준에서 세뇌가 될 정도로 받았다. 물론 사상교육의 효과는 사람마다 다르지만 가끔 반감이 들 때도 있는데, 다만 표현하지 못했다.

여덟째, 청소년기에 본인이 참여한 사업 또는 활동 중에서 기억에 남는 것이 무엇인지에 대해 개인별로 응답이 다양했다. 식수절 행사와 2월 16일 즈음에 진행된 배움의 천리길 참여경험, 비록 힘들고 배고프긴 했지만 친구들과 친해질 수도 있어서 좋았던 농촌지원 활동, 학교 경비를 서면서 친구들과 밤새 놀았던 경험, 체육행사나 4·15 예술공연에 참여했던 경험, 답사의 경험 등을 좋았던 기억으로 남는다고 답한 반면 농촌으로 동원 나가는 것, 붉은 청년 근위대 훈련 등이 싫었다는 응답도 있었다. 본인이 청소년기 직접 참여한 사업은 북한의 정책적, 정치적 의미는 차지하더라도 여느 시기의 청소년과 마찬가지로 친구들과 함께 동고동락하여 고생을 경험하며 힘듦과 보람을 공유했던 소중한 추억으로 회상하는 경우가 많았다.

아홉째, 청소년기에 계층 간 차별에 대해 대부분 선생님들이 학생들을 차별적으로 대하는 경우가 많았다고 했으며, 차별의 중 원인은 주로 경제적인 이유였다. 학부모가 선생님을 잘 챙기거나 파철이나 토끼 가죽 등을 잘 내는 학생들을 많이 예뻐해 주었다. 똑같이 과제를 안 해왔는데도 교사에게 뇌물을 많이 주는 학생들은 봐주는 반면, 다른 학생들은 체벌하고 기합을 주는 식으로 편애하기도 했다. 학교에서 임원 선발 시 교사 입장에서 부모가 어떤 위치에서 어느 정도 경제적으로 지원해 주느냐가 매우 중요한 요인으로 작용하였으며, 성적보다는 경제적인 이유가 크게 영향을 미쳤으며 차별의 가장 큰 원인이었다.

지금까지의 면접 내용을 정리하면, 사회주의 체제로서의 북한에서 청소년기 발달과 성장에 크게 영향을 미치는 요인은 부모의 경제적인 수준과 당원 여부 등으로 확인될 수 있는 토대(줄기)임을 알 수 있다. 심각한 경제난으로 인한 자원 부족으로 교사의 월급을 거의 주지 못하는 상황을 감안 할 때, 학교 내에서의 교육을 통한 전인적 성장과 발달에 미치는 지대한 영향은 교사에게 달려 있다고 해도 과언이 아니다. 그만큼 학생에게 미치는 효과는 지대하다. 특히 한 학급의 담임을 맡으면 졸업 할 때까지 동일 학급을 담당하는 만큼, 교사는 학부모 간의 관계 여부에 따라 학생에게 지속적으로 영향력을 행사하게 된다. 중앙 당, 도당 및 시당 그리고 군부 등에서 지속적으로 요구하는 물품을 학교차원에서 제공하기 위해서는 그만 큼 경제력이 풍부한 학부모의 역할이 클 수밖에 없으며, 사교육을 통해 상급학교로 진학할 수 있는 기회가 보장되는 만큼 이 또한 불평등을 심화시키는 요인으로 작용할 수 있다.

2) 북한 출신 전문가 FGI 조사 결과

북한 출신 학자들은 북한의 청소년정책에 대해서 어떻게 생각하고 있는지를 살펴보았다. 먼저 북한에서의 청소년의 개념에 대해서는 소년, 청년, 소년학생, 청소년학생, 청년대학생 등으로 사용하고 있으며, 크게 학교생활과 조직생활을 기준으로 파악할 수 있다고 하였다. 즉, 학교 기준으로는 남한과 같이 협의적으로는 소학교(6~10세), 초급중학교(10~13세), 고급중학교(14~16세) 학생이 청소년에 해당하며, 넓게는 전문대학(17~20세) 및 대학(17~22세)에 다니는 학생까지를 포함한다. 또한 조직생활을 기준으로 보면, 소년단에 들어가서 생활하는 시기(7~14세)에서부터 청년동맹에 참여하는 시기(14~30세)까지를 포함한다.

북한 당국에서의 청소년에 대한 관심은 청소년을 혁명의 후비대 혹은 혁명의 전사로 양성하기 위하여 개인보다는 조직이나 집단을 먼저 생각할 줄 알고, 지·덕·체를 겸비한 인간으로 키우는 것이 정책의 목표로 보고 있다. 북한청소년정책의 목표는 시대적 상황을 반영하여 지·덕·체를 갖춘 공산주의 혁명 인재 양성에서부터 자주성과 창조성을 가진 공산주의 혁명 인재 양성, 김일성·김정일 주체형의 인재 양성, 사회주의 애국 청년 양성으로 바뀌어 왔지만, 크게 봐서는 체제유지를 위한 인력 양성이라는 점에서 큰 차이가 없는 것으로 보고 있다.

김일성, 김정일, 김정은 시기의 정책에 대한 차이는 투자, 학생들의 학교비용 부담, 교육에서의 강조점, 놀이방식 등에서 살펴보았다. 투자와 학교교육 비용 부담의 측면에서는 김일성 시기에 가장 많은 투자를 했으며, 실질적인 무상교육으로 인한 학생들의 비용 부담이 가장 적었던 시기이고, 김정일 시기는 보여주기식의 투자와 교복, 교과서 등의 유료화로 인한 학생 부담이 증가한 시기, 그리고 김정은 시기는 청소년들의 지지를 이끌어 내기 위한 투자의 성격을 가지며 학생들의 비용 부담이 가장 커진 시기로 보고 있다. 교육에서의 강조점에 대해서는 김일성 시대는 사회주의 이념에 기반한 평등 교육을 강조한 시기이고, 김정일 시대는 예술 중심의 교육을 강조한 시기, 그리고 김정은 시대는 과학기술 중심의 교육을 강조한 시기로 보고 있다. 청소년 놀이방식에서는 예전 정권에서는 미제 타도, 미국 놈 때리기 등 군사 중심의 놀이가 주를 이루는 시기이고, 최근에는 어느 정도 상식적으로 이해할 수 있는 놀이방식으로 변화하고 있는 것으로 보고 있다.

최근 김정은 시기의 북한청소년정책의 특징에 대해서는 청년 중시 정책, 이슈 중심의 정책, 한류 단속의 정책, 과학기술 및 엘리트 중심의 교육정책을 지향하고 있는 것으로 파악되고 있다. 첫째, 청년 중시 정책은 현재의 청소년들이 우상화 대상이 되고 있는 김일성, 김정일을 직접 보고 자란 세대가 아니기 때문에 청년을 중시하는 정책을 시행하지 않으면 체제 유지의 어려움을 느끼기 때문에 불가피하게 하고 있는 것으로 보고 있다. 둘째, 정책의 초점이 일반 청소년보다는 엘리트 중심의 일부 청소년에게 있고, 예산도 부족하기 때문에 실제로 청소년을 위한 정책이라기보다는 국제적으로 관심과 이슈를 끌기 위한 보여주기식 정책을 시행하고 있다고 보고 있다. 셋째, 수시 검열 강화, 제재 법률 제정 등 최근 한류를 단속하기 위한 정책이 강화되고 있으나 북한 주민들 사이에서는 한류가 일상화 되어 있으며, 대응방식도 개발되어 점점 더 한류 확산을 막기 어려운 상황이 되고 있다고 보고 있다. 넷째, 북한청소년 교육은 과학기술교육, 엘리트 중심의 교육, 모델 교육이라 할 수 있으며, 일반 청소년보다는 수재 양성에 목표를 두고 서열화를 추진해 오고 있어서 일반 청소년의 경우에는 자존감이 떨어지고, 대학진학 기회도 점점 어려워지는 것으로 파악되고 있다.

남북청소년의 교류협력 방안에 대해서는 체육·문화교류, 남북 지역 간 청소년 교류, 대학간 IT 교류, 경연대회 등 교육교류, 민속놀이 교류, 청소년시설 및 지도자 교류 등을 제안하고 있다. 남북청소년 교류협력 방안으로 정치적인 요소가 배제될 수 있는 체육 및 문화교류가 가장 쉽고 빠른 방법으로 보고 있으며, 이를 기초로 해서 학술교류, 관광교류 등으로 점차적으로 확대해 나갈 필요가 있다고 하였다. 또한 남과 북의 각 지자체 간의 교류를 통해서 남과 북의 청소년들이 공감과 친교를 할 수 있는 활동이 가능하며, 교육 분야의 남북교류, 즉, IT를 중심으로 서울대와 리과대, 혹은 카이스트와 평양과학기술대학 등과의 교류, 중국과 같은 제 3국에서의 학술 세미나, 토론회, 문답식 경연, 수학 영재 경연 등의 교류도 가능하며, 제기차기, 연날리기 등 남북 간에 공동으로 할 수 있는 민속놀이 발굴을 통한 교류, 그리고 남북통일 이후의 상황을 가정한 청소년시설 및 청소년 지도자간의 교류가 필요한 것으로 보고 있다.

제6장 결 론

1. 북한 청소년정책의 특성과 변화 전망
2. 남북청소년 교류·협력을 위한 과제

6 결 론[98]

1. 북한 청소년정책의 특성과 변화 전망

1) 남·북한 청소년정책 비교

남·북한 청소년정책의 차이와 정책 대상이 되는 청소년들의 정책에 대한 인식과 행동양식을 파악하기 위하여 북한이탈주민 대상의 면접조사와 북한출신전문가 대상의 초점집단 인터뷰(FGI) 조사결과를 토대로 남·북한 청소년정책의 목표, 대상, 내용, 작동방식과 청소년들의 반응을 비교하였다.

먼저 청소년정책의 목표는 북한의 경우에는 청소년 개개인의 성장과 발전보다는 북한 체제 유지를 위한 인재(인력) 양성에 있는데 비해, 남한의 청소년정책은 개인의 권익보장과 자질 향상, 그리고 유해환경 및 각종 위험으로부터의 보호 등에 목적이 있다는 점에서 차이가 있다. 정책 대상은 정책 목표와 일치하게 북한에서는 일반 대다수 청소년보다는 소수 엘리트 중심의 정책을 하고 있으며, 남한에서는 일반청소년과 어려운 청소년 등 다양한 청소년을 대상으로 하고 있다. 정책 내용에서도 북한의 경우에는 체육과 예술, 과학기술 등 체제 유지를 위해서 필수적인 분야에 주로 관심을 가지고 있는데 비해, 남한의 경우에는 개인의 성장·발전과 관련된 청소년활동과 문화, 복지 등과 관련한 정책을 포함하고 있다. 정책의 작동방식은 북한의 경우에는 주어진 질서 내에서의 사고와 행동을 위하여 통제와 단속 방식을 주로 사용하고 있는데 비해, 남한의 경우에는 청소년들에게 자율과 책임을 부여하는 방식으로 하고 있다.

또한, 남·북한 청소년정책에 대한 반응을 긍정적인 측면과 부정적인 측면으로 나누어 살펴보면, 다음과 같다. 북한청소년(주민)들은 북한청소년정책에 대해서 지·덕·체를 겸비한 이상적인 인간으로 성장할 수 있게 하고, 청(소)년을 국가발전의 주역으로 간주하고

98) 이 장은 김경준(한국청소년정책연구원 선임연구위원)이 작성하였음.

적극적인 참여기회를 부여하며, 첨단과학기술을 소유한 인력 개발에 주력하고 있다는 긍정적인 평가를 하고 있는 반면, 엘리트 중심의 정책으로 일반청소년들은 소외되고 자존감이 저하되고 있으며, 비자발적 동원에 대한 반발이 크고, 통제와 단속에 대해서 무시하거나 적극적으로 대응하고 있다는 부정적인 평가를 하고 있다. 한편, 남한청소년들의 경우에는 청소년정책에 대해서 건전한 민주시민으로 성장할 수 있게 하고, 인권을 존중하고 다양한 참여 기회를 부여하고 있으며, 유해환경 및 각종 위험으로부터 보호하고 있다는 긍정적인 반응이 있는 반면, 지나친 경쟁으로 대한 피곤함과 탈락으로 인한 좌절이 있고, 지역 등 각종 차별에 의한 반감 또는 소외감, 그리고 각종 유혹과 심리적 압박에 의한 일탈 등이 있다는 부정적인 반응이 있다.

표 Ⅵ-1. 남·북한 청소년 정책 비교

		북한	남한
목표		체제 유지를 위한 인재(인력) 양성	권익보장, 자질향상 및 보호
대상		소수 엘리트 중심	일반 청소년 및 어려운 청소년
내용		체육, 예술, 과학기술	청소년활동, 문화, 복지 등
방식		통제와 단속	자율과 책임
반응	긍정	지·덕·체를 겸비한 이상적인 인간으로 성장	건전한 민주시민으로 성장
		청(소)년을 국가발전의 주역으로 간주하고 적극적인 참여기회 부여	인권 존중과 다양한 참여 기회 부여
		첨단과학기술을 소유한 인력 개발에 주력	유해환경 및 각종 위험으로부터 보호
	부정	엘리트 중심의 정책으로 일반청소년의 소외 및 자존감 저하	지나친 경쟁으로 대한 피곤함과 탈락으로 인한 좌절
		비자발적 동원에 대한 반발	지역 등 각종 차별에 의한 반감 또는 소외감
		통제와 단속에 대한 무시 및 적극적 대응	각종 유혹과 심리적 압박에 의한 일탈

2) 북한청소년 정책의 변화 전망

최근의 김정은 시기의 청소년정책은 청년 중시 정책, 이슈 중심의 정책, 한류 단속 정책, 과학기술 및 엘리트 교육정책 등을 지향하고 있는 것으로 파악되고 있다. 김일성, 김정일과 다르게 김정은은 체제 유지를 위해서 청소년 및 청년들의 지지가 매우 절실해지고 있으며, 이를 위한 정책에 초점을 두고 있다. 하지만 북한 정부의 충분한 예산 부족 등의 이유로 일반 청소년보다는 소수 엘리트 청소년에 집중하고 있으며, 정책의 내용도 다양하게 이루어지고 있지 못하는 등 일반 대중들의 지지를 얻는 데 어려움을 겪고 있다. 또한 북한 내 한류의 확산 등 외부 문화의 유입으로 인한 사상적 해이를 단속하기 위한 조치들이 강화되고 있으나, 북한청소년을 비롯한 북한 주민들 사이의 다양한 대응방식 마련으로 오히려 한류가 더욱 확산되는 추세여서 정책의 한계를 느끼는 상황이다.

북한 당국의 검열과 단속의 강화에도 불구하고 한류의 확산 등 외부 문화의 북한사회 내로의 유입 현상은 갈수록 심화될 것으로 전망되며, 이는 북한청소년들의 자본주의 문화에 대한 동경과 추구를 더욱 부추길 것이다. 지금까지 북한 당국에서 해왔던 통제 중심의 정책으로는 북한청소년들을 더 이상 단속할 수 없다는 한계를 느낄 것이며, 외부 문화에 대한 개방이 어느 정도 불가피하다는 것을 느낄 것으로 추측된다. 따라서 맹목적으로 자본주의 사회를 비판하고 배제하는 것으로부터 북한청소년들로 하여금 자본주의의 현실적인 문제점을 이해하게 하고, 자신들의 체제의 우수함을 강조하는 쪽으로의 정책을 펼 것으로 보여진다.

향후 북한 당국에서는 북한 사회에서 자본주의 문화가 확산되는 것에 대한 불가피성을 인정할 수밖에 없으나, 비판적 이해 교육을 더욱 강화함으로써 사상적 무장을 철저히 하고, 공산주의 사상과 지·덕·체를 겸비한 북한청소년의 우수성을 강조하는 정책을 더욱 강화해 나갈 가능성이 크다. 북한사회의 미래는 북한청소년, 북한청년들의 공산주의 사상의 무장과 사회발전을 위한 실천적인 행동에 달려있음을 인지하고, 이러한 모델이 될 수 있는 청소년을 양성 또는 발굴하고 확산하기 위한 정책을 지속적으로 확대해 나갈 것이다. 또한 북한체제의 유지·발전에 있어서 과학기술의 중요성을 무엇보다도 절실히 깨닫고 있기 때문에 과학기술 인재 양성을 위한 정책도 지속적으로 전개해 나갈 것으로 예상된다. 이에 각 급 학교에서의 과학기술 관련 과목과 수업시간의 확대와 관련 인재 양성을 위한 투자도 확대할 것으로 보인다. 이와 같은 북한사회의 변화는 향후 남북 교류·협력의 방향에도 영향을 줄 것이며, 정치 및 사상적인 영향이 적은 영역이나 남북 공통으로 서로가 경쟁력이 있다고 생각하는 영역을 중심으로 한 교류가 보다 가능성이 더 클 것으로 보여진다.

2. 남·북청소년 교류·협력을 위한 과제

남·북한청소년 정책 비교와 북한청소년 정책 변화 전망 등을 토대로 남·북청소년 교류·협력을 위한 과제를 청소년 통일교육 관련 과제, 남·북청소년 교류 관련 과제, 통일시대 대비 기반 구축을 위한 과제로 나누어 살펴보았다.

남·북한 통일교육 관련 정책과제	남·북한청소년 교류 관련 정책과제	통일시대대비 기반 구축을 위한 정책과제
1. 북한에 대한 객관적인 인식 강화 2. 남·북청소년 교류를 위한 눈높이 통일 교육의 구현 3. 체험활동 중심의 통일교육 확대 4. 통일시대 남북청소년 인재 양성을 위한 리더십교육 5. 북한이탈청소년과 함께하는 사회통합 캠프 추진	1. 초청 및 파견 등 남북 동질성 회복을 위한 청소년 교류 2. 한민족 문화유산 보호 및 역사·문화 탐방활동 개발·지원 3. 전통 민속놀이 발굴 및 행사 개최 4. 청소년 소조활동 지원을 통한 교류사업 개발·추진 5. 환경보호활동을 테마로 한 남·북청소년 교류 6. 동북아 청소년포럼 개최 및 남북청소년 공동 참여 7. 남·북청소년 사이버교류 및 IT 경진대회 추진 8. 유네스코 등 국제기구와 연계한 남북청소년 교류 추진	1. 남·북청소년 교류협력 정책에 관한 기본계획 수립 2. 북한청소년 정책에 대한 지속적인 모니터링 실시 3. 남북청소년 교류협력 관련 민간기관 간 네트워크 구축 4. 통일시대 청소년활동 정책 수행을 위한 청소년시설 수요 파악 및 청소년 지도자 교류 5. 남북청소년 교류협력 및 정책 개발 기구의 설치·운영

그림 Ⅵ-1. 남북청소년 교류·협력을 위한 정책과제

1) 청소년 통일교육 관련 정책과제

청소년 통일교육 관련 정책과제로는 통일교육에 대한 효과를 높이기 위하여 객관적인 정보의 제공과 간접적 체험 위주의 교육 과제를 발굴하고자 하였다. 이에 북한에 대한 객관적인 인식 강화, 남·북 청소년 교류를 위한 눈높이 통일 교육의 구현, 체험활동 중심의 통일교육 확대, 통일시대 남북청소년 인재 양성을 위한 리더십교육, 북한이탈청소년과 함께 하는 사회통합 캠프 추진을 발굴하였다.

(1) 북한에 대한 객관적인 인식 강화

남·북청소년 교류·협력의 목적은 남과 북의 청소년들 사이의 차이를 인정하고 동질성을 회복함으로써 향후 통일사회를 위한 기반을 마련한다는 데 있다고 볼 수 있다. 이를 위해서는 남·북청소년들 상호 간에 이해를 높일 수 있는 정확한 정보 제공이 필요하다(배상률, 이정민, 2019: 212). 하지만 지금까지 청소년들의 북한 사회에 대한 인식은 크게 개선되고 있지 못한 것으로 나타나고 있다. 통일부와 교육부에서 시·도교육청의 협조를 받아 초·중·고 734개교, 총 72,524명을 대상으로 실시한 「2021년 학교 통일교육 실태조사 조사」에서 "북한에 대해 얼마나 알고 있다고 생각하나요?"라는 질문에 대해서 32.9%가 '알고 있다'고 하여 2019년의 29.6%에 비해서는 소폭 증가하였으나 2020년(33.4%)보다는 감소한 것으로 나타났다. 또한 '알지 못 한다'는 응답은 2019년 17.9%, 2020년 19.8%, 2021년 21.3%로 오히려 증가 추세를 보여서 북한사회에 대한 인식이 개선되고 있지 못한 것으로 나타났다. 한편, 통일의 필요성에 대해서는 61.2%가 '필요하다'고 하였으나, '필요 없다'는 응답은 25.0%, '잘 모르겠다/관심 없다'는 응답은 13.8%였고, 통일의 필요성에 대해 '잘 모르겠다/관심 없다'고 응답한 가장 큰 이유는 통일이 필요한지 필요하지 않은지 잘 어려워서라는 응답이 가장 높은 것으로 나타났다(국립통일교육원 미래세대교육과, 2022. 2. 18일자). 청소년들이 북한과 통일에 대한 막연한 인식에서 벗어나 객관적이고 정확한 판단을 하기 위해서는 북한의 정치, 경제, 사회, 문화 등 북한사회에 대한 객관적이고 사실적인 정보를 제공할 필요가 있다(이창호, 2018: 19).

(2) 남·북 청소년 교류를 위한 눈높이 통일 교육의 구현

한반도 통일과 평화적인 발전을 위해서는 통일의 주역이 될 청소년 세대들이 서로에 대해 올바르게 이해하는 것이 기본이다. 북한의 청소년 정책에 대한 분석을 바탕으로 남·북 청소년들의 통합을 위한 통일 교육 방향이 설정되어야 한다. 통일 미래를 지향하는 적실한 통일교육을 위해서는 북한의 최근 동향과 상황을 바탕으로, 청소년들의 눈높이에 맞는 현실성 높은 통일교육을 기획하고 추진하는 것이 필요하다.

(3) 체험활동 중심의 통일교육 확대

통일부와 교육부에서 실시한 「2021년 학교 통일교육 실태조사 조사」에서 "학교에서

통일교육을 할 때 어떤 방법을 사용하면 좋은지"에 대한 질문에서 1순위가 동영상 시청(48.3%), 2순위가 현장견학 등의 체험학습(42.3%), 퀴즈, 통일 관련 게임, 이벤트 방식(34.2%) 등의 순으로 나타나 상당수 학생들이 체험활동을 원하고 있는 것으로 나타났다(국립통일교육원 미래세대교육과, 2022. 2. 18일자). 청소년들은 통일교육이 기존의 형식적이고 강의 위주의 방식에서 탈피하여 북한의 생활에 대한 직·간접적 체험을 통한 현실감 있는 교육을 원하고 있음을 알 수 있다. 이를 위해 북한의 의·식·주생활에 대한 간접체험, 북한이탈청소년과 교제할 수 있는 기회의 제공 등 북한의 생활을 체험할 수 있는 교육을 실시할 필요가 있다(배상률, 이정민, 2019: 213). 또한 각 지역사회의 청소년수련시설을 활용하여 북한이탈청소년과 함께 하는 체험활동 프로그램을 개발·운영할 필요가 있다. 공모사업을 통해서 각 지역의 청소년수련시설이 체험활동을 운영할 수 있도록 하는 방안도 추진할 필요가 있다(김형주, 권재기, 2014: 176~177).

(4) 통일시대 남북청소년 인재 양성을 위한 리더십교육

남북통일에 대한 관심과 필요성에 대한 청소년들의 인식이 크게 개선되고 있지 못한 것으로 나타나고 있다. 통일부와 교육부에서 실시한 「2021년 학교 통일교육 실태조사 조사」에서 통일에 대해서 관심이 있다고 응답한 청소년은 50.0%로 2020년의 50.5%에 비해서 소폭 증가하였으나 관심이 없다고 응답한 청소년은 22.4%로 2020년의 20.2%에 비해서 증가한 것으로 나타났다. 또한 통일이 '필요하다'고 응답한 청소년은 61.2%로 2019년(55.5%)보다는 증가하였으나 2020년(62.4%)에 비해서는 감소하였으며, '필요 없다'고 응답한 청소년은 25.0%로 2019년(19.4%)과 2020년(24.2%)에 비해서 증가한 것으로 나타났다. 통일의 필요성을 '잘 모르겠다/관심없다'고 응답한 이유에 대해서는 '통일이 필요한지, 필요하지 않은지 잘 판단하기 어려워서'가 44.1%, '통일에 대한 관심이 별로 없어서'가 24.5%, '통일이 되든, 안 되든 나와 상관없기 때문에' 등으로 나타났다(국립통일교육원 미래세대교육과, 2022. 2. 18일자). 이와 같은 조사결과는 청소년들의 통일에 대한 관심이나 필요성에 대한 인식이 나아지고 있지 못하고 있으며, 통일의 필요성을 판단할 수 있는 교육이 제대로 제공되고 있지 못하다는 데에 원인이 있음을 보여주고 있다. 따라서 통일한국의 미래를 이끌어갈 청소년의 양성을 위하여 통일의 당위성에 대한 청소년들의 공감을 증진하고 통일한국에 대한 인식 제고와 청소년 통일역량을 강화하기 위한 교육을 실시할 필요가 있다. 특히, 청소년참여위원회, 청소년특별회의 등 청소년참여기구를 활용한 통일 역량교육 및 리더십 캠프를 추진하여 남북통일에 대한 청소년들의 관심과 관련 정책 의제를 지속적으로 발굴할 수 있도록 지원할 필요가 있다(김형주, 권재기, 2014: 175).

(5) 북한이탈청소년과 함께 하는 사회통합 캠프 추진

그동안 청소년들 대상으로 실시해 온 통일교육에 대해서 부정적인 평가가 적지 않았다. 그 이유 중의 하나가 청소년들이 실감할 수 있는 체험교육이 부족하여 교육의 효과가 크지 않다는 데에 있다고 할 수 있다. 청소년들에게 북한의 일상과 관련한 지식과 정보를 알려주기 위해서는 북한을 직접 방문하거나 북한 주민이나 북한청소년들을 만나서 대화를 나누어 보는 것이 가장 좋은 방법이라 할 수 있다. 하지만 남과 북이 분단되어 교류가 차단되어 있는 현실적인 여건에서 직접적인 방문과 만남은 어려운 것이 사실이다. 하지만 북한에서 생활하다가 남한으로 입국한 북한이탈청소년들과의 만남은 전혀 불가능한 것이 아니다. 현재 북한에 있는 청소년들과의 만남보다는 못할 수 있지만 이들과의 만남을 통해서 북한과 북한청소년에 대한 인식을 개선할 수 있는 계기를 마련할 수 있을 것이다. 이를 위해서 북한이탈청소년과 국내 청소년이 함께 체험활동에 참여하는 사회통합 캠프를 추진할 필요가 있다. 북한이탈청소년들이 많이 거주하고 있는 지역을 중심으로 학교 단위 또는 지역단위로 캠프를 운영하거나, 전국 시·도별로 구성·운영되고 있는 청소년참여위원회와 북한이탈 청소년 간에 지역별로 특색에 맞는 주제를 선정하여 사회통합 캠프를 추진할 필요가 있다(김형주, 권재기, 2014: 176).

2) 남북청소년 교류 관련 정책과제

남북청소년 교류 관련 과제는 남·북 공동의 역사와 문화, 자연자원과 환경 등을 보존하고 발전시켜 나가는 데 청소년들이 참여하게 함으로써 향후 청소년들이 한반도의 인재로 성장할 수 있는 기반을 마련하는 데 초점을 두고 개발하였다. 이에 초청 및 파견 등 남북 동질성 회복을 위한 청소년 교류, 한민족 문화유산 보호 및 역사문화 탐방활동 개발·지원, 전통 민속놀이 발굴 및 행사 개최, 청소년 소조활동 지원을 통한 교류사업 개발·추진, 환경보호활동을 테마로 한 남·북청소년 교류, 동북아 청소년포럼 개최 및 남북청소년 공동 참여, 남북청소년 사이버교류 및 IT 경진대회 추진, 유네스코 등 국제기구와 연계한 남북청소년 교류 추진의 과제를 발굴하였다.

(1) 초청 및 파견 등 남북 동질성 회복을 위한 청소년 교류

통일은 목표이기도 하지만 남북이 주체가 되어 서로 만들어 가는 과정이기도 하다. 남북 분단의 시간이 길어지면서 문화적인 동질성이 회복하기 어려운 상황으로 접어들고 있다. 청소년들은 남북문제를 민족 간의 문제로 보기보다는 국가 간의 문제로 인식한다. 이런 상황이 지속된다면 남북 사이에는 동질감을 전혀 느낄 수 없게 될 것이다. 남북 당국이 남북 청소년 교류를 위한 기회를 마련해 주어야 한다. 독일 통일 과정에서도 대학생 파견과 초청을 통한 국제행사를 적극 개최하였다. 동서독 청년의 만남은 독일 통일의 토대가 되었고, 민족동질성 회복의 기반이 되었다.

(2) 한민족 문화유산 보호 및 역사·문화 탐방활동 개발·지원

세계에 흩어져 사는 동포들 사이의 공통의 유산은 한민족의 역사와 문화를 공유하는 한민족의 후손이라는 데에 있다. 남과 북의 경우에도 한민족의 후손이라는 점에 대해서는 부정하지 않으며, 한민족의 번영을 위해서 함께 노력해야 할 필요성에 대해서도 공감하고 있다고 할 수 있다. 청소년들의 경우에 기성세대에 비해서 상대적으로 한민족 의식이 높지 않기 때문에 한민족의 미래를 위해서는 이들을 대상으로 하는 한민족 역사·문화 교육이 필요하다. 그 중의 대표적인 활동의 하나가 한민족 민족유산 보호 및 역사·문화 탐방활동이라 할 수 있다. 국내 및 전 세계의 한민족의 역사와 문화의 발자취를 함께 찾아가서 직접 몸으로 배우는 역사·문화 탐방활동을 실시함으로써 스스로 한민족의 후손임을 인식하게 하고, 미래 한민족의 번영을 위해 기여할 수 있는 인재로 성장할 수 있도록 지원하는 것이다.

각 국의 재외동포들의 경우에도 한민족의식을 고취하기 위하여 청소년들을 대상으로 하는 한민족 역사·문화 탐방활동을 전개하고 있으며, 미국, 호주 등지에서는 광복회 주관으로 청소년 민족캠프를 개최하고 있는 것으로 나타나고 있다. 한반도 미래의 통일을 위해서도 남북이 공유한 민족문화 유산을 비롯한 공통성을 회복하는 것이 필요하다. 남북 사이에 이루어졌던 사업 중에서 민족의 언어를 기반으로 한 '겨레말 큰 사전 공동편찬 사업'이나 민족의 문화유산을 기반으로 한 '개성 만월대 공동 발굴 사업', '고구려 고분벽화 보존을 비롯한 문화재 보호' 사업은 국민의 호응 속에서 진행되었다. 언어, 역사, 문화를 기반으로 한 교류는 남북이 공유한 민족문화 유산으로 온전하게 보존하여 후손들에게

물려줄 의무가 있기 때문이다. 남북의 청소년들에게도 선조들이 물려준 우수한 민족문화에 대한 보호를 위한 사업을 추진할 필요가 있다. 우선 북한이탈청소년과 함께 하는 역사·문화 탐방활동에서부터 시작하여 남북 교류 여건이 조성되면, 중국이나 러시아 등 제3국에서 남과 북의 청소년들이 함께 참여하는 역사·문화 탐방활동으로 확대해 나갈 필요가 있다. 또한 북한에 있는 고구려 유적, 고려 유적지를 비롯한 구석기, 신석기 유적지에 대한 상호 방문 등의 사업을 추진할 수 있다.

(3) 전통 민속놀이 발굴 및 행사 개최

남·북한 청소년들 간의 이질감을 해소하고 동질성을 회복하기 위한 가장 빠른 방법은 남·북한 청소년들이 쉽게 참여하여 공감할 수 있는 공동활동을 개발하여 운영하는 것이라 할 수 있다. 연날리기, 제기차기 등의 민속놀이는 동일한 조상들이 만들어서 즐겼던 것으로 남과 북에서도 쉽게 접할 수 있는 활동이며, 청소년들에게 흥미를 제공하고 쉽게 친해질 수 있는 계기를 마련할 수 있다. 이밖에도 전통 민속놀이 중에서 남·북청소년들이 공동으로 할 수 있는 놀이를 발굴하고 개발하여 명절이나 주요 행사 때 진행하게 되면 자연스럽게 남·북 청소년 모두가 같은 뿌리를 가진 사람들이라는 의식이 보다 커질 것이다. 본 연구에서 실시한 북한 출신 전문가 인터뷰에서도 전통민속놀이를 통한 남북 교류가 동일한 문화를 발굴하고 체험하는 계기를 마련한다는 점에서 의미가 적지 않고, 교류의 가능성도 높을 것으로 보고 있다. 민속놀이 발굴 과정에는 민속놀이 전문가들뿐만 아니라 청소년들이 함께 참여하여 청소년의 특성을 반영하는 놀이 형태로 개선할 필요가 있으며, 행사는 청소년만의 단독 행사뿐만 아니라 다른 행사와 함께 공동 개최하는 방안도 생각해 볼 수 있다.

(4) 청소년 소조활동 지원을 통한 교류사업 개발·추진

남한청소년들에 비해서 여가·문화활동 여건이 부족한 북한청소년들에게 문화, 예술, 체육 활동 등에 필요한 다양한 소조활동 기구, 비품, 기자재 등을 지원하는 사업을 추진할 필요가 있다. 본 연구 조사결과를 살펴보면, 북한에서는 무상교육이라고 하지만, 학교교육에 필요한 물품을 개개인 가정에게 부담시키고 있으며, 소조활동의 경우에도 음악, 미술 등 상당한 비용이 소요되는 소조활동의 경우에는 경제적 이유로 일부 부유한 가정의 청소년들만 참여하고, 빈곤한 가정의 청소년들은 소조활동에 필요한 물품을 조달하지 못하기 때문에 참여하지 못하는 경우가 많은 것으로 나타나고 있다. 남한 학교에서 구비하고 있는 문화, 예술 관련 기구나 비품 등을 지원함으로써 남북 각 급 학교 간, 지역 간 상호 교류가 가능할 것으로 보여진다.

(5) 환경보호활동을 테마로 한 남·북청소년 교류

청소년들은 자신의 삶을 살아가는 현재와 미래의 주인공으로서 최근 자신의 삶에 영향을 미치는 모든 것에 대하여 더 이상 수동적이지 않고 적극적으로 대응하고 나가고 있다. 청소년들의 사회참여활동은 다양한 영역에서 활발히 전개되고 있는데, 특히, 환경부문의 경우가 청소년들이 가장 쉽게 접근할 수 있는 영역이며, 그동안 남과 북의 많은 청소년들이 각자의 지역에서 참여해 오고 있어서 상당히 익숙한 활동이라 할 수 있다. 특히, 남·북 교류에 있어서는 정치나 사상을 배제하고 순수하게 교류할 수 있는 영역이기 때문에 교류가 비교적 쉽게 이루어질 가능성이 큰 것으로 판단되고 있다. 또한 환경보호활동사업은 남·북청소년들이 과거에 함께 경험해 본 활동이기 때문에 남·북 교류 가능성은 더욱 크다고 할 수 있다. 따라서 남·북청소년들로 하여금 한반도의 자연환경을 보존하기 위한 활동에 적극적으로 참여할 수 있도록 지원할 필요가 있다. 국내·외 환경 관련 NGO들과 함께 남·북청소년 나무심기, 서식지 보호사업 등 공동의 환경을 보호하는 사업 등을 발굴하여 운영하면 그 효과가 보다 클 것이다(조성은, 유민상, 2018: 7~8).

(6) 동북아 청소년포럼 개최 및 남·북청소년 공동 참여

남·북한 청소년들 간에 이질감을 해소하고 남북 상호 체제를 이해할 수 있기 위해서는 함께 모여서 의견을 나눌 수 있는 기회를 자주 갖는 것이 필요하다(이창호, 2018: 20). 남·북 청소년 간의 직접적인 만남은 현실적으로 어려움이 있기 때문에 제 3국에서 동북아 청소년들과 함께 하는 포럼 등을 개최함으로써 상호 교류할 기회를 마련하는 것도 의미가 있다. 한반도 통일을 대비해서 남·북한 청소년들과 한반도 통일에 지정학적 영향을 미치고 있는 중국, 일본, 러시아 등 동북아청소년들이 참여하는 동북아포럼을 개최하여 평화와 교류를 위한 장을 만들어 운영할 필요가 있다.[99] 한반도 평화와 남북통일의 문제는 기성세

---

99) 뉴스 1(2021. 8. 4일자). 차성철 대표 “새만금 잼버리에 북한 청소년 초청할 것”. https://www.news1.kr/articles/?4393562(2022. 8. 1일 인출) 와 연합뉴스(2022. 2. 24일자). ‘행동하는 평화’ 의지 세계에 천명...2022평창평화포럼 폐막. https://www.yna.co.kr/view/AKR20220224155500062?input=1179m(2022. 8. 1일 인출) 참조

대뿐만 아니라 청소년들에게도 매우 중요한 문제로, 이러한 활동을 통하여 청소년들로 하여금 한반도 평화와 남북통일의 문제에 대한 관심을 높이고, 관련 활동에 보다 적극적으로 참여할 수 있는 계기를 마련할 수 있을 것이다.

(7) 남·북청소년 사이버교류 및 IT 경진대회 추진

남·북한 청소년 간에 직접적인 교류가 어려운 상황에서 청소년들이 선호하고 참여가 용이한 사이버교류도 추진할 필요가 있다. 온라인게임을 통한 e-스포츠(e-sports), SNS를 활용한 소셜러닝(social learning), 메타버스 등을 활용한 교류 프로그램 개발 등이 가능할 것이다. 이를 위해서 「남북교류협력에 관한 법률」과 「방송통신발전기본법」에 사이버교류를 위한 절차, 관리, 운영주체 등에 대한 구체적인 내용을 법률로 명시할 필요가 있다. 또한 「남북교류협력에 관한 법률」에 제9조에 규정되어 있는 남·북한 주민의 회합·통신 그 밖의 방법으로 접촉할 경우의 사전 또는 사후 신고 규정에 대한 개정에 대한 검토가 필요하다(배상률, 이정민, 2019: 224).

또한 어느 정도 남·북 간의 교류 분위기가 성숙된 이후에는 남과 북이 공동의 관심을 가지고 분야에서의 교류를 추진할 필요가 있다. 남과 북의 경우에 국가 발전에 있어서 IT가 매우 중요하다는 것을 깊게 인식하여 관련 인력 양성에 힘쓰고 있으며, 청소년들의 경우에도 IT에 대한 관심이 높아서 관련 대학으로의 진학 및 관련 기술 역량이 상당히 높아지고 있다. 남과 북의 정부와 청소년들이 공동으로 관심이 높고 자신감 있어 하는 IT 영역에서 선의의 경쟁을 할 수 있는 IT 경진대회 등 남북청소년 간 IT 교류를 개최하는 것도 남북 교류의 가능성을 높일 것이다(조성은, 유민상, 2018: 7~8).

(8) 유네스코(UNESCO) 등 국제기구와 연계한 남북청소년 교류 추진

한반도를 둘러싼 국내·외 정세의 악화로 남과 북의 직접적인 만남이 어려울 경우에는 유네스코 등 청소년 교육, 문화, 환경 등과 관련한 국제기구와 연계하여 우회적으로 남·북 교류를 추진하는 것도 하나의 방법이라 할 수 있다. 유네스코(UNESCO)의 교육·문화지원 기능을 기반으로 남·북한 청소년 간에 함께 공존할 수 있는 교육에 대한 토론회를 추진할 수 있다(김형주, 권재기, 2014: 177~178). 또한 국제환경단체인 그린피스(Greenpeace) 등과 연계하여 지구환경 문제와 관련한 토론회나 캠페인활동 등 국제기구와의 연계를

통한 남·북청소년 교류를 추진하는 것도 생각해 볼 수 있다. 국제기구를 통한 남북 청소년 교류는 남과 북이라는 좁은 틀에서 벗어나 글로벌 차원에서 지구적 문제를 해결하기 위한 공동의 주체로 참여할 수 있는 기회를 갖게 되는 계기가 될 수 있다.

3) 통일 시대 대비 기반 구축을 위한 정책 과제

남북청소년 교류·협력 정책은 동질성 회복과 통일 한국의 발전을 위한 인재 양성을 목표로 지속적으로 추진되어야 한다. 이를 위해 중장기적인 비전과 목표를 가지고 시설과 지도자, 추진체계 등을 위한 과제를 개발할 필요가 있다. 이에 본 연구에서는 남·북청소년 교류협력 정책에 관한 기본계획 수립, 북한청소년정책에 대한 지속적인 모니터링 실시, 남북청소년 교류·협력 관련 민간기관 간 네트워크 구축, 통일시대 청소년활동정책 수행을 위한 청소년시설 수요 파악 및 청소년지도자 교류, 남·북청소년 교류협력 및 정책 개발 기구의 설치·운영의 과제를 제안하였다.

(1) 남·북청소년 교류협력 정책에 관한 기본계획 수립

그동안 남·북청소년 교류협력 사업은 한시적이거나 이벤트성의 단발적인 사업이 대다수로 소수의 인원이 제한된 영역에서 참여하는 형태가 많았으며, 정부의 지원도 체계적이지 않고 적극적이지도 않았다. 남·북청소년 교류협력 정책이 단발적인 사업에 그치지 않고 지속적으로 전개될 수 있기 위해서는 이를 시스템화 하고, 영역을 확대하며, 적극적이고 체계적인 지원이 이루어질 수 있도록 정책 수립을 해야 한다(배상률, 이정민, 2019: 208~210). 이를 위해서는 남·북청소년 교류협력 정책에 관한 종합적인 기본계획을 수립할 필요가 있다. 중장기적인 기본계획을 토대로 연차별로 단계적인 사업을 추진하도록 함으로써 정책이 체계성과 연속성을 확보할 수 있게 할 필요가 있다. 「남북교류협력에 관한 법률」 등에 남·북청소년 교류협력 정책에 관한 기본계획을 수립할 수 있다는 조항을 추가함으로써 정책 추진을 위한 근거를 확보하는 것이 중요하다고 할 수 있다.

(2) 북한청소년정책에 대한 지속적인 모니터링 실시

통일 시대를 대비한 남·북한 청소년 교류협력을 위한 정책의 개발은 무엇보다도 정책의 대상이 되는 남과 북의 청소년들의 요구에 기초해서 이루어져야 한다. 이를 위해서는 남과 북의 청소년정책과 청소년들의 반응, 특히, 북한청소년정책과 북한청소년들의 반응과 요구에 대한 모니터링을 지속적으로 실시하는 것이 필요하다. 북한 당국의 청소년정책에 대한 동향을 파악하는 것과 더불어 북한이탈 주민과 청소년들을 통한 정책에 대한 정기적인 조사가 필요하다. 남·북청소년 교류협력 정책에 관한 기본계획 수립과 함께 관련 법률에 정기적인 실태조사를 실시하는 근거를 마련하는 것도 필요하다. 북한청소년정책에 대한 지속적인 모니터링은 북한청소년을 대상으로 하는 정책을 개발하기 위한 중요한 기초자료가 될 수 있을 것이다.

(3) 남북청소년 교류·협력 관련 민간기관 간 네트워크 구축

그동안 남·북청소년 교류·협력 사업은 북한 및 통일 관련 민간단체와 대북 인도적 지원사업에 참여하고 있는 시민·복지 관련 단체에 의해서 이루어져 왔으나 관련 정보·자료가 산재되어 있어서 각 기관이 가지고 있는 경험과 노하우를 활용하는 것이 어렵다는 지적이 있어 왔다(길은배, 이유영, 2004: 165). 남·북청소년 교류·협력 사업은 국내 및 국제 정세 등 대내·외적 상황에 따라서 다양한 변수가 발생할 수 있고 남·북 상호 접촉에 있어서도 제한이 많은 사업이어서 누구나 쉽게 접근할 수 있는 성격이 아니기 때문에 관련 사업에서의 풍부한 경험을 가지고 있는 기관과의 연계가 매우 중요하다고 할 수 있다. 남·북청소년 교류·협력 관련 정보·자료 등을 종합하고 관련 단체 간 네트워크를 형성하여 사업을 추진할 수 있도록 현재까지 잘 구축되어 있는 민간단체의 발굴·육성, 관련 기관 간 협의체의 구성·운영 등 남·북청소년 교류 관련 민간단체와의 협력을 통한 교류의 채널 확보와 운영이 필요하다(길은배, 이유영, 2004; 배상률, 이정민, 2019).

(4) 통일시대 청소년활동정책 수행을 위한 청소년시설 수요 파악 및 청소년지도자 교류

북한의 경우에도 청소년활동을 위한 시설이 건립·운영되고 있으나 설립 목적이나 이용대상 등에서 남한의 시설과 다르고 시설의 수나 규모 등에서도 차이가 있어서 통일시대 청소년활동정책을 효과적으로 수행하기 위해서는 청소년시설에 대한 수요를 정확히 파악할 필요가 있다. 일차적으로 북한이탈주민이나 청소년들을 대상으로 청소년활동시설에 대한 이용 경험과 시설 요구 등을 바탕으로 필요한 청소년시설의 유형이나 규모 등을 파악하고 이를 토대로 청소년활동시설에 대한 계획을 수립할 수 있을 것이다. 또한 본 연구에서 FGI에 참여했던 북한 출신 전문가의 제안에서와 같이 남·북청소년들이 가지고 있는 문제를 해결하고 다양한 능력을 개발하기 위해서 청소년시설 및 청소년지도자 간의 교류도 필요하다. 남과 북의 청소년시설의 공통점을 공유해서 청소년을 성장·발전시켜 나갈 수 있는 방안을 찾는다거나 현재 북한에서 당면하고 있는 마약 중독 등과 같은 청소년 문제에 대해서 전문적인 치료 등 다양한 접근이 가능할 수 있도록 청소년전문가 간의 교류도 필요할 것이다.

(5) 남·북청소년 교류협력 및 정책 개발 기구의 설치·운영

남·북청소년 간 교류 및 정책은 남북청소년의 동질성 회복과 통일시대의 인재육성이라는 큰 틀 속에서 추진될 필요가 있다. 이를 위해서 남·북청소년 간 교류를 지원하고 통일시대를 대비한 청소년정책을 개발할 수 있는 기구를 설치·운영할 필요가 있다. 민과 관이 함께 참여하는 상설 기구를 설치함으로써 민과 관이 각각 가지고 있는 한계를 상호 보완하고 현실적인 남·북한 청소년의 교류 프로그램을 개발하고, 정기적으로 점검하고 대안을 제시하는 등의 활동을 함으로써 남·북청소년 교류 및 정책 개발 사업이 단발적인 사업에 그치는 것이 아니라 종합적인 계획 속에서 지속적으로 추진될 수 있도록 할 필요가 있다.

참고문헌

참고문헌

강민정 (2016). **김정은 시대 청년정책 평가와 전망: 조선중앙 TV 방영 프로그램 분석을 중심으로**. 서울: 통일부.

고유환 (2015). 분단 70년 북한 연구 경향에 관한 고찰, **통일정책연구**, **24**(1), 29-54.

고유환 (2019). 북한연구방법론의 쟁점과 과제, **통일과 평화**, **11**(1), 5-32.

길은배, 이유영 (2004). **인도적 지원을 통한 남북 청소년 교류·협력 확대 방안 연구**. 서울: 한국청소년개발원.

김갑식, 오유석 (2004). '고난의 행군'과 북한사회에 나타난 의식의 단층, **북한연구학회보**, **8**(2), 91-115.

김동규 (1999). **북한학총론**. 서울: 교육과학사.

김성경 (2015). **북한 청소년의 세대적 '마음'과 문화적 실천: 북한 '사이 세대'의 혼종적 정체성**, **19**(1), 5-39.

김연정, 남현주 (2013). 북한 복지체제의 성립과 변동-복지제공 주체의 변화를 중심으로, **아시아문화연구**, **31**, 97-136.

김정숙 (2006). **오늘의 북한, 북한의 내일**. 서울: 정토출판.

김종수 (2013). 북한 김정은 시대 청년동맹 연구. **통일정책연구**, **22**(2), 71.

김지수, 김지혜, 김희정, 김병연, 한승대, 강호제, 김선, 조정래 (2019). **김정은 시대 북한 유·초·중등 교육 연구(RR 2019-11)**. 진천: 한국교육개발원.

김창희 (2018). 김정은시대의 청년동맹과 청년중시정치에 관한 연구, **한국동북아논총**, **23**(3), 181-199.

김형주, 권재기 (2014). **남·북한청소년 교류 및 상호이해에 관한 연구(1) : 총괄보고서**(연구보고 14-R06). 세종: 한국청소년정책연구원.

김형찬 (1990). **사회주의 교육에 관한 테제, 북한의 교육**. 서울: 을유문화사.

박순성, 고유환, 홍민 (2008). 북한 일상생활 연구의 방법론적 모색, 현대북한연구, **11**(3), 9-57.

박영자 (2012). 체제변동기 북한의 계층·세대·지역 균열: 행위자 모형에 기반한 상황과 구조, **한국정치학회보**, **46**(5), 169-205.

배상률, 이정민 (2019). **남·북한 청소년 교류협력을 위한 중장기 전략연구**(연구보고 19-R08). 세종: 한국청소년정책연구원.

배영애 (2018). 김정은 체제의 '청년중시' 정책에 관한 연구, **통일정책연구**, **27**(2), 107-134.

세종연구소 (2020). **『2019 북한 동향과 분석』**, 성남: 세종연구소.

송현진 (2021). 김정은 시대의 '청년강국'과 '청년영웅' 연구, 북한연구학회보, **25**(1), 229-261.

신원동 (2016). 도덕과 통일교육에서 북한 일상생활연구 성과의 활용, **도덕윤리과교육**, **52**, 231-253.

신원동 (2020). 통일교육에서 북한 일상생활 접근의 함의와 적용 방안, **학습자중심교과교육연구**, **20**(16), 1005-1026.

신효숙 (2009). 북한 사회의 특성과 북한청소년의 일탈행동, **한국행정학회**, **12**, 17-35.

안지영 (2015). 김정은 시기 개별화된 아동청소년 형상: 북한 영화 및 TV 드라마를 중심으로, **신진연구자논문집**(181-272). 통일부 북한자료센터. https://unibook.unikorea.go.kr/board/view?boardId=20&categoryId=&page=&id=201458152&field=searchAll&searchInput=%EC%B2%AD%EC%86%8C%EB%85%84에서 2022. 1. 24. 인출.

안지영 (2021). 제한된 꿈에 갇힌 희망의 아이콘: 김정은 시기 북한 영화와 TV 드라마 속 아동·청소년 형상, **통일인문학**, **86**, 241-291.

오경섭, 홍석훈, 홍제환, 정은미, 이지순 (2021). **북한인권백서 2021**. 서울: 통일연구원.

이교덕, 임순희, 조정아, 이기동, 이영호 (2007). **새터민의 증언으로 본 북한의 변화**. 서울: 통일연구원.

이인정 (2010). 북한 청소년 코호트(cohort)와 도덕교육적 함의, **도덕윤리과교육연수**, **30**, 229-260.

이지순, 김무경, 전영선 (2021). **국가상징의 문화적 형상과 북한의 브랜드전략**. 서울: 통일연구원.

이창호 (2018). 청소년의 통일의식 및 북한에 대한 이미지 조사. **한국청소년정책연구원 블루노트 이슈 & 정책, 통권 제105호**. 세종: 한국청소년정책연구원.

이현주 (2012). 경제난 이후 북한 주민 충성도의 유지와 변화에 대한 연구, **북한연구학회보**, 16(2), 135-171.
임을출 (2017). 생계 위해 장마당에 내몰리는 북한학생들, **월간 북한** 4월호, 74-79.
임진강출판사 (2008). **임진강**, 제3호(2008년 8월). 서울: 임진강출판사.
전영선 (2012). 북한의 예술교육체계와 예술교육 기관, **남북문화예술연구**, 11, 310.
전영선 (2020). 사회주의 문명국으로의 길, 전망과 과제, **북한학보**, **45**(2), 3-31.
전영선 (2021). 북한의 '우리 국가제일주의'와 국기(國旗) 콘텐츠를 활용한 문화예술, **국가안보와 전략**, **21**(2), 161-188.
정은미, 정은이, 변학문, 한승대 (2021). **북한의 정보화와 주민생활 변화**. 서울: 통일연구원.
정창현 (2007). **북한 지배 엘리트의 구성과 역할, 북한의 당·국가기구 군대**(세종연구소 북한연구센터 엮음). 서울: 한울아카데미.
조성은, 유민상 (2018). 남·북한 청소년 교류 발전 방안, **여성가족부 청소년정책리포트**, 제1호. 세종: 한국청소년정책연구원.
조정아, 서재진, 임순희, 김보근, 박영자 (2008). **북한 주민의 일상생활**(KINU 연구총서 08-07). 서울: 통일연구원.
조정아, 이교덕, 강호제, 정채관 (2015). **김정은 시대 북한의 교육정책, 교육과정, 교과서**(KINU 연구총서 15-03). 서울 : 통일연구원.
조정아, 조영주, 조은희, 최은영, 홍민 (2013). **새로운 세대의 탄생: 북한 청소년의 세대경험과 특성**(KINU 연구총서 13-08). 서울: 통일연구원.
차성근 (2020). 북한 독재체제의 경제 개방 모델 및 청소년에 미치는 영향에 관한 연구, **청소년학연구**, **27**(2), 53-71.
차승주 (2010). **북한 조선소년단에 관한 연구 : 사회통합기제로서의 역할을 중심으로**. 서울대학교(박사학위 논문).
통일부 통일교육원 (2010). **2010 북한이해**. 서울: 통일부 통일교육원.
통일부 통일교육원 (2021). **2021 북한이해**. 서울: 통일부 통일교육원.
통일부 통일교육원 (2022). **2022 북한이해**. 서울: 통일부 통일교육원.
하승희 (2019). 북한의 음악수재 인식변화와 활용 양상, **한국예술연구**, **25**, 210-220.
한기범 (2022). 퍼펙트 스톰에 직면한 북한 경제, **북한**, **9**, 서울: 북한연구소.
현인애 (2018). 김정은 정권의 기초, 조선소년단, **북한**, **558**, 105-111.

홍민, 강채연, 박소혜, 권주현 (2021). **김정은 시대 주요 전략·정책용어 분석**(KINU Insight 21-02). 서울 : 통일연구원.

교육과학연구회 (1972). **혁명의 위대한 수령 김일성동지의 천재적 교육사상 2.** 동경: 학우서방.

〈인터넷자료〉

국립통일교육원 미래세대교육과 보도자료 (2022. 2. 18일자). 학생들의 평화·통일 감수성을 높여 나가겠습니다(2021년 학교 통일교육 실태조사 결과 발표). https://www.korea.kr/news/pressReleaseView.do?newsId=156496142에서 2022. 10. 5. 인출

국회법률정보시스템. 청소년기본법. http://likms.assembly.go.kr/law/lawsLawtInqyDetl1010.do에서 2022. 1. 21. 인출

국회법률정보시스템. 청소년보호법. http://likms.assembly.go.kr/law/lawsLawtInqyDetl1010.do에서 2022. 1. 21 인출

국회법률정보시스템. 소년법. http://likms.assembly.go.kr/law/lawsLawtInqyDetl1010.do에서 2022. 1. 21. 인출

국회법률정보시스템. 청년기본법. http://likms.assembly.go.kr/law/lawsLawtInqyDetl1010.do에서 2022. 1. 21. 인출

국회법률정보시스템. 청년고용촉진특별법. http://likms.assembly.go.kr/law/lawsLawtInqyDetl1010.do에서 2022. 1. 21 인출

국회법률정보시스템. 청년고용촉진특별법 시행령. http://likms.assembly.go.kr/law/lawsLawtInqyDetl1010.do에서 2022. 1. 21 인출

나무위키 (2022. 2. 6). 반동사상문화배격법. https://namu.wiki/w/%EB%B0%98%EB%8F%99%EC%82%AC%EC%83%81%EB%AC%B8%ED%99%94%EB%B0%B0%EA%B2%A9%EB%B2%95에서 2022. 4. 1. 인출

법무부. 통일법제데이터베이스. 조선민주주의인민공화국 사회주의로동법. http://www.unilaw.go.kr/bbs/selectBoardArticle.do#에서 2022. 1. 21. 인출

법무부. 통일법제데이터베이스. http://www.unilaw.go.kr/bbs/selectBoardArticle.do#에서 2022. 3. 3. 인출

통계청. e-나라지표. 북한이탈주민입국현황. https://www.index.go.kr/potal/main/EachDtlPageDetail.do?idx_cd=1694에서 2022. 2. 16. 인출

통일부 자료실. 북한아동권리협약 5차 국가보고서 관련 자료. https://unikorea.go.kr/unikorea/business/NKHRCenter/archive/?boardId=bbs_0000000000000011&mode=view&searchCondition=all&searchKeyword=아동권리협약&cntId=53927&category=&pageIdx=1에서 2022. 4. 1. 인출

통일부. 주요사업통계. https://www.unikorea.go.kr/unikorea/business/statistics/에서 2022. 11. 24. 인출

UNESCO Institute for Statistics (2018). Democratic people's Republic of Korea (Education and Literacy). http://uis.unesco.org/country/KP?wbdisable=true 에서 2022. 10. 14. 인출

〈신문기사〉

권영전 (2021). 북한 청년단체, 5년만에 명칭변경…'사회주의애국청년동맹'」, 연합뉴스 (2021. 4. 30일자), https://www.yna.co.kr/view/AKR20210430011751504에서 2022. 11. 20. 인출

김민지 (2022). 리설주 명성 이을 北 신인가수들…북한서 보기 힘든 '파격 스타일', 서울신문(2022. 8. 1일자), https://www.seoul.co.kr/news/newsView.php?id=20220801500028에서 2022. 10. 1. 인출

뉴스 1 (2021. 8. 4일자). 차성철 대표 "새만금 잼버리에 북한 청소년 초청할 것". https://www.news1.kr/articles/?4393562에서 2022. 8. 1. 인출

뉴스 1 (2021. 11. 13일자). 북한, '청년미풍열성자회의'·탄원 열풍 보도...'청년 결집' 강화 https://www.news1.kr/articles/?4492028에서 2022. 3. 28. 인출

뉴시스 (2022. 3. 6일자). 북, 어린이청소년도 단속...6월 조선소년단 대회 소집. https://newsis.com/view/?id=NISX20220306_0001783010&cID=10301&pID=10300 에서 2022. 3. 29. 인출

뉴시스 (2020.12.09.일자). "북한도 '배달앱' 시대…스마트폰 인기 게임은 '태권도 대결'", https://newsis.com/view/?id=NISX20201208_0001262764&cID=10301&pID=10300에서 2022. 10. 14. 인출

뉴시스 (2021. 3. 30일자). 북 청년동맹 명치에 '사회주의애국'..."반동사상 비 타협", https://newsis.com/view/?id=NISX20210430_0001425512&cID=10301&pID=10300 에서 2022년 3월 17. 인출

브릿지경제 (2022. 2. 5일자). 북, 'MZ세대 반사회주의' 사상 단속 법제화…'청년교양보장법' 채택. https://www.viva100.com/main/view.php?key=20220205010000774에서 2022. 4. 1. 인출

서울평양뉴스 (2019. 6. 4일자). 북 청소년학생 토끼기르기 열풍…최근 몇 년동안 3천마리 사육. http://www.spnews.co.kr/news/articleView.html?idxno=19833에서 2022. 3. 21. 인출

아시아투데이 (2015. 5. 27일자). '전국청년 미풍 선구자대회' 청년들엑 감사문. https://www.asiatoday.co.kr/view.php?key=20150527010015165에서 2022. 3. 28. 인출

아시아투데이 (2022. 3. 6일자). https://www.asiatoday.co.kr/view.php?key=20220306010002943에서 2022. 3. 18. 인출

안윤석 (2021). 北, 신작 노래 '우리 어머니'-'그 정을 따르네' 연일 선전…"주민들 배우기 열풍", 서울평양뉴스 (2021. 6. 26일자). https://www.spnews.co.kr/news/articleView.html?idxno=40542에서 2022. 10. 1. 인출

안윤석 (2022). 북한 '정상방역체제' 가동…"마스크 착용 의무화 해제, 관광 등 정상화", SPN 서울평양뉴스 (2022. 8. 13일자). https://www.spnews.co.kr/news/articleView.html?idxno=55007에서 2022. 9. 13. 인출

양은하 (2022). 떠오르는 북한의 '뉴 스타' 정홍란·김류경…'9·9절' 공연 장악에 눈길, 뉴스1 (2022. 9. 15일자). https://www.news1.kr/articles/?4803085에서 2022. 10. 1. 인출

연합뉴스 (1997. 2. 25일자). 북한, '공산주의 미풍 청년선구자대회' 개막, https://news.v.daum.net/v/19970225171200904?f=o에서 2022. 3. 28. 인출

연합뉴스 (2012. 2. 4일자). 北, 김정일 생일 맞아 '김정일훈장' 제정. https://www.yna.co.kr/view/AKR20120204061000014에서 2022. 3. 21. 인출

연합뉴스 (2012. 12. 27일자). "북, 소년절·어머니날 명절로 지정", https://news.v.daum.net/v/20121227070306352?f=o에서 2022. 3. 28. 인출

연합뉴스 (2013. 5. 23일자). 북 매체, 스포츠 보도 강화 '눈길'. https://www.yna.co.kr/view/AKR20130522076000014?input=1179m에서 2022. 3. 29. 인출

연합뉴스 (2014. 7. 31일자). 북, 청소년에 교양 강조…'이색풍조' 차단 노력. https://www.yna.co.kr/view/AKR20140731162200014?input=1179m에서 2022. 3. 29. 인출

연합뉴스 (2014. 9. 20일자). 북한 김정은 집권 첫 '청년동맹 초급일꾼대회' 개막. https://news.v.daum.net/v/20140920111606122?f=o에서 2022. 3. 29. 인출

연합뉴스 (2021. 4. 29일자). 북한, 청년동맹대회 개최… '반사회주의' 척결 촉구. https://www.yna.co.kr/view/AKR20210429027551504?input=1179m에서 2022. 3. 29. 인출
연합뉴스 (2022. 2. 24일자). '행동하는 평화' 의지 세계에 천명…2022평창평화포럼 폐막. https://www.yna.co.kr/view/AKR20220224155500062?input=1179m에서 2022. 8. 1. 인출
자유아시아방송 (2021. 4. 23일자). 북, 주민들에 재활용품 수거 강제 할당. https://www.rfa.org/korean/in_focus/ne-lm-04232021084416.html에서 2022. 3. 28. 인출
주성하 (2019). 북미 정상회담 결렬과 암울한 미래, 자유아시아방송(rfa)(2019. 3. 1일자), https://www.rfa.org/korean/weekly_program/joosungha/co-sh-02282019102442.html에서 2022. 11. 20. 인출
중앙일보 (2021. 9.5일자). '북한 청년절' 맞아 평양에 몰려간 청년 1만 여명의 한 주. https://www.joongang.co.kr/article/25004453에서 2022. 3. 21. 인출
통일뉴스 (2018. 3. 13일자). 북, '농촌청년분조 열성자회의' 개최… "청년분조원 역할 높이자" 강조. http://www.tongilnews.com/news/articleView.html?idxno=124070에서 2022. 3. 21. 인출
KBS WORLD (2019. 01. 10일자). "북한의 계층구조". http://world.kbs.co.kr/service/contents_view.htm?lang=k&board_seq=355458에서 2022. 10. 14. 인출
KOSIS. 북한통계. 학생. https://kosis.kr/bukhan/statisticsList/statisticsListIndex.do?menuId=M_01_01_01&vwcd=MT_BUKHAN&rootId=101_001&treeId=101_001/101_001_003#SelectStatsBoxDiv에서 2022. 1. 21 인출
UPI뉴스 (2022. 1. 3일자). 김정은 한마디에 '북한판 브나로드 운동' 펼치나. http://www.upinews.kr/newsView/upi202201030064에서 2022. 3. 23. 인출

〈북한자료〉

교육신문사 (2007). **인민교육, 주체96 제1호**(1~2월).
교육신문사 (2014). 경애하는 김정은동지의 불후의 고전적로작 《새 세기 교육혁명을 일으켜 우리나라를 교육의 나라, 인재강국으로 빛내이자》가 제13차 전국교육일군대회 참가자들에게 전달되었다, **인민교육, 2014년 제5호**, 4-8.
김일성 (1981). 사회주의 건설에서 청년들의 과업에 대하여, **김일성 저작집, 12권**, 186-201.

김일성 (1983). 청년들은 우리 혁명의 종국적 승리를 위하여 경제건설과 국방건설의 오는 전선에서 선봉대가 되자, **김일성 저작집**, **22권**, 133-171.

김일성 (1984). 청년들은 대를 이어 혁명을 계속하여야 한다, **김일성 저작집, 26권**, 201-216.

김일성 (1990). 청소년들은 주체혁명위업의 믿음직한 계승자가 되자, **김일성 저작집**, **36권**, 299-313.

김정일 (1998). 현시대 청년들의 임무, **김정일 선집**, **9권**, 416-431.

김정일 (2012). 청년들은 당과 수령에게 끝없이 충실한 청년전위가 되자, **김정일 선집**, **15권**, 292-315,

전광두, 장세운 (1986). **소년단건설(2)**. 평양: 교육도서출판사.

〈북한신문〉

강효심 (2021). 조선사람의 기질을 닮은 국조 - 참매, 로동신문(2021. 10. 3일자).

공로혁 (2021). 교육부문에 대한 전국가적, 전사회적지원열풍을 일으키자, 로동신문(2021. 8. 21일자).

교육신문 (2012. 6. 7일자). (사설) 소년단원들을 선군조선의 믿음직한 역군으로 튼튼히 준비시키자.

교육신문 (2013. 6. 6일자). (사설) 소년단원들을 앞날의 강성조선을 떠받드는 기둥으로 키우자.

교육신문 (2017. 4. 20일자). 전반적12년제의무교육을 실시함에 대한 법령집행총화에 대하여(최고인민회의 제13기 제5차회의에서 한 교육위원회 위원장 겸 보통교육상 김승두대의원의 보고.

교육신문 (2017. 6. 8일자). 소년단원들은 사회주의조국의 참된 아들딸, 소년혁명가가 되자 - 경애하는 김정은원수님께서 조선소년단 제8차대회에서 하신 연설.

교육신문 (2018. 9. 6일자). (사설) 위대한 수령님들의 불멸의 교육령도업적은 번영하는 사회주의강국과 더불어 영원불멸할 것이다.

김광남 (2012). 복받은 세대들아 끝없는 이 영광 자랑하라, 교육신문(2012. 6. 7일자).

김송이 (2021). (정론) 로동당의 부름따라 피끓는 청년대군 앞으로!, 로동신문(2021. 8. 31일자).

김송이 (2021). 조국이여 마음껏 설계하시라, 우리 청춘 다 바쳐 현실로 꽃피우리, 로동신문(2021. 12. 31일자).

김승표 (2022). 청년들을 애국정신과 미풍을 지닌 시대의 선구자로 키우자 - 자식을 위해 품을 아끼지 않는 어머니처럼, 로동신문(2022. 2. 25일자).

김일학 (2017). 중등일반교육을 강화하는 것은 인재강국화실현의 근본담보, 교육신문(2017. 8. 3일자).

김정은 (2012). 위대한 김정일동지를 우리 당의 영원한 총비서로 높이 모시고 주체혁명위업을 빛나게 완성해나가자 - 조선로동당 중앙위원회 책임일군들과 한 담화, 로동신문(2012. 4. 6일자).

김정은 (2019). 신년사, 교육신문(2019. 1. 3일자).

김정은 (2019). 신년사, 로동신문(2019. 1. 1일자).

김정은 (2021). 혁명의 새 승리를 향한 력사적 진군에서 사회주의 애국청년동맹의 위력을 힘있게 떨치라 - 청년동맹 제10차대회에 보낸 서한 주체 110(2021)년 4월 29일, 로동신문(2021. 4. 29일자).

로동신문 (2021. 3. 4일자). 김일성—김정일주의청년동맹 중앙위원회 제9기 제13차 전원회의 확대회의 진행.

로동신문 (2021. 4. 30일자). 사회주의건설의 보람찬 투쟁에서 애국청년의 기개를 떨치자 김일성—김정일주의청년동맹 제10차대회 폐막.

로동신문 (1970. 11. 2일자). (사설) 영광스러운 승리자의 대회.

로동신문 (2003. 6. 6일자). 소년단원들은 륭성번영하는 공화국의 미래이다.

로동신문 (2012. 5. 15일자). 제1차 전국교육과학연구토론회 진행.

로동신문 (2013. 1. 9일자). 나라의 교육을 하루빨리 선진적인 문명강국의 높이에 올려세우자.

로동신문 (2013. 3. 20일자). 전국학생소년들의 배움의 천리길답사행군대 만경대 도착모임 진행.

로동신문 (2013. 10. 9일자). 청년학생들의 덕성이야기모임 어머니의 목소리 진행.

로동신문 (2015. 5. 13일자), 청년들은 혁명적이고 고상한 사회주의 미풍의 선구자가 되자.

로동신문 (2015. 5. 30일자). 청소년체육학교개선사업에서 무엇을 중시했는가.

로동신문 (2015. 6. 7일자). 조선소년단창립 69돐을 각지 소년단원들 뜻깊게 경축.

로동신문 (2015. 7. 17일자). 학생소년들의 시와 노래무대 〈대동강의 해맞이〉 진행.

로동신문 (2016. 2. 13일자). 제20차 전국청소년들의 충성의 축전 개막.
로동신문 (2016. 2. 6일자). 전국청소년학생들의 맹세모임 진행.
로동신문 (2016. 10. 28일자). 전국학생청소년들의 토끼풀평회 및 경험토론회 진행.
로동신문 (2017. 8. 2일자). 학생소년들의 시와 노래무대 〈조국은 원수님의 품〉 진행.
로동신문 (2017. 11. 30일자). (사설) 조국청사에 길이 빛날 민족의 대경사, 위대한 조선인민의 대승리.
로동신문 (2018. 2. 15일자). 학생소년들에게 우리 교실문학상 수요.
로동신문 (2018. 8. 30일자). 기술고급중학교들이 늘어가고 있다.
로동신문 (2018. 12. 29일자). 교육조건과 환경 개선.
로동신문 (2018. 12. 7일자). 과학교육발전의 전성기를 펼쳐가시는 위대한 령도.
로동신문 (2019. 1. 23일자). 제45차 정일봉상 전국청소년학생 체육경기대회 개막.
로동신문 (2019. 1. 27일자). (논설) 우리 국가제일주의를 들고나가는데서 나서는 과업.
로동신문 (2019. 2. 20일자). 우리 국가제일주의를 드높이 들고나가기 위한 방도.
로동신문 (2019. 4. 13일자). 조선로동당 위원장이시며 조선민주주의인민공화국 국무위원회 위원장이신 우리 당과 국가, 군대의 최고령도자 김정은동지께서 력사적인 시정연설을 하시였다.
로동신문 (2019. 5. 19일자). 국가 사회생활에서의 법의 역할을 강화하기 위한 요구.
로동신문 (2019. 6. 6일자). 김일성소년영예상, 김정일소년영예상이 제정된 때로부터 1만여명의 수상자 배출.
로동신문 (2019. 6. 8일자). 전국소년과학환상문예작품 및 모형전시회-2019 진행.
로동신문 (2019. 9. 3일자). 교육체계가 완비되고 있다(원격교육수준을 보다 높은 단계에로).
로동신문 (2019. 6. 16일자). 당정책관철을 위한 도들사이의 경쟁소식 - 따라앞서기, 따라배우기, 경험교환운동의 불길을 세차게 지펴올리자 - 교육사업에서 어느 도가 앞서나가고 있는가.
로동신문 (2019. 6. 16일자). 후대들에게 훌륭한 교육조건과 환경을.
로동신문 (2019. 9. 18일자). 학생소년궁전, 학생소년회관 지도교원들의 경험발표회와 교육과학성과전시회, 소조원들의 창안품 및 솜씨전람회 진행.
로동신문 (2019. 9. 19일자). 청소년과외교양사업에서 전환을 가져올 열의 드높이.
로동신문 (2019. 10. 8일자). 청소년학생들의 웅변모임.

로동신문 (2019. 12. 23일자). (론설) 혁명전통교양을 더욱 강화하는 것은 우리 혁명의 최우선중대사.

로동신문 (2019. 12. 26일자). 보다 훌륭한 교육조건과 환경을.

로동신문 (2020. 1. 12일자). 방학기간 사회정치활동 활발히 진행.

로동신문 (2021. 3. 25일자). 고상하고 아름다운 우리 식 생활양식.

로동신문 (2021. 4. 2일자). 위대한 김정은동지는 우리 국가제일주의시대를 열어놓으신 절세의 애국자이시다.

로동신문 (2021. 4. 3일자). 김일성-김정일주의 청년동맹 중앙위원회 제9기 제12차 전원회의 진행.

로동신문 (2021. 4. 9일자). 경애하는 김정은 동지께서 조선로동당 제6차 세포비서대회에서 결론 《현시기 당세포강화에서 나서는 중요과업에 대하여》를 하시였다.

로동신문(2021. 4. 20일자). (경애하는 김정은동지의 명언해설) 청년들을 어떻게 준비시키는가 하는데 따라 당과 혁명의 존망과 조국과 민족의 흥망성쇠가 좌우된다.

로동신문 (2021. 4. 29일자). 주체적청년운동의 강화발전을 힘있게 추동하게 될 새로운 전환적계기 김일성-김정일주의 청년동맹 제10차 대회 개막.

로동신문 (2021. 5. 3일자). 경애하는 김정은동지의 력사적서한을 높이 받들고 조선청년운동의 새로운 전성기를 열어나가자.

로동신문 (2021. 5. 21일자). 도시와 농촌간의 교육수준 차이를 줄이는데서 나서는 문제.

로동신문 (2021. 6. 11일자). 경애하는 최고령도자 김정은 동지의 명언해설 - 《조국의 부강발전을 위한 힘을 키우는 것보다 더 큰 애국은 없다.

로동신문 (2021. 8. 31일자). 경애하는 김정은동지께서 어렵고 힘든 부문에 탄원진출한 청년들을 만나주시였다.

로동신문 (2021. 9. 30일자). 조선민주주의인민공화국 최고인민회의 제14기 제5차회의 2일회의 진행.

로동신문 (2021. 10. 11일자). 경애하는 김정은동지께서 강령적인 연설 《사회주의건설의 새로운 발전기에 맞게 당사업을 더욱 개선강화하자》를 하시였다.

로동신문 (2021. 10. 15일자). (사설) 온 나라가 당중앙과 사상과 뜻, 행동을 같이하는 하나의 생명체로 되게 하자.

민주조선 (2015. 9. 29일자). 이동통신망에 의한 원격교육체계 확립.

민주조선 (2016. 3. 25일자). 봄철청소년적십자나무심기행사 진행.
민주조선 (2016. 6. 12일자). 제53차 전국청소년체육학교 체육경기대회 폐막.
민주조선 (2018. 9. 1일자). 직업기술교육의 강화에 큰 힘을.
민주조선 (2019. 8. 29일자). 청년절 경축 청년학생들의 무도회 진행.
민주조선 (2019. 10. 4일자). 전민과학기술인재화와 원격교육체계.
민주조선 (2019. 12. 20일자). 나라의 교육발전을 추동한 뜻깊은 계기.
서성범 (2021). 사회주의생활양식확립은 혁명의 전진발전을 위한 중요한 사업, 로동신문(2021. 3. 14일자).
송철 (2019). 참매관리공의 긍지, 로동신문(2019. 1. 24일자).
장정철 (2021). 민족만대의 삶의 터전을 마련하신 위대한 수령님의 업적 영원불멸하리 - 최대의 애국유산, 로동신문(2021. 9. 2일자).
정영철 (2021). 우리식 사회주의의 무한대한 위력의 원천, 로동신문(2021. 12. 31일자).
조선로동당출판사 (2003). (대내에 한함) 국경연선주민정치사업자료 - 국경연선지대의 청소년들을 견결한 수령결사옹위투사로 키우자. 평양: 조선로동당출판사.
최기철 (2014). (정론) 내 조국의 6월은 뜨겁게 불탄다, 교육신문(2014. 6. 5일자).
한경철, 김진욱 (2021). 천만의 가슴에 간직된 불같은 일념- 위대한 어머니조국을 위하여!. 로동신문(2021. 12. 28일자).
황금철 (2019). 준법기풍을 전사회적인 기강으로 확립하는 것은 사회주의 강국건설의 필수적요구. 로동신문(2019. 2. 3일자).

부 록

부록

부록 1. 실태조사 질문지

<table>
<tr><th>북한 청소년 및 정책 이해를 위한 실태조사</th></tr>
<tr><td>안녕하세요?

본 조사는 북한 청소년 정책에 대한 이해를 바탕으로 남북 청소년 간 정책의 차이점과 특성을 비교·분석하여 추후 통일을 대비한 청소년 정책의 방향성과 정책방안을 제안할 목적으로 실시하게 되었습니다. 본 조사를 통해 수집된 자료는 북한 청소년과 청소년 정책을 이해하는데 큰 도움이 되며, 근거기반의 정책방안을 마련하는데 소중한 자산으로 활용될 수 있습니다. 이에 여러분의 협조 부탁드립니다.

여러분께서 응답하신 내용은 무기명으로(이름을 밝히지 않고) 처리되어 관련 정책 수립을 위한
연구 자료로만 활용되므로 개인의 비밀이 철저히 보장됩니다.

여러분의 의견이 정확하게 정책에 반영될 수 있도록 설문에 솔직하고 성실하게 응답해 주시길 부탁드립니다.
바쁘신데 본 조사에 응해 주셔서 진심으로 감사드립니다.

2022년 7월

주관 기관
한국청소년정책연구원

조사 기관
㈜글로벌리서치</td></tr>
</table>

1. 나는 이 설문조사의 목적과 내용에 대한 충분한 설명을 들었습니다.
2. 나는 내가 원하면 설문조사에 참여하지 않거나, 중간에 그만 둘 수도 있음을 잘 알고 있습니다.
3. 나는 내가 응답한 내용이 연구목적으로 제3자(연구자)에게 제공되는 것에 동의합니다.
4. 나는 이 설문조사에 참여하는 것에 스스로 동의합니다.

☐ 동의 ☐ 동의하지 않음 년 월 일 서명: ________

개인 정보 수집 및 이용 동의	• 개인정보의 수집이용 목적 : 북한 청소년 및 정책이해를 위한 의견 수렴 • 개인정보 수집 항목 : 조사 참여자의 신원을 파악할 수 있는 기록 (성별, 출생년월, 탈북시기, 남한입국시기 등) • 본인의 개인정보를 수집·이용하는 것에 동의합니다. ☐ 동의 ☐ 동의하지 않음 년 월 일 서명: ________

문1. 북한에서 학교를 다닌 경험이 있습니까?

① 예 ② 아니오(☞ 설문 종료)

문1-1. (문1에서 ① 응답자만) 북한에서 어느 수준의 학교까지 다녔습니까?

① 소학교 중퇴 ② 소학교 졸업 ③ 초급중학교 중퇴 ④ 초급중학교 졸업
⑤ 고급중학교 중퇴 ⑥ 고급중학교 졸업 ⑦ 초급대학 이상

문1-2. (문1에서 ① 응답자만) 북한에서의 학업 기간은 어느 시기에 해당됩니까?

① 김정일 집권기 ② 김정은 집권기 ③ 김정일 및 김정은 집권기(중첩)

문1-3. (문1에서 ① 응답자만) 북한에서의 학업 기간 중 결석은 어느 정도 하였습니까?

	전혀 없었음	6개월에 1~2회	한 달에 1~2회	1주일에 1~2회	1주일에 3회 이상
1) 소학교 시기	①	②	③	④	⑤
2) 초급중학교 시기	①	②	③	④	⑤
3) 고급중학교 시기	①	②	③	④	⑤

문 2. 북한에서 학업 기간 중 아래의 소조 활동을 경험한 적이 있습니까?

	전혀 없었음	6개월에 1~2회	한 달에 1~2회	1주일에 1~2회	1주일에 3회 이상
1) 교과목(수학, 과학 등)	①	②	③	④	⑤
2) 외국어	①	②	③	④	⑤
3) 정보기술교육(컴퓨터 등)	①	②	③	④	⑤
4) 음악(성악 및 악기 등)	①	②	③	④	⑤
5) 미술	①	②	③	④	⑤
6) 체육	①	②	③	④	⑤
7) 무용	①	②	③	④	⑤

문 2-1. (문2에서 ②~⑤ 응답자만) 아래의 장소에서 소조 활동을 경험한 적이 있습니까?

	있음	없음
1) 학교	①	②
2) 학생(소년)회관	①	②
3) 체육구락부	①	②
4) 학생소년궁전	①	②

문 2-2. (문2에서 ②,③,④,⑤ 응답자만) 북한에서 소조 활동은 얼마나 체계적으로 진행됐습니까?
※ 체계적이란 소조 활동의 내용과 진행방식이 우수하며 짜임새를 갖추고 있음을 의미

전혀 체계적이지 않음	별로 체계적이지 않음	보통	다소 체계적임	매우 체계적임
①	②	③	④	⑤

문 2-3. (문2에서 ②,③,④,⑤ 응답자만) 북한에서의 학업 기간 중 소조 활동이 자신의 역량과 재능 개발에 도움이 됐습니까?

전혀 도움 되지 않음	별로 도움 되지 않음	보통	다소 도움 됨	매우 도움 됨
①	②	③	④	⑤

문 2-4. (문2에서 ②,③,④,⑤ 응답자만) 북한 학교 내 소조 활동에 대해 전반적으로 어느 정도 만족하셨습니까?

매우 불만족	약간 불만족	보통	약간 만족	매우 만족
①	②	③	④	⑤

문 3. 북한에서 학업 기간 중 패거리(학교폭력)에 의한 피해 경험이 있습니까?

전혀 없었음	별로 없었음	조금 있었음	자주 있었음
①	②	③	④

문 3-1. 북한에서 학업 기간 중 패거리(학교폭력)를 목격한 경험이 있습니까?

전혀 없었음	별로 없었음	조금 있었음	자주 있었음
①	②	③	④

문 3-2. 패거리(학교폭력) 가해 학생에 대한 학교의 처벌은 어떠했습니까?

전혀 엄격하지 않음	별로 엄격하지 않음	보통	조금 엄격함	매우 엄격함
①	②	③	④	⑤

문 3-3. 학생 시기에 패거리(학교폭력) 활동을 하는 이유는 무엇이라 생각합니까?

① 무엇인가를 보여주려는 과시욕 때문에 ② 나와 친구들을 보호하기 위해서
③ 왕따를 당하기 싫어서 ④ 기타( )

문 4. 다음은 흡연에 관한 질문입니다. 학생 때 담배를 피운 경험이 있습니까?

① 예 ② 아니오

문 4-1. (문4에서 ① 응답자만) 흡연을 시작한 시기는 언제입니까?

① 소학교 시기 ② 초급중학교 시기 ③ 고급중학교 시기 ④ 기타( )

문 5. 북한에서 학업 기간 중 학교에서 성관련 교육을 받은 경험이 있습니까?

	전혀 없었음	1회	2회	3회	4회 이상
1) 소학교 시기	①	②	③	④	⑤
2) 초급중학교 시기	①	②	③	④	⑤
3) 고급중학교 시기	①	②	③	④	⑤

문 6. 북한에서 학업 기간 중 다음의 사교육(개인과외교육)을 받은 경험이 있습니까?

	있음	없음
1) 교과목(수학, 과학 등)	①	②
2) 외국어	①	②
3) 음악(성악 및 악기 등)	①	②
4) 미술	①	②
5) 체육	①	②
6) 무용	①	②

문 6-1. (문6에서 ② 응답자만) 사교육(개인과외교육)을 받은 적이 없다면 그 이유는 무엇입니까?

① 경제적인 어려움 때문에　　② 상급학교에 진학할 필요가 없어서
③ 도움이 될 것 같지 않아서　　④기타(　　　　　　)

문 6-2. (문6에서 ① 응답자만) 사교육(개인과외교육)을 받은 적이 있다면 주로 누구로부터 받았습니까?

① 학교교원(교사)　② 대학생　③ 전문과외강사　④ 대학교수　⑤ 기타(　　　)

문 6-3. (문6에서 ① 응답자만) 사교육(개인과외교육)이 장래 진학 혹은 진로나 직업선택에 도움이 됐습니까?

전혀 되지 않았음	별로 되지 않았음	보통	조금 되었음	매우 되었음
①	②	③	④	⑤

문 7. 북한에서 청소년 시기에 진로나 직업선택에 가장 큰 영향을 미치는 요인은 무엇이라 생각했습니까?

① 개인의 실력이나 능력
② 집안의 경제력
③ 부모의 출신 성분
④ 대학 등 상급학교의 진학(교육수준)
⑤ 기타(   )

문 7-1. 북한에서 청소년 시기에 성공한 인생이란 무엇이라고 생각했습니까?

① 돈을 많이 버는 것
② 대학에 진학하는 것
③ 좋은 직장에 들어가는 것
④ 국가에서 필요한 인재가 되는 것
⑤ 좋은 배우자를 만나는 것
⑥ 기타(   )

문 7-2. 북한에서 청소년 시기에 인기 있는 직업군은 무엇이라고 생각했습니까?

① 택시운전기사
② 외교관 및 통역원
③ 철도원
④ 전기제품 수리공
⑤ 과학기술자
⑥ 교원
⑦ 무역일꾼
⑧ 당일꾼(정치 간부 등)
⑨ 기업소일꾼
⑩ 군인
⑪ 기타(   )

문 8. 북한에서 학교생활 동안 경험한 교원에 대한 질문입니다.

	전혀 그렇지 않았음	별로 그렇지 않았음	보통	조금 그러했음	매우 그러했음
1) 교원들은 교과(전문)지식이 많았다	①	②	③	④	⑤
2) 교원들에 대해 본받을 점이 많았다	①	②	③	④	⑤
3) 교원들은 학생들을 차별 없이 대했다	①	②	③	④	⑤
4) 교원들은 학생들을 많이 체벌했다	①	②	③	④	⑤

문 9. 북한에서 학교생활 동안 교원의 처우개선, 학교환경 개선, 좋은 일하기 등의 명목으로 돈 또는 물건을 학교에 낸 적이 있습니까?

전혀 없었음	별로 없었음	조금 있었음	자주 있었음
①	②	③	④

문 9-1. (문9에서 ②,③,④,⑤ 응답자만) 이러한 경제 동원 활동이 가계살림과 학업에 어느 정도의 영향을 미쳤습니까?

	전혀 영향 없음	별로 영향 없음	보통	조금 영향 있음	매우 영향 있음
1) 가계살림	①	②	③	④	⑤
2) 학업	①	②	③	④	⑤

문 10. 북한에서의 학교 수업에 관한 질문입니다.

	전혀 그렇지 않았음	별로 그렇지 않았음	보통이었다	조금 그러했음	매우 그러했음
1) 학교 수업시간은 재미있었다	①	②	③	④	⑤
2) 숙제를 열심히 했었다	①	②	③	④	⑤
3) 수업시간에 배운 내용을 잘 이해했었다	①	②	③	④	⑤

문 11. 북한에서 학교에 다닐 때 친구 관계는 어떠했습니까?

	전혀 그렇지 않았음	별로 그렇지 않았음	보통이었다	조금 그러했음	매우 그러했음
1) 친구들은 나를 잘 도와주었다	①	②	③	④	⑤
2) 친구들과 잘 어울려 지냈다	①	②	③	④	⑤
3) 나를 좋아하는 친구들이 많았다	①	②	③	④	⑤

문11-1. 북한에서 학교에 다닐 때 친구들과 어떤 놀이를 즐겨 하셨습니까?

① 체육활동
② 전통놀이(자치기, 연날리기, 썰매타기 등)
③ 주패, 하투, 장기 및 바둑 등
④ 컴퓨터 게임
⑤ 고무줄넘기 및 공기놀이 등
⑥ 기타(   )

문12. 북한에서 청소년기 동안 아래의 복지혜택을 받은 적이 있었는지, 받았다면 어느 정도 만족하셨습니까? 부상 교육 물품의 경우 중고/새것으로 지급 받았는지 체크해주세요.

		(경험 여부)			(경험 여부 문항 중 ② 응답자만)				
		없음	있음		매우 불만족	불만족	보통	만족	매우 만족
			중고	새것					
1) 무상교육	1-1) 교과서 무상지급	①	②-①	②-②	①	②	③	④	⑤
	1-2) 교복 무상지급	①	②-①	②-②	①	②	③	④	⑤
	1-3) 학용품(가방 등) 무상지급	①	②-①	②-②	①	②	③	④	⑤
2) 무상치료	2-1) 병원시설 및 장비 혜택(x선 등)	①	②		①	②	③	④	⑤
	2-2) 진찰 및 치료 제공	①	②		①	②	③	④	⑤
	2-3) 의약품 제공	①	②		①	②	③	④	⑤

문13. 북한에서 청소년기에 TV를 얼마나 자주 시청했습니까?

전혀 시청하지 않음	별로 시청하지 않음	보통	조금 시청함	자주 시청함
①	②	③	④	⑤

문13-1. (문13에서 ②,③,④,⑤ 응답자만) 주로 시청한 프로그램은 무엇입니까?

1순위 ( ) 2순위 ( ) 3순위 ( )

① 만화(아동영화) ② 드라마(연속극), 영화 ③ 뉴스 및 보도
④ 문화 및 교양 ⑤ 예능방송 ⑥ 스포츠(경기)
⑦ 외국관련프로그램(외화 등) ⑧ 기타( )

문14. 북한의 학교 또는 집에서 컴퓨터를 얼마나 자주 사용했습니까?

전혀 사용하지 않음	별로 사용하지 않음	보통	조금 사용함	자주 사용함
①	②	③	④	⑤

문14-1. (문14에서 ②,③,④,⑤ 응답자만) 주로 어디에 사용했습니까?

1순위 ( ) 2순위 ( ) 3순위 ( )

① 공부 및 과제수행(예습 및 복습 등)
② 공부나 과제 이외의 자료검색
③ 게임, 놀이, 음악 및 영화(오락 등)
④ 채팅이나 문자(사진) 주고 받기
⑤ 기타( )

문15. 북한에서 손전화를 가지고 있었습니까?

① 예
② 아니오

문15-1. (문15에서 ① 응답자만) 주로 어디에 사용했습니까?

1순위 ( ) 2순위 ( ) 3순위 ( )

① 공부 및 과제 관련 자료 검색
② 공부나 과제 이외의 자료검색(음악, 영화 등)
③ 게임이나 놀이(오락 등)
④ 채팅이나 문자 주고 받기
⑤ 기타( )

문16. 북한의 학교 안에서 물품을 사고 판 경험이 있습니까?

전혀 없었음	별로 없었음	조금 있었음	자주 있었음
①	②	③	④

문16-1. (문16에서 ②,③,④ 응답자만) 학교 안에서 물품을 사고 판 이유가 무엇입니까?

① 필요한 물품 구입
② 집안에 경제적 도움을 주기 위해서
③ 재미있어서
④ 기타 ( )

문17. 북한에서 청소년기에 장마당을 이용한 경험이 있습니까?

전혀 없었음	별로 없었음	조금 있었음	자주 있었음
①	②	③	④

문17-1. (문17에서 ②,③,④ 응답자만) 장마당을 이용한 목적은 무엇입니까?

① 필요한 물품 구입　　② 집안에 경제적 도움을 주기 위해서
③ 재미있어서　　④ 기타(　　　　　　　　　　)

문18. 북한에서 청소년기 남한드라마나 방송을 시청한 경험이 있습니까?

전혀 없었음	별로 없었음	조금 있었음	자주 있었음
①	②	③	④

문19. 북한에서 청소년기 남한패션이나 스타일을 모방한 경험이 있습니까?

전혀 없었음	별로 없었음	조금 있었음	자주 있었음
①	②	③	④

문20. 청소년 시기에 북한에서 남한노래나 춤을 모방한 경험이 있습니까?

전혀 없었음	별로 없었음	조금 있었음	자주 있었음
①	②	③	④

문21. 청소년 시기에 한국드라마(방송)를 시청으로 인해 학교 내에서 처벌받은 것을 목격한 적이 있습니까?

① 예　　② 아니오

문22. 북한에서 학교 수업 시 받은 사상교육이 북한에 대한 충성심을 기르는데 도움이 되었습니까?

전혀 되지 않았음	별로 되지 않았음	보통	조금 되었음	매우 되었음
①	②	③	④	⑤

문23. 소년단에 가입한 시기는 언제입니까?

① 광명성절(2.16)　　② 태양절(4.15)　　③ 소년절(6.6)
④ 기타(　　　　　)

문23-1. 소년단 및 청년동맹 활동에 어느 정도 참여하셨습니까?

	매우 소극적	소극적	중간	적극적	매우 적극적
1) 소년단 활동	①	②	③	④	⑤
2) 청년동맹 활동	①	②	③	④	⑤

문23-2. 소년단 및 청년동맹 활동이 장래의 진학 및 진로에 도움이 되었다고 생각하십니까?

	전혀 되지 않았음	별로 되지 않았음	보통	조금 되었음	매우 되었음
1) 소년단 활동	①	②	③	④	⑤
2) 청년동맹 활동	①	②	③	④	⑤

문23-3. 소년단 및 청년동맹 활동을 하는 동안 자아비판(호상비판) 때문에 정서적 어려움을 겪은 적이 있었습니까?

전혀 없었음	별로 없었음	보통	조금 있었음	매우 있었음
①	②	③	④	⑤

문23-4. 소년단 및 청년동맹 활동을 하는 동안 자아비판(호상비판)은 자신이 성장하는데 도움이 되었다고 생각하십니까?

전혀 되지 않았음	별로 되지 않음	보통	조금 되었음	매우 되었음
①	②	③	④	⑤

문24. 북한에서의 청소년 시기에 다음 중 들어보거나 경험(참여 혹은 방문)한 활동(사업)이 있습니까?

	들어본 경험 여부		참여한 경험 여부 (들어본 경험 여부 문항에서 ① 응답자만)	
	들어본 적 있음	들어본 적 없음	경험한 적 있음	경험한 적 없음
1) 파철·파지 등 재활용품 수집	①	②	①	②
2) 봄·가을철 청소년적십자 나무심기행사	①	②	①	②
3) 토끼품평회(키우기) 및 토론회	①	②	①	②

	들어본 경험 여부		참여한 경험 여부 (들어본 경험 여부 문항에서 ① 응답자만)	
	들어본 적 있음	들어본 적 없음	경험한 적 있음	경험한 적 없음
4) 청년공원(야외극장)	①	②	①	②
5) 소년단 야영소	①	②	①	②
6) 학생청소년회관	①	②	①	②
7) 전국청소년학생체육경기대회	①	②	①	②
8) 소년절 행사	①	②	①	②
9) 청소년 답사행군	①	②	①	②
10) 학생동원사업 (농촌봉사 또는 노력동원)	①	②	①	②
11) 국가명절 및 기념일 행사 (간군절, 선군절, 태양절 등)	①	②	①	②

▶ 다음은 여러분의 개인적인 특성에 관한 질문입니다.
본인에게 해당되는 항목에 ∨표시하여 주십시오.

Q1. 성별

① 남자 ② 여자

Q2. 출생년월

□□□□년 □□월

Q3. 탈북 시기

□□□□년 □□월

Q4. 탈북 전 거주지역

① 평안남도 ② 평안북도 ③ 함경남도 ④ 함경북도
⑤ 자강도 ⑥ 양강도 ⑦ 황해남도 ⑧ 황해북도
⑨ 강원도

Q5. 탈북 전 거주지역 특성

① 도시지역 ② 농촌지역 ③ 산촌지역 ④ 어촌지역 ⑤ 기타

Q6. 남한 입국 시기

□□□□년 □□월

Q7. 탈북 전 북한에서의 경제적 수준

경제적 수준 하	경제적 수준 중하	경제적 수준 중	경제적 수준 중상	경제적 수준 상
①	②	③	④	⑤

Q8. 탈북 전 북한에서의 부모님(보호자)의 직업

① 사무원　② 기술자　③ 노동자　④ 장마당 상인
⑤ 농민　⑥ 정무원(국가기관 일꾼)　⑦ 기타(　　　　　)

Q9. 북한에서의 부모님(보호자) 중 당원 여부

① 부모 모두　② 부(아버지)　③ 모(어머니)　④ 없음

Q10. 현재 설문조사 이후에 심층인터뷰 참여 의향

① 예　② 아니오

* 끝까지 응답해 주셔서 감사합니다. *

Abstract

국문초록

이 연구는 김정은 집권 이후 최근까지의 북한 당국의 청소년 관련 정책을 체계적으로 분석하여 영역 별 주요 내용을 고찰하고, 청년기 북한 이탈 주민과 북한 출신 학자들의 시각을 통해서 이러한 정책의 세부 내용이 북한청소년의 일상생활의 영역에서 어떻게 실현되고 변화되고 있는지를 분석하였다. 또한 이러한 조사 결과를 토대로 남·북한청소년 정책의 차이를 비교·분석하고, 남북 청소년 동질성 회복과 통일시대를 대비한 남·북한 청소년의 교류·협력을 위한 방안을 제시하였다.

북한청소년정책 현황을 다각적으로 파악하기 위하여 문헌·자료조사, 설문조사, 면접조사, 초점집단인터뷰(FGI) 등을 주요 연구방법으로 사용하였다. 김정은 집권 시기인 2012년 전과 후에 각각 청소년기를 경험한 북한 이탈 주민 138명을 눈덩이 방식으로 표집하여 청소년들의 교육 및 진로, 동아리 및 조직생활, 일탈행동, 경제활동, 여가놀이활동, 복지제도에 대한 인식, 한류 및 사상교육, 북한청소년사업 인지 및 참여 정도 등 김정은 집권 전후의 북한청소년정책을 파악하고자 하였다. 실태조사에서 파악하기 어려운 내용을 보다 심층적으로 파악하기 위하여 2021년 8월 5일~8월16일 사이에 김정일·김정은 집권 시기에 청소년기를 경험한 10명의 북한이탈주민 대상으로 면접조사를 실시하였으며, 1:1 개별 면접방식으로 1시간~1시간 30분 동안 조사를 진행하였다. 초점집단인터뷰(FGI)는 북한청소년정책의 실제 현황과 남북청소년 교류·협력 방안에 대한 정책 마련을 위해 북한 출신 학자 총 9명을 대상으로 총 2차례에 걸쳐서 각각 2시간 내외로 해당 주제를 가지고 집단면접을 실시하였다.

이상의 방법을 통하여 청소년 통일교육 관련 과제, 남·북청소년 교류 관련 과제, 통일시대 대비 기반 구축을 위한 과제 등 남·북청소년 교류·협력을 위한 과제를 개발하였다. 첫째, 청소년 통일교육 관련 정책과제는 북한에 대한 객관적인 인식 강화, 남·북 청소년 교류를 위한 눈높이 통일 교육의 구현, 체험활동 중심의 통일교육 확대, 통일시대 남북청소년 인재 양성을 위한 리더십교육, 북한이탈청소년과 함께 하는 사회통합 캠프 추진 등으로 통일교육에 대한 효과를 높이기 위한 객관적인 정보의 제공과 간접적 체험 위주의 교육 과제를 발굴하였다. 둘째, 북청소년 교류 관련 과제는 초청 및 파견 등 남북 동질성 회복을 위한 청소년 교류, 한민족 문화유산 보호 및 역사문화 탐방활동 개발·지원, 전통 민속놀이 발굴 및 행사 개최, 청소년 소조활동 지원을 통한 교류사업 개발·추진, 환경보호활동을 테마로 한 남·북청소년 교류, 동북아 청소년포럼 개최 및 남북청소년 공동 참여, 남북청소년 사이버교류 및 IT 경진대회 추진, 유네스코 등 국제기구와 연계한 남북청소년 교류 추진 등으로 남·북 공동의 역사와 문화, 자연자원과 환경 등의 보존발전과정에서 청소년들이 한반도의 인재로 성장할 수 있는 기반을 마련하는 데 초점을 두었다. 셋째, 통일시대 대비 기반 구축을 위한 과제는 남·북청소년 교류협력 정책에 관한 기본계획 수립, 북한청소년정책에 대한 지속적인 모니터링 실시, 남북청소년 교류·협력 관련 민간기관 간 네트워크 구축, 통일시대 청소년활동정책 수행을 위한 청소년시설 수요 파악 및 청소년지도자 교류, 남·북청소년 교류협력 및 정책 개발 기구의 설치·운영 등으로 동질성 회복과 통일 한국의 발전을 위한 인재 양성을 목표로 중장기적인 비전과 목표를 가지고 시설과 지도자, 추진체계 등을 위한 과제를 개발하였다.

주제어: 북한청소년, 북한청소년정책, 남·북한청소년 정책, 북한이탈주민, 북한이탈청소년, 남·북청소년, 남·북청소년 교류협력, 동질성 회복, 통일시대, 청소년 통일교육

A b s t r a c t

ABSTRACT

A Study on the Analysis of North Korean Youth Policy

This study has systematically analyzed the youth-related policies of the North Korean authorities from Kim Jong-un coming into power until recent times and studied the major details by area. It has analyzed how these policies are realized and changing in the everyday life of North Korean youth through the perspective of North Koreans who defected during adolescence and scholars from North Korea. In addition, a comparison and analysis were made on the difference in youth policies between South and North Korea based on the results of such research, and presented the measures for exchange and cooperation between South and North Korean youth in preparation for recovery of homogeneity and the unification era.

To identify the current status of North Korean youth policy, major research methods such as literature and material studies, surveys, interview surveys, and focus group interviews were used. The study aimed to identify the North Korean youth policies before and after Kim Jong-un's rise to power, including the education and career path of youths, club and organization life, deviant behavior, economic activities, leisure activities, awareness of welfare system, the Korean wave and ideology education, and degree of cognition and participation in North Korean youth projects by sampling 138 North

Korean defectors who have experienced adolescent period before and after 2012 when Kim Jong-un came into power using the snowball method. Interview surveys were conducted between August 5 to August 16, 2021, on 10 North Korean defectors who experienced adolescence during the Kim Jong-il and Kim Jong-un regimes to identify details difficult to understand with factual surveys. This survey was conducted for 1 to 1 hour and 30 minutes by using a one-on-one individual interview method. For focus group interviews (FGI), group interviews were conducted with a relevant topic within 2 hours each through 2 sessions on a total of 9 scholars from North Korea in order to identify the actual status of North Korean youth policy and prepare polices for Inter-Korean youth exchange and cooperation.

Through these methods, the researchers have developed tasks for Inter-Korean youth exchange and cooperation such as tasks related to Youth unification education, tasks related to Inter-Korean youth exchange, and tasks for establishing a foundation in preparation for the unification era. First of all, regarding policy tasks related to youth unification education, the researchers have discovered educational tasks focusing on indirect experiences and provided objective information to enhance the effect of unification education by strengthening the objective awareness of North Korea, realizing unification education for Inter-Korean youth exchange, expanding unification education focusing on experiential activities, leadership education for fostering South and North Korean youth talents in the unification era, and engaging in social integration camp with North Korean defector youths. Secondly, the tasks related to North Korean youth exchange focused on preparing a foundation for youth to grow into a talent of the Korean peninsula from the process of preserving and developing the shared history and culture, natural resources and environment of North and South Korea by carrying out Inter-Korean youth exchanges in connection to international organizations such as UNESCO; promoting cyber exchange and IT competitions for South and North Korean youths; hosting Northeast Asian youth forum and joint participation by South and North Korean youth; engaging in Inter-Korean youth exchanges with environmental protection activities as a theme; developing and promoting exchange projects through supporting small group activities; discovering traditional folk games and hosting events; developing and supporting Korean cultural heritage protection and historical culture exploration activities; and having youth exchanges for recovering homogeneity of South and North Korea through invitation and dispatches. Thirdly, regarding tasks for establishing a foundation in preparation of the unification era, the researchers have developed tasks for facilities, leaders, and promotion system with a mid-to-long term vision and goals aiming to foster talents for recovering the homogeneity and developing a unified Korea by establishing a basic plan for Inter-Korean youth exchange & cooperation policies; conducting constant monitoring of South and North Korean youth policies; establishing a network between private organizations related to Inter-Korean youth exchange & cooperation; identifying demands for youth facilities and exchange of youth leaders to perform youth activity policies for the unification era; and installing and operating South & North Korean youth exchange & cooperation and policy-developing organizations.

Keywords: North Korean youth, North Korean youth policy, South & North Korean youth policy, North Korean defector,

North Korean defector youth, South & North Korean youth, Inter-Korean youth exchange and cooperation, recovery of homogeneity, unification era, youth unification education

2022년 한국청소년정책연구원 간행물 안내

기관고유과제

연구보고22-기본01	전환기의 국가청소년정책 전략 연구/ 황여정·임희진·오승근
연구보고22-기본02	인구소멸위기 지역에서의 청소년정책 추진 방식의 전환 / 최인재·오해섭·김민·정건희
연구보고22-기본03	코로나-19 시대 MZ세대의 사회성 발달 연구 / 최정원·이지연·김현수·박지숙
연구보고22-기본04	메타버스를 활용한 청소년정책 혁신모델 구축방안 연구 / 최용환·좌동훈·박윤수
연구보고22-기본05	지방정부 청소년정책 추진기반 강화연구: 재정 및 인프라를 중심으로 / 김영한·이유진
연구보고22-기본06	청소년이 주도하는 탄소중립 추진방안 / 황세영·강경균·김남수
연구보고22-기본07	북한 청소년정책 분석 연구 / 김경준·모상현·전영선·차승주
연구보고22-기본08	가족환경 다변화에 따른 청소년지원 방식 재편 / 임지연·김정주·한지형
연구보고22-기본09	10대의 경험은 청년의 삶에 어떻게 영향을 미치는가? / 김지경·김윤희·송현주
연구보고22-일반01	2022 아동·청소년 권리에 관한 국제협약 이행 연구-한국 아동·청소년 인권실태 / 김영지·최홍일·유성렬·이은주
연구보고22-일반01-01	2022 아동·청소년 권리에 관한 국제협약 이행 연구-한국 아동·청소년 인권실태 심화분서보고서: 학교인권환경이 학업중단 의사에 미치는 영향 - 학생자치활동을 중심으로 / 김신영
연구보고22-일반01-02	2022 아동·청소년 권리에 관한 국제협약 이행 연구-한국 아동·청소년 인권실태: 기초분서보고서 / 김영지·최홍일
연구보고22-일반02	2022 한국아동·청소년패널조사: 사업보고서 / 황진구·전현정·이용해
연구보고22-일반02-01	2022 한국아동·청소년패널조사 : 데이터분석보고서 / 전현정·김나영·이용해
연구보고22-일반03	2022 다문화청소년 종단연구 / 양계민·이정민·정윤미·엄진섭·장윤선·전경숙
연구보고22-일반03-01	2022 다문화청소년 종단연구: 기초분석보고서(2기패널) / 양계민·이정민·정윤미

협동연구과제

경제·인문사회연구회 협동연구총서 22-76-01 (자체번호 연구보고22-일반04)	학교 밖 청소년 지역사회 지원방안 연구Ⅴ: 질적 패널조사를 중심으로 / 김희진·서고운·조혜영
경제·인문사회연구회 협동연구총서 22-76-02 (자체번호 연구보고22-일반04-01)	학교 밖 청소년 지역사회 지원방안 연구Ⅴ: 질적 종단자료 심층분석 보고서 / 김희진·서고운·조혜영·민윤경
경제·인문사회연구회 협동연구총서 22-77-01 (자체번호 연구보고22-일반05)	청소년 미디어 이용실태 및 대상별 정책대응방안 연구Ⅲ: 후기청소년 / 이창호·이경상
경제·인문사회연구회 협동연구총서 22-77-02 (자체번호 연구보고22-일반05-01)	후기청소년(19-24세)의 미디어 리터러시 교육과 미디어 정책에 대한 인식 연구 / 강진숙·권오현
경제·인문사회연구회 협동연구총서 22-77-03 (자체번호 연구보고22-일반05-02)	청소년 미디어 이용실태 및 대상별 정책대응방안 연구Ⅲ-후기청소년-기초분석보고서 / 이창호·이경상
경제·인문사회연구회 협동연구총서 22-78-01 (자체번호 연구보고22-일반06)	청년 빈곤 실태와 자립안전망 체계 구축방안 연구Ⅱ / 김형주·장근영·박미선·정세정·변금선·배정희
경제·인문사회연구회 협동연구총서 22-79-01 (자체번호 연구보고22-일반07)	청년 사회 첫 출발 실태 및 정책방안 연구Ⅱ: 성인 이행기 청년의 자립 / 유민상·신동훈·신영규·박미희
경제·인문사회연구회 협동연구총서 22-80-01 (자체번호 연구보고22-일반08)	청년종합연구Ⅰ: 정책소외계층 청년 실태 및 정책개발 / 김지연·백혜정·김미향·김성아·정소연·이우태·이상정·박광옥
경제·인문사회연구회 협동연구총서 22-80-02 (자체번호 연구보고22-일반08-01)	2022년 시설퇴소청년 생활실태조사 보고서 / 김지연·백혜정·김미향
경제·인문사회연구회 협동연구총서 22-80-03 (자체번호 연구보고22-일반08-02)	북한배경청년의 정책소외 실태 및 정책개발 / 이우태·조정아·이규창·이지순·최규빈·김정원·장인숙·박환보·최종학
경제·인문사회연구회 협동연구총서 22-80-04 (자체번호 연구보고22-일반08-03)	청소년부모의 정책소외 실태 및 정책개발 / 이상정·류정희·변수정·하태정
경제·인문사회연구회 협동연구총서 22-80-05 (자체번호 연구보고22-일반08-04)	경계선지능청년의 정책소외 실태 및 정책개발 / 박광옥·이기연·이복실·안예지
경제·인문사회연구회 협동연구총서 22-81-01 (자체번호 연구보고22-일반09)	취약계층 청소년 지원정책 진단 및 제도보완 연구Ⅰ / 성윤숙·문호영·천정웅·이희현
경제·인문사회연구회 협동연구총서 22-81-02 (자체번호 연구보고22-일반09-01)	통계자료를 활용한 취약계층 청소년의 취약성 진단과 지원정책 평가 / 홍성효·장수명

수 시 과 제

연구보고22-수시01 2021 청년도전지원사업 참여자 사후 모니터링 및 성과평가 / 유민상·신동훈

연구보고22-수시02 COVID-19 청소년수련시설 운영실태 조사 및 발전방안 연구 / 김경준·권일남

연구보고22-수시03 소년법정 재판기록 데이터 구축 및 분석 연구 / 김윤희·서정아

연구보고22-수시04 학생의 참정권 및 사회 참여 활성화를 위한 교육 모델과 방향 연구 / 김윤희·남화성

연구보고22-수시05 청소년활동 참여 실태 및 요구에 관한 연구 / 문호영

연구보고22-수시06 학교 밖 청소년 정보연계 강화를 위한 법률개정 방안연구 / 이유진·박찬걸

수 탁 과 제

〈일 반〉

연구보고22-수탁01 메타버스를 활용한 청소년 선거교육 활성화: 메타버스 설계구축 및 운영 / 임지연

연구보고22-수탁02 위험과 재난에도 대응할 수 있는 아동 청소년 돌봄 체제 구축 / 서정아·황진구

연구보고22-수탁03 경기도형 청소년 정책참여 추진체계 개발 연구 / 이윤주

연구보고22-수탁04 2022년 자치구 청년정책 거버넌스 활성화 사업 성과평가 / 최용환·송헌재·장혜윤

연구보고22-수탁05 경기 안산시흥 교육국제화특구 운영 성과분석 및 발전방향에 관한 연구 / 양계민

연구보고22-수탁06 이주배경청소년 지원 지역자원 연계사업 컨설팅 및 평가 / 좌동훈·황진구

연구보고22-수탁07 학생의 참정권 활성화를 위한 교수·학습자료 개발 연구 / 장근영·김윤희

연구보고22-수탁08 다양한 가족과 수용자자녀에 대한 메타버스 상담, 활동, 교육 플랫폼 설계구축 및 효과성 연구 / 임지연·최려나·문세진

연구보고22-수탁09 2022 청소년수련시설 종합평가 / 김경준·김영지·모상현

연구보고22-수탁10 발달장애 보호대상아동 맞춤형 자립지원 연구 / 김지연·김미향·조윤경·박광옥·오욱찬·조양진

연구보고22-수탁11 정책 수요자 중심의 청소년활동 활성화 방안 연구 / 하형석·박지수·이인영

연구보고22-수탁12 2022년 청소년 매체이용 및 유해환경 실태조사 / 김지경·정윤미·송현주·김균희

연구보고22-수탁13 제7차 청소년정책기본계획 수립을 위한 연구 / 황여정·임희진·좌동훈·오승근

연구보고22-수탁14	2022년 인성교육 확산지원 사업 결과보고서 / 성윤숙
연구보고22-수탁15	2022년 인성교육프로그램 개발, 교원 전문인력 양성 및 정책연구 결과보고서 / 성윤숙
연구보고22-수탁16	인성교육의 추진에 관한 평가·분석 / 성윤숙·문호영·김현수
연구보고22-수탁17	2022년 인성교육 전문인력 양성기관 지정 및 지원·관리 보고서 / 성윤숙
연구보고22-수탁18	인성교육 프로그램 인증제 운영 결과보고서 / 성윤숙
연구보고22-수탁19	출발! 함께해요 인성교육(초등학교용) / 성윤숙
연구보고22-수탁20	인성교육으로 자유학기에 날개 달기(중학교용) / 성윤숙
연구보고22-수탁21	2022년 특수교육대상자 인권실태조사 / 김영지·김지연·서고운·전현정·김미향·최홍일
연구보고22-수탁22	2022년 지역사회 청소년 성장지원 모델 운영 연구 / 황세영·이경상·유민상·최홍일
연구보고22-수탁23	학교 밖 청소년 실태조사 사전연구 / 김희진·임희진·서고운·유성렬
연구보고22-수탁24	위기청소년 지원기관 이용자 생활실태조사 / 황여정·임희진·정은주·유설희·정윤미
연구보고22-수탁24-01	위기청소년 지원기관 이용자 생활실태조사(부록: 기초통계결과표) / 황여정·임희진·정은주·유설희·정윤미

〈 학교폭력예방교육지원센터 〉

연구보고22-학폭01	2015년 개정교육과정에 따른 학교폭력 예방 어울림 교과연계 프로그램 (중학교용-한문) / 성윤숙·이창호
연구보고22-학폭02	2015년 개정교육과정에 따른 학교폭력 예방 어울림 교과연계 프로그램 (중학교용-진로와 직업) / 성윤숙·강경균
연구보고22-학폭03	2015년 개정교육과정에 따른 학교폭력 예방 어울림 교과연계 프로그램 (고등학교용-한문) / 성윤숙·이창호
연구보고22-학폭04	2015년 개정교육과정에 따른 학교폭력 예방 어울림 교과연계 프로그램 (고등학교용-진로와 직업) / 성윤숙·강경균
연구보고22-학폭05	2021년 학부모용 학교폭력 예방교육 소식지 모음집 / 성윤숙
연구보고22-학폭06	2021 학교폭력 예방교육 어울림 프로그램 적용효과 분석 / 성윤숙·이경상·김현수
연구보고22-학폭07	학교폭력 예방교육 어울림 학생서포터즈단 운영 안내서 / 성윤숙
연구보고22-학폭08	2021 학교폭력 예방교육 컨설팅 결과 분석 연구 / 성윤숙

〈 학업중단예방·대안교육지원센터 〉

연구보고22-대안01	대안학교 표준교육비 산출 연구 / 이호준·윤홍주·김훈호·송원일
연구보고22-대안02	학업중단 위기청소년의 교육요구조사 및 지원 방안 / 김영지·유민선·박하나·김현수
연구보고22-대안03	2022년 대안교육기관 등록 현황 및 실태 조사 / 황세영·오해섭·김세훈·이지혜
연구보고22-대안04	민·관협력형 대안교육 운영 선도모델 개발연구 / 조창호·김세광·한숙희

자 료 집

〈 세 미 나 〉

세미나22-01	2021년 학교폭력 예방교육 운영 성과보고회 (22.1.27.)
세미나22-02	2022 미디어 교육 주간자료집 (22.1.19.)
세미나22-03	청소년 기후환경 정책연대 세미나: 기후위기 시대 청소년 활동과 정책참여의 방향 (22.12.21.)
세미나22-04	제7차 청소년정책기본계획 수립을 위한 공청회 (22.12.23.)

〈 워 크 숍 〉

워크숍22-01	학교폭력 예방교육 업무 담당자 연수 (22.2.8.)
워크숍22-02	2022 상반기 학교민주시민교육 배움 공유회 자료집 (22.4.22.)
워크숍22-03	2022년 대안교육시설 관리자 및 담당자 역량 강화 워크숍 (22.1.25.)
워크숍22-04	2022년 학교폭력 예방교육 컨설팅단 워크숍 자료집 (22.1.26.)
워크숍22-05	학업중단 예방 및 대안교실 프로그램(꿈지락) 운영 워크숍 (22.4.29.)
워크숍22-06	2022년 시도교육청 인성교육 담당자 워크숍 (22.7.12.~13.)
워크숍22-07	학업중단 예방 및 대안교육 시·도교육청 담당자 협의회 및 워크숍 (22.12.15.)
워크숍22-08	어울림 프로그램 재구조화 워크숍 참고 자료 (22.7.22.)
워크숍22-09	2022 학업중단 예방 및 대안교실 프로그램(꿈지락) 운영 대면 워크숍 (22.8.4., 22.8.12.)
워크숍22-10	2022년 인성교육 우수전문교사 워크숍 (22.8.17.)

〈포 럼〉

포럼22-01	제43회 청소년정책포럼: 기후위기, 청소년의 다가올 미래에 어떤 변화를 의미하는가? (22.4.26.)
포럼22-02	2022년 제1회 청소년정책 토론회: 청소년 활동 패러다임의 전환 (22.4.20.)
포럼22-03	제44회 청소년정책포럼: 지표를 통해 본 아동·청소년의 삶의 질 현황 및 과제 (22.5.11.)
포럼22-04	2022년 제2회 청소년정책 토론회: 청소년활동 정책의 대전환, 현장의 목소리 (22.5.17.)
포럼22-05	2022년 제3회 청소년정책 토론회: 청소년참여 정책의 재구조화 (22.6.24.)
포럼22-06	2022년 제4회 청소년정책 토론회: 지역사회 청소년안전망 구축 현황과 과제 (22.7.12.)
포럼22-07	제1회 이주배경청소년 정책포럼: 후기청소년기 다문화청소년 정책의 방향과 과제 (22.8.11.)
포럼22-08	제2회 이주배경청소년 정책포럼: 한국사회에서 다문화청소년으로 살아가기 (22.8.12.)
포럼22-09	제46회 청소년정책포럼: 디지털 미디어 문해력 개념 정립 및 활성화를 위한 정책 토론 (22.9.2.)
포럼22-10	제47차 청소년정책포럼: 지방정부의 교육경비 지원 실태 및 개선 방안 (22.9.21.)
포럼22-11	인구소멸위기지역 청소년정책 전환 방안「현장 사례를 말하다」 포럼 (22.10.14.)
포럼22-12	2022년 제5회 청소년정책 토론회: 청소년정책 전달 및 추진체계 현황과 개선방안 (22.10.13.)
포럼22-13	제15차 청년정책포럼: 정책소외계층 유형별 실태와 정책과제 (22.11.15.)
포럼22-14	2022년 학업중단 예방 및 대안교육 포럼 (22.12.2.)

〈콜 로 키 움〉

콜로키움22-01	글로벌청소년연구센터 1차 콜로키움: National Youth Policy Review: Vietnam (22.6.8.)
콜로키움22-02	글로벌청소년연구센터 2차 콜로키움: National Youth Policy Review: Ethiopia (22.6.14.)
콜로키움22-03	인구소멸위기 지역에서의 커뮤니티 저널리즘의 역할과 과제 (22.9.6.)

〈기 타 자 료 집〉

자료22-01	2021년 어울림 프로그램 운영 우수사례집
자료22-02	학교폭력 예방교육 컨설팅 매뉴얼
자료22-03	대학 성희롱·성폭력 전담기구 운영가이드

자료22-04　대학 성희롱·성폭력 사안처리 전문 컨설팅 매뉴얼
자료22-05　2021 양성평등한 캠퍼스 조성 우수사례집
자료22-06　학교 내 대안교실 운영 매뉴얼
자료22-07-1　2022년 학교 내 성희롱·성폭력 근절을 위한 관리자 직무연수(관리자)
자료22-07-2　2022년 학교 내 성희롱·성폭력 사안처리 사례 실습(관리자)
자료22-08-1　2022년 학교 내 성희롱·성폭력 근절을 위한 관리자 직무연수(교원)
자료22-08-2　2022년 학교 내 성희롱·성폭력 사안처리 사례 실습(교원)
자료22-09-1　2022년 학교 내 성희롱·성폭력 근절을 위한 관리자 직무연수(교행)
자료22-09-2　2022년 학교 내 성희롱·성폭력 사안처리 사례 실습(교행)
자료22-10　2022년 학교폭력 예방교육 컨설팅단 연수 자료집
자료22-11　2022년 이주배경청소년 정책제안대회 자료집
자료22-12　제11회 한국아동청소년패널 학술대회
자료22-13　2022년 대안교육기관 교원 연수

학 술 지

「한국청소년연구」 제33권 제1호(통권 제104호)
「한국청소년연구」 제33권 제2호(통권 제105호)
「한국청소년연구」 제33권 제3호(통권 제106호)
「한국청소년연구」 제33권 제4호(통권 제107호)

기타 발간물

〈 NYPI Bluenote 이슈 & 정책 〉

137호　코로나시대 청소년복지시설 청소년의 삶과 희망: 청소년회복지원시설 청소년을 중심으로
138호　지역사회 청소년 성장지원 네트워크 활성화를 위한 정책 과제
139호　지역사회 청소년 스포츠 활동 활성화 방안

140호　「메타버스 선거랜드」 구축과 선거교육 효과성에 대한 사전-사후 비교분석

141호　청년의 사회적 고립 실태 및 지원 방안 연구

142호　학교 밖 청소년 지역사회 지원방안 연구Ⅳ: 질적패널조사를 중심으로

143호　청년 빈곤 실태와 자립안전망 체계 구축방안 연구 Ⅰ

144호　10대시기의 경험은 청년의 삶에 어떻게 영향을 미치는가?

〈 NYPI Bluenote 통계 〉

64호　후기청소년 건강권 실태

65호　장애청소년의 청소년시설 이용 현황과 여건

66호　10대 청소년의 정신건강 실태

67호　미래지향적 청소년시설 및 공간 혁신 방안 연구

68호　청년 사회 첫 출발 실태 및 정책방안 연구 Ⅰ : 일자리

69호　청소년 정치참여 실태

70호　디지털 성범죄

71호　아동·청소년의 놀이 실태 분석

72호　2021 다문화청소년 종단연구: 학업관련 변인을 중심으로

73호　한국아동·청소년패널조사 2018 제4차년도 주요 조사 결과 및 데이터 분석·활용

연구에 도움을 주신 분들

◈ 자 문·협 력 진 ◈

김 성 경 (북한대학원대학교 교수)
박 영 자 (통일연구원 연구위원)
박 희 진 (동국대학교 북한학연구소 연구교수)
엄 현 숙 (통일부 국립통일교육원 교수)
장 인 숙 (남북하나재단 조사평가팀 차장)
전 영 선 (건국대학교 교수)
정 은 미 (통일연구원 연구위원)
현 인 애 (이화여자대학교 교수)

◈ 감 수 ◈

박 희 진 (동국대학교 북한학연구소 연구교수)

◈ 윤 문 ◈

이 영 광 (서울대학교 농산업교육과 박사)

연구보고 22-기본07

북한청소년 정책 분석 연구

인 쇄 2022년 12월 23일
발 행 2022년 12월 31일

발행처 한국청소년정책연구원
세종특별자치시 시청대로 370
발행인 김 현 철

등 록 1993. 10. 23 제 21-500호
인쇄처 크리커뮤니케이션 (02) 2273-1775

구독문의 : (044) 415-2125(학술정보관)
ISBN 979-11-5654-356-5 93330